为人生提供领跑世界的力量

BLACK SWAN

未来小趋势

[德] 朗伽·尤格施瓦　著　邱瑞晶　译

浙江人民出版社

图书在版编目（CIP）数据

浙江省版权局
著作权合同登记章
图字：11-2018-590号

未来小趋势 /（德）朗伽 · 尤格施瓦著；邱瑞晶译
. — 杭州：浙江人民出版社，2020.1
ISBN 978-7-213-09138-4

Ⅰ. ①未… Ⅱ. ①朗… ②邱… Ⅲ. ①科学知识 – 普及读物 Ⅳ. ①Z228

中国版本图书馆CIP数据核字（2018）第302058号

未来小趋势
WEILAI XIAO QUSHI
（德）朗伽 · 尤格施瓦　著　邱瑞晶　译

出版发行　浙江人民出版社（杭州市体育场路347号　邮编310006）
责任编辑　钱　丛　张世琼　徐　婷
责任校对　朱　妍　陈　春
封面设计　沐希设计
电脑制版　书情文化
印　　刷　三河市冀华印务有限公司
开　　本　700毫米 × 980毫米　1/16
印　　张　20.5
字　　数　252千字
版　　次　2020年1月第1版
印　　次　2020年1月第1次印刷
书　　号　ISBN 978-7-213-09138-4
定　　价　55.00元

如发现印装质量问题，影响阅读，请与市场部联系调换。
质量投诉电话：010-82069336

献给我日日思念的

弗朗克·施尔马赫[①]

① 译者注：已逝的德国《法兰克福汇报》(*Frankfurter Allgemeine Zeitung*)总编辑。

我不寻找，我只发现。

寻找——是旧事物即将耗尽，想要从新事物中发现已知的部分。

发现——则完全是新的！

新事物是运动发展的。所有道路都敞开着，一切被发现的都是未知的。

这是大胆之举，是一场神圣的冒险！

这种大胆之举的不确定性只能由某些人承担，即那些懂得在不安中安顿下来的人，那些在模糊不定、无人指引的情况下也不迷失的人。

那些人会在黑暗中为自己保留一颗看不见的星星，会让目标引领自己，而不是自己决定目标——让它受到人为的限制和束缚。

在外部和内部对所有新认识持开放态度是现代人的本质，他们虽然极其害怕舍弃，但在新的可能性逐渐显露的过程中，仍体会到了维系的仁慈。

——巴勃罗·毕加索[1]

[1] Charles Juliet. Conversations with Samuel Beckett and Bram van Velde, Dalkey Archive, London and Champaign, 2009, S. 59.

目　录
CONTENTS

引子

曾经的一切都在新时代炙热的呼吸中凋零了。

——史蒂芬·茨威格

小时候的我总想抓住彩虹。我悄悄地靠近，然后一下子冲过去，但它总是比我更快，像只怯生生的动物似的与我保持距离。无论我靠得多近，它总是遥不可及，像是要守住自己的秘密。

未来，也与彩虹类似。无论我们多么细致认真地探讨它，无论我们多么努力地尝试精确地预言每一个发展，未来本身仍是谜团。后来我明白了，彩虹只是一个光学现象，是无法用手抓住的，是阳光透过无数雨滴，光谱色得到了折射和反射而形成的。而那拱桥般的形状则是由太阳、水滴和观察者之间固定的视角关系决定的。这种固定的角度是彩虹遥不可及的原因，也成就了它的独特之处——它其实是不存在的。在这个视觉游戏中，我们每个人都只能看到自己的彩虹。如果两个人共同欣赏这一自然现象，严格来说，他们看到的彩虹是不一样的。

每个人对未来的观察也是不同的。当一个人展望着大好机遇的时候，另一个则怀着对幽暗末世的恐惧。当有人问，从总体上来说，这个世界在未来会变得更好吗？绝大多数人都认为，事物恐怕会朝着坏的方向发展。我引用一项国际调研的结果：在德国只有 4% 的受访者相信，我们未来的生活会变得更好。在美国、法国、英国和丹麦，也得到了类似的悲观回答。

我们为什么会这样不安地看待未来呢？我们真的在走向一个分崩离析的时代吗？人类将科技进步视为积极的生产要素，这真的是在自我毁灭吗？有朝一日，机器会控制我们吗？事实会证明进步本身就是一种威胁吗？我们的未来真的注定这么糟糕吗？或者说，这种晦暗的前景也许只是我们狭隘的视野导致的呢？

在历史上，新生事物一开始总是方向不明的。在铁路或是汽车诞生之初，人们曾对其充满怀疑和恐惧。摩登时代也深深烙印着社会的不安。但随着超快速时代——现在我们所处的时代——的到来，连接过去与未来的纽带完全断裂了。关于未来，文学教授汉斯·乌利希·古姆布莱希特说："（未来）对我们来说，不再是充满各种可能性的水平线，而是一个面，它不断遮盖所有的预测，同时还带着威胁向我们袭来。"[①]

在这本书中，我要写一写，数字化是如何将我们的现在变成一个临时过渡期，并使之沦为一个即将过期的旧款产品的。因为，明天我们将在一个新的世界中醒来。改变的是什么，不变的又是什么？新时代将带我们去往哪里？事物的哪些发展规律决定了这些变化？在这样一个未来中，我们的位置在何处？或者说，我们会成为从昨天到达后天的过程中迷失的一代人吗？

---

① Aleida Assmann. Ist die Zeit aus den Fugen? Aufstieg und Fall des Zeitregimes der Moderne, München, Karl Hanser Verlag, 2013.

这些都不是抽象的问题。我会用具体的例子向你们展示，为什么算法不只改变了流程，还越来越多地影响着我们的行为。它们甚至可能动摇我们的社会。

几乎在所有的生活领域中，我们都体会到越来越多的不安情绪。虽然大多数人在物质上并不匮乏，但对于未来，还是存在着各种说不清、道不明的恐惧。2015 年一项调研的结果是这样的："有 57% 的受访者表示，全新商业理念的出现速度和商品世界的变化速度对他们来说太快了。在全球范围内，面对着不断加速改变的科技领域，人们也抱着怀疑的态度，在来自 27 个国家的 3.3 万名受访者中，有 51% 的意见领袖认为变化太快了。"如今，未来成了人们审视的对象。

作为科学记者，我多年来一直注视着这种变化的源头：从瑞典的人工智能实验室，到日本的核电站废墟；从韩国的克隆实验室，到驾乘汉诺威自动驾驶汽车的原型车。有的时候，我就站在科技进步的浪头，可以看到新兴事物如何传播开来，又如何席卷我们生活的世界。这样直接的观察和亲身的体验影响了我的观点。

在我看来，对未来的恐惧以及杞人忧天的想法虽然存在，但在这个时代，是时候以全新的眼光来看待这个变化中的世界了。这一点也正是我想要在本书中做到的。从我的个人经验出发，我不仅将目光放在数字化变革或媒体的转变上，还探寻我们如何看待这个越来越全球化的世界，观察女性的崭新角色或是古老文化遗产的价值。在多种多样的主题之中，我找到了令人惊讶的共同之处，比如在硅谷的蓬勃发展和真空泵的诞生之间就有着出乎意料的相似点。

在这个变革的世界中，我们见到的是否全是令人担忧的发展趋势，这一点也是我要详细阐述的。在一些领域，已经到了迫切需要我们深入思考眼前所走的路径并做出改变的时候。但我认为，伟大的机遇隐藏在经过反思的进步之中：我们在历史上第一次有了直接改变世界的可能。我们的先辈们耐心地钻研，往往得等上数十年甚至几个世纪，才有新兴事物来到这个世界，而我们被赋予了新的自由。

所以，只要我们有勇气改变，就能在接触新事物的过程中发现良机。我们完全有理由抱着乐观的态度——我们将成为世界的设计者，我们的机遇正在其中。

第一章

新兴事物

未来——取决于视角

一台坏掉的咖啡机

“这台破咖啡机为什么要装个微处理器啊？这也太复杂了吧！”我妻子生气了，因为咖啡机坏了，又得送去维修。

我拔掉插头，等了一会儿重新插上。这有时候管用，但这一次显示屏还是黑着。没有显示“准备咖啡”，没有发出磨咖啡豆的声音，也没有水泵的咕噜声。本地的电器经销商也无计可施，这台机器必须送回原厂去，就像一年半之前那样，当时它就莫名其妙地罢工，不按指令煮咖啡。

炉子上烧着水。用滤纸和咖啡壶冲泡还是可以的嘛！当咖啡香钻进我的鼻子里，我不禁自问：我们当初干吗要买这个全自动咖啡机？它看着很时髦，闪着银色的光泽，能现磨咖啡，通过按键甚至能选择咖啡的浓度——放个杯子在下面就可以了。

然而，我们的宝贝咖啡机一声不吭，更别提煮咖啡了。我又倒了一次水。我从前很熟悉水流过滤纸的声音。一开始流得很快，接着就越来越慢，最后变成了滴落。滤纸里浸湿的咖啡渣看起来就像潮湿的花泥。

我发现，在使用全自动咖啡机的时候，我根本不知道咖啡的制作过程进行到哪一步了。研磨咖啡豆、加热水、量取和过滤，一切都是在幕后发生的。我得到的只是最终产品。也许这样一来，每一杯咖啡就变成了一个小小的奇迹。但这样的舒适便捷使我失去了一场熟悉的仪式。谁要是自己冲泡咖啡，他就参与到了过程之中，是主动而有创造力的；而机器让我只能按按钮。

主客秩序突然之间就颠倒了：机器发出命令，而我只能听从。它有时候会要求我加水，这其实还好。但当绿色显示屏上出现“清理残渣”的时候，我心里就不那么好受了，在这个时候，要把小抽屉里的残渣连同之前煮咖啡的乐趣一同扔出去。滴水盘也同样要人清理，在端着它走向水池的时候，我常常会把棕色的剩水洒出来，然后我还得擦地板。另外，这可能在许多人身上都发生过，甚至可能是在系统中预设的：在这剩下的操作中，我们人类还要认识到自己的缺陷。这就好像全自动咖啡机在我耳畔低语：“亲爱的人类，你瞧见了吗？你比我无能多了。在你弄脏别的地方之前，还是让我来煮咖啡比较好！”

我家没有人喜欢“清理残渣”，这是全自动咖啡机发给你的“衰人卡”。尤其令人迷惑的是，这条信息往往会像命中注定一般恰巧出现在显示屏上。没有预警，没有提示，总是出乎意料，大多还是在本就匆忙的时候。或者是第一杯顺顺利利地倒满了，接着突然闪视了“清理残渣”的字样，那下一杯你就等着吧。

“又来了！总是轮到我！”然后就会听到我妻子这样喊。我们差点因为这个吵起来，因为我的咖啡煮完了，而她想喝咖啡的愿望总是被一句“清理残渣”所阻挠。她硬说我清楚机器要清理了，才拿走了前一杯咖啡！如果是加水我还能理解，但它会在何时要求“清理残渣”，对我仍是个未解之谜。我不认为这机器会搞什么歧视，比如说它反感女性，这我是不信的，我倒霉的时候和她一样多。也许我该记一下次数。

最让人头疼的是一大清早就要“清理残渣”。在这种时候，我就会咒骂这台全自动咖啡机。挺荒唐的，对吧？新的一天刚刚开始，我起床之后发生的第一件事却是一台机器对我下达指令："快给我清理，否则就不给你煮咖啡！"我承认，我这人有起床气，这可能是遗传自我母亲。起床之后她总会说："和我说话可以，但别提要求！"而全自动咖啡机不仅提要求，它还胁迫我，而且是在我一杯咖啡都没喝的情况下！

我们越来越多地被一个过度科技化的世界包围，而全自动咖啡机只是其中一个小小的例子。如今的汽车发动机被包裹起来，人们不能再拿着螺丝刀随意捣鼓了。就连汽车的大光灯也需要专业工具才能替换，这样一来，人们就不得不寻求专业修理厂的帮助。

要在手机上找到拧螺丝的地方根本是妄想，科技发展本就如此迅猛，把手机送去修理都成了多余的事。为了防止人们自行修理，手机被贴上了会碎裂的塑料块或是会扯坏的薄膜。我们消费者被挡在科技进步的内部世界之外，被降格为只能按按键和点击鼠标的人。这一切都是有意为之：苹果公司的创始人史蒂夫·乔布斯让人设计了专用工具，这样人们就不能用普通的螺丝刀打开 Mac（全称为 Macintosh）的主机。[①] 苹果世界之外的人都不能窥探这盒子里的景象。变出新事物的魔法师可不会让别人看到自己的底牌，因为关于其内里的秘密维持着机器中蕴含的魔法。

在一两代人的时间里，我们就从当年几乎自给自足的人成了有依赖性的消费者。这只是进步的一个症状，而这种进步的深度和速度是前所未有的。

我们的母亲、祖母和曾祖母们体会到的未来还是一个缓慢的过程。她们的世界根植于过去，而且她们能够确信，现在和未来是从过去之中逐渐形

① 沃尔特·艾萨克森：《史蒂夫·乔布斯传》，西蒙与舒斯特出版公司，2011 年版。译者注：中文版由中信出版社 2011 年出版。

成的。这也就是说，人类有许多时间去适应调整。在这样的情况下，时间的连续性将旧和新连接起来，成为连续统一体。

比如，电灯这样的发明需要数十年的时间才能在社会上推广开来。1882 年，路灯第一次照亮了柏林的莱比锡大街；但直到 30 年后，柏林也只有 3.5% 的住宅接入了电网；到了 20 世纪 20 年代末期，每两户柏林家庭中有一户用上了电。[①] 即使在第一盏路灯出现在柏林的半个世纪之后，那里仍有四分之一的人口过着无电的生活。[②] 有时要经过几代人的时间，新生事物才能征服世界。个体的衰老和我们周围世界的改变是同步发生的，技术的周期以类似人类世代的频率更迭。未来从过去中发展、崛起，它像小树一般有机生长，试探地向上伸展着枝丫，期待能在数十年后屹立于林中。

在昨天，未来还映射着我们的向往和希望；现在，它已经变成了一种“破坏性”的剧变——在创新的过程中，既存的现实几乎是遭到了猛然一击。没有人把未来当回事，直到它如晴空霹雳一般，遽然劈进我们的现实。

2007 年，第一部智能手机出现了。短短 10 年之后，世界人口的一半已经在使用它了。传统电话花了 75 年才有 1 亿人使用，相比之下，手机只花了 16 年的时间，社交网站脸书（Facebook）更是只用了 4.4 年，通信应用程序瓦次普（WhatsApp）和社交应用软件照片墙（Instagram）分别用了 2.2 年，而在线电子游戏《糖果传奇》（*Candy Crush Saga*）只用了 1.3 年就突破了 1 亿用户大关。在人们认识社交网络的短短 6 年间，脸书用户就超过

① 参见：慕尼黑德意志博物馆主题展览“家庭用电及其影响”。

② Jean Edward Smith. When Government was the Solution, in: The New York Times, 21.05.2007.

在 20 世纪 30 年代，通过罗斯福新政，美国农村地区的电气化进程得到了大力推动。但如今，世界范围内仍有 13 亿人用不上电，仅在印度就有 3 亿人。

了 10 亿。革新的速度成为一种新的质量指标。在全球爆炸式的增长态势下，自我增强的网络效应发挥作用，在不足 10 年的时间跨度内改变了整个行业。

我们认为经久不变的东西瓦解了：我们迄今为止的商业世界碎裂了，经济部门摇摇欲坠，某些职业在一夜之间就被取代了，而新的交流方式甚至改变着家人间的相处模式。突然之间，加速的“衰老进程”凌驾于所有人之上，一些人几乎要被迅猛的进步撕成碎片。

我们经历了一场前所未有的变革。再也没有一个稳妥的空间庇护我们，使我们能在其中为未来做好准备；再也没有足够的时间让我们充分衡量新事物的利弊优劣——在它们进入我们的生活之前。现代的发展同时涉及我们星球上所有的工业国家。从这一点来说，在纽约、柏林、迪拜、新加坡、东京和上海这些大都市之间是体会不到差别的。

数字化革命的影响力几乎覆盖了所有的领域。它就像病毒，感染了医药、财政金融、媒体、机械制造和服务型行业。在这一过程中又产生了交互作用，各领域彼此促进，再次加快了变革的速度。数字化对基因研究的发展、对材料科学的进步的作用，或是它在电子器械微型化这一医药领域所产生的影响，都是很好的例子，这印证了这种协同的加速作用。创新改变工作方式，而新的工作方式又反过来促进了创新，环环相扣，让我们体会到了科技进步全新的共振效应。也正因如此，所有的预判都变得困难起来，因为没有人能够预见这种交互影响产生的结果。

未来意味着改变。电冰箱的使用显著地改善了我们的营养摄入；电气化使越来越多的人学习读书和写字，并由此对我们社会的文明程度产生了影响。这些改变都是深刻的，但相较于如今的复杂变革也只是简单的过程而已。在短短几十年前，人们还能在电话亭里读到这样的提示：“长话短说！”如今，在持续通信的时代里，这句话就如同来自遥远时代的遗物，让我们清晰地意识到，科技创新也飞速地影响着我们自身的行为。未来人们的所想、所感会不同，他们的梦想和理念会不同，他们的语言、习惯和自我认识也不同。未来人与人共同相处的模式会与如今的惯例有着本质上的区别，单是这一个原因就使对未来的预测显得异常困难。

我们社会的“黏合剂”失效了，我们分解成了不同的团体，分成了“数字原住民”和“数字移民”，分成了“X 世代”“Y 世代”和“Z 世代”。在每个团体的偏好和预期方面，短短几年的年龄差就意味着在行为上的显著差异。在短短数年之间，全部的行为模式就变成了新的约定俗成。举例来说，网上购物会改变我们城市中心的结构吗？我们低估了新生之物订立规范的力量。母亲们不再理解自己的女儿，而父亲们的梦想倏忽之间就成了泡影。

私有领域面临着数字化瓦解，流程在所有的生活领域得到了越来越广泛的运用，从银行信贷到选择婚恋对象，或是通过不断发展的医疗技术从本质上改变人类的面貌，这一切的发生都未曾征求我们的意见。未来突然就到来了。

所以，我们究竟能不能影响事物发展的进程？或者说，我们已经在不知不觉中变成了某种隐秘逻辑的囚徒，而其力量决定着之后的每一步，不容许任何的偏离？未来是不是变成了一种胁迫，变成了我们所有人都有义务选择的默认设置？我们能创造出未来的图景，还是说未来成就它自己，而我们在这场未知终点的旅途中只是过客呢？[①]

我们体会到了昨天与明天之间、承袭和革新之间、旧与新之间尖锐的不协调。甚至没有事先引发相关的社会讨论，旧的规范和惯例就失去了其

① Aleida Assmann. Ist die Zeit aus den Fugen? Aufstieg und Fall des Zeitregimes der Moderne, München, Karl Hanser Verlag, 2013.

效力。我们被从自己充满传统和习俗的老房子里赶了出来，突然站在科技进步这条街上，失去了方向。新人类必须“懂得在不安中安顿下来”（语出毕加索），而这个自相矛盾的要求对我们很多人来说都是无法忍受的。

一些人在新世界的断崖边缘停下了脚步，另一些人带着绝望纵身一跃。这难道不奇怪吗？我们似乎默认这种变革像地震或火山爆发一样本就存在，是我们无法改变的，理所当然地接受了它。进步在我们中的许多人看来就像一条自然法则，其规律似乎是不可改变的。美国科学顾问约翰·吉彭斯早在20世纪90年代就说过：“Go online or decline.”（不入网便死亡。）所有的犹豫或观望都触发着恐惧，无论是个人、企业还是国家都可能会错过加入的时机，在经济上眼睁睁地看着别人得利，自己却两手空空。于是我们纷纷追逐着进步，却不知它会将我们引向何方。

在过去的几年中，我们的基因密码被解读出来，身体上私有领域的城墙也由此被攻破。在默许中，我们给出了自己的客户资料，将自己的工作让给了没有灵魂的机器。

我们自由的空间似乎越来越狭窄，对我们工作进程的量化和评估变得越来越精准。我们的生活被分割成一个个零散的程序，每个程序的细枝末节都得到了优化。我们被困在全球化的竞争中，一再将手中的主导权交予他人之手。我们被逼入预设的框架之中，渐渐明白我们与机器之间余下的那些区别也在渐渐消失。我们放弃了启蒙运动所追求的那种自由和对具体事物的决定权吗？还是说，正是坚持着启蒙运动的原则，我们才变成了某种更高逻辑的囚徒？

毫无疑问，历史上还从未出现过这样一个充满激烈变革和转折的时代，可预估性、效率和成效发展成了重要的价值量度，能够独立存在了。经济上的“更高、更快、更强”被推向了顶峰。时间的节奏脱离了心跳的频率，无声无息地由我们的机器确定：高频交易、即时生产、快车道、速递、高速……全年无休，没有喘息的瞬间，没有思考的时间，也没有出逃的可能。进步意味着更迅速——但节省下来的时间能做什么呢？

我们的咖啡机反正是坏了，接下来的几天要去“疗养”。我们自己冲咖啡喝，就像从前还没有微程序、没有机器、人们四处走动相互交流、绿色屏幕不会闪动“清理残渣”的时候那样。

也许这些机器在暗中反感某些人？反正我的母亲坚信，她的小汽车是有“灵魂”的。她将这台车买来之后，举行了一场名叫“法会”的小小仪式：在印度，为公共汽车、货车或是摩托车开光祝福是很普遍的事，于是我母亲就撒了些咖喱粉和米饭在她的新车上，随后还当着全家人的面开车碾过一颗柠檬。据说这能带来好运。“莱拉露”是她给车取的名字，这辆车用了很多年，随着岁月的流逝渐渐生锈，但我的母亲毫不介意，对她这辆有“灵魂”的旅伴不离不弃。天冷的日子里，发动机在启动时会“咳嗽”起来，这种时候，母亲就会好言好语地安抚“莱拉露”，拉点火杆，确认开关，又碰碰方向盘，直到车子喘着粗气发动起来，然后夸奖一句：“真是好姑娘！”我母亲说不定也和我们的咖啡机说过话。

数字革命[①]

我父亲在喊，我母亲在哭，电话听筒里我透过噪声听到远处祖母的声音："圣诞快乐，我的孩子！"在我小时候，从卢森堡往印度打长途电话还是一件贵得离谱的事。每次通话都得登记，在熬过几个小时的等待之后，才能连上线，伴着噪声跨越大洲通话短短几分钟。我们在复活节和圣诞节才打电话，平时则写信联系，而一封信往往要经历数个星期才能到达目的地。

相反，在数字世界中，无论我们身处哪个大洲，我们都始终"在线"。即使是在遥远的越南雨林中，我的手机信号也非常好，团队里的同事用一个电话打破狂野的异域风情时我还被吓了一跳。

交流、购物、银行业务、旅行、媒体、制造技术、政治、生产流程……无论在哪里，进程都在发生本质性的改变。我们正站在这场数字化变革的开端。没有人能够说出这一切会走向何方，因为未来不会让我们看到它的底牌，即使是专家们的预测也大多不甚准确。我们用旧眼光观察新事物，低估了这种发展对我们的影响：它改变着我们的视角和我们对自己的看法。

---

① 原载于《德国铁路随行》（*DB mobil*）杂志，略做修改，2015 年 6 月。

行为模式、购物规律……个人的兴趣和行动都被记录下来，“大数据”的运作开始了。我们所有人都心甘情愿地用自己最隐私的秘密去喂养饥饿的数据机器。在此期间，已有 84% 的智能手机用户表示，会在醒来之后立即在手机上查看某个应用程序。[①] 健身腕带将心跳和每日跑步指标传送到云端，还有时刻待命的语音识别系统听取我们的愿望、记录我们的行为模式。“是否允许该应用获取你的位置？”——支出、访问过的网站、短信、订购、旅行路线、歌曲名称、搜索结果……每天就这样产生了 25 亿兆字节的数据。[②]

绝大部分的数据都被收集起来，其中 80% 是杂乱无章的，但世界范围内的“数据分析”热潮印证了这些原始数据的潜力。通过负责的计算程序，我们的行为渐渐变得可以预知，更重要的是，数据还将更精准地影响我们的行为。因此，你现在要是梦想拥有美丽的衣裙或是远方的旅行，最好先想一想：这真的是你的梦想吗，还是一个被植入的愿望？谷歌执行董事长埃里克·施密特一语中的：“我们知道你现在身处何地，我们知道你去过何处，我们或多或少知道你在想些什么。”如今，网络商贩已经对他们的顾客如此了解，以至于能利用一些随机广告精准地宣传产品，又不让顾客感觉到自己被监视。

21 世纪的大数据正如 18 世纪的蒸汽动力或是 19 世纪的电气化——是一场根本上的革命。网络不仅囊括了智能手机和笔记本电脑，还潜在地将我们身边所有的设备都连接到了一起。由于电子设备的体积不断缩小，任意物品都能装入感应器——成本只有几欧分而已。据估计，现在我们的星球上已经有超过百亿的物品和设备彼此联网，从温控器到备用轮胎，从咖啡机到吸

① The IBM Strategy. 2013 Annual Report, S. 21.

② The IBM Strategy. 2013 Annual Report, S. 21.

尘器，从鞋子到汽车，从机床到突击步枪……

一直以来，只有当人生病之后，医学家才能治疗；只有罪行实施之后，刑罚才能介入。然而，这种顺序正变得可以调换，因为数据流程已经将我们的世界颠倒过来了：健康的人接受手术，只因为医疗数据显示出罹患疾病的风险；无辜的平民受到怀疑，因为数据声称他将犯下罪行。欧盟研究项目CAPER正是以此为出发点的，它基于“公共及私有信息来源”，致力于预防组织性犯罪。当忠利保险公司宣布，要将客户的健身、营养摄取和生活方式信息通过应用收集起来，似乎是要打破禁忌。但其中的逻辑是极易理解的：客户生活得健康，医疗保险公司花的钱就少，有意愿的顾客就被折扣吸引过来了。数字化的完全透明将对我们的生活方式产生持续性的影响。很快，我们就会因为应用程序的要求而去慢跑，为了避免保险费涨价而不吃薯条，改吃水果。就这样，“自愿分享数据”渐渐变成了一种强制性的自我优化。

汽车将驾驶人的车速信息传送出去，这难道不是迟早的事吗？随后，雷达测速装置就会成为过去。税务申报自动进行，因为每一次财务交易都有电子记录。大数据的真正潜力就隐藏在无数微小的、可以彼此关联组合的数据碎片里。经过深入的评估分析，可以知道某个人是否有抑郁倾向、一对夫妇是否分居，或是某位员工是不是不再为企业尽心尽责。也许在人类历史上，机器将第一次比我们更了解人类。科技正以迅雷不及掩耳之势朝着这个方向发展，数据分析公司也像雨后春笋般不断涌现。在过去几年中，单单IBM公司就在该领域投资逾240亿美元，互联网巨擘谷歌、亚马逊和脸书也有着类似的目标。

数字化革命根植于一种人们内心深处的想法，那就是我们丰富多样的生活能够转换成可测量的数字流。在这种将现实抽象化的做法中，算法模仿自然进程，将可知的现实变为可计算的流程。

这种想法源于遥远的过去。历史学家至今未能成功确认发明第一只机械时钟的准确地点和时间，但那必定是个神奇的时刻——人类第一次创造出一台拥有自己脉搏的机器。曾经，生命的流逝是由阳光造成的阴影和星辰的转移确定的，而在时钟发明之后，这个由齿轮、游丝和指针组成的精妙器械便自己产生规律的节奏。一开始，计时器的精确度还不够，但是随着钟摆原理得到实践，克里斯蒂安·惠更斯于 17 世纪中叶将机械计数器与一个普遍的自然现象联系了起来，那就是摆针的运动。摆动的周期是恒定的，摆长决定周期的长短。记录每台摆钟的摆动次数，把它转入计数器，接着通过规定的换算方法来移动时钟上的指针，就这样，摆钟将自然法则和手工艺结合起来，将自然现实与人工创作融合到一起。惠更斯的计时器一下就超越了其他的时钟。

时间的限制令我异常着迷，我花费了好几天的时间，仔细计算并描摹时钟里的齿轮。在折腾了好几遍之后，我终于明白了钟表摆轮的原理。它将重力分解到走和停的过程中，转移到齿轮的每一个齿上，并同时保持钟摆的摆荡。在整整一个星期的时间里，我都在工作室里埋头锯木头齿轮，小心翼翼地制作摆轮。我试验了几个小时，最终用木头做出了一台可以用的“摆钟”。我之所以这样狂热地进行手工制作，是由于内心深处的一个愿望，那就是从每一个细节上感受人工脉搏跳动的神奇时刻。当我又锉又钻的时候，我对早期钟表工匠的敬意也油然而生——他们用简陋的工具制造出了最初的时钟。

摆钟在 17 世纪迎来了它的全盛时期。之前塔楼上的钟只显示小时，此时被安装上了分针。此外，当时的各国对这项影响深远的新发明做何反应，也能说明许多问题。在托马斯·德·帕多瓦所写的《莱布尼茨、牛顿和时间的发明》（*Leibnitz, Newton und die Erfindung der Zeit*）一书中，他描写了德国组织严密的钟表匠人行业工会由于僵化的条例错过了让科学与手工技艺协同作用的可能性。1550 年到 1650 年，在奥格斯堡，至少有 182 名钟表匠人进入行业工会，它却失去了行业中的领先地位，让伦敦成为计时器制造的中心城市。在那里，物理学家罗伯特 · 胡克和手工匠人托马斯 · 汤姆皮恩制作出了一只精准的怀表，并在制作过程中将钟摆原理运用到了一根来回摆动的游丝上。就这样，计时器变成了可以随身携带的物品，而它无所不在的人工脉搏更是在接下来的时代成为科学进步的发动机。

曾经连续不断的时间被切分成了可以计数的小块。通过精确数字，太阳的运行被展现成一项线性进程；黄昏、入夜时分、午夜和黎明这些模糊的时间概念，被以钟点的形式用具体的数字表达出来。人类的时间意识得到了数字化的展现，时间变成了数字，这种从模糊到精准的根本转变改变了我们的日常生活。接下来，我们的日常生活根据行事日历来整理、安排，商店、工厂和公共设施都按照时间表来运作。在竞技运动中，数字化的时间成了人类的对手，记录以时间的形式表现出来。19 世纪末，为了设计出更高效的生产流程，工程师弗雷德里克 · 泰勒测试了一种计时器，并由此为工业化流水线奠定了基础。时间节奏不断加快，在一个世纪之后汇入了高频交易几不可闻的洪流之中。

时钟成为人类随身携带的第一个设备，直到智能手机取代了它的位置。两者都遵循着同样的基本思想：现实被化作了一个数字世界。在今天，飞机的诞生首先是在电脑上完成的，在这一过程中，机身或机翼上的每个部分都是由精细零件组装而成的拼图。没有人能够靠一己之力，在总体上把握这样一个复杂造物的负载量和稳定性，更别提预估了。直到现实中的现象被置于数字世界之中，这样庞大的物件才有了诞生的可能。随着数字化，也就是将现实转化到数字世界中，过犹不及的现象也随之出现，可计算的数值超出了我们最疯狂的想象。机器的人工脉搏影响了我们的思想，确定着我们相处的方式。

我们正经历着一个划时代的转折阶段，正如曾经被文艺复兴所瓦解的中世纪，或是被现代化震荡了的社会。在这样的历史阶段中，科技的革新改变了人类社会和他们的自我认识。同样地，数字革命也会改变我们，而我们是该被驱赶着向前走，还是以主动的创造者姿态经历这场进步，取决于我们自己。也许，后世的人们会羡慕处在变革时代的我们，像我们回顾文艺复兴那样，带着艳羡之情回望我们的时代。

他们终究是错了

谁要是看到了幻象，就该去看医生。

——赫尔穆特 · 施密特

未来我们将如何生活？不断加深的全球化程度将改变什么？机器人会控制我们吗？我们是否站在人工智能新纪元的开端？

许多未来研究机构以及先锋思想者、未来学者和展望遥远未来的专家在五花八门的讲座中，告诉我们迎接我们的将会是什么。在他们的言辞中，我们会听到新的时髦词语，比如“过度创新”（Over-novation）、“媒体出走”[①]（Medien-Exodus）、“反应转移”（Response Shift）或是“数字塑造者”（Digital Shapers）。于是，听众中的一些人就会觉得自己像是个在原地止步不前的傻子，正渐渐明白过来，自己后知后觉地错过了未来。每一天，都有无数的创新工坊、转型研讨会或是革新会议喊着“欢迎来到未来世界”的口号邀请人们加入其中。

当然，我们也会在不知不觉中忘记，新事物的维护者为我们预言了

① 译者注：指切断一切媒体，从媒体世界出逃。

什么。但是，去验证他们的假设是否真的准确，这难道不是个激动人心的想法吗？也许我们也能引入一个“无效退款”的机制，以 10 年为期，如果现实与他们所宣称的不符就“退款”。总之，我自己遇到的许多例子都可以证实，即使是得到认可的专业人士，在预估未来形势的时候也会犯下根本性的错误。

肯·奥尔森在 1977 年说的一句话就是一个经典的例子，“我们没有理由认为，每个人都需要家用电脑”。1957 年，奥尔森创立了名为“数字设备公司”（简称 DEC）的计算机公司，该公司出产的微型计算机，比如 PDP-11 型计算机，被广泛运用于科研机构。在 20 世纪 80 年代，数字设备公司是世界第二大计算机生产商，麾下拥有逾 10 万名员工。当我还是个大学生的时候，那些功能强大、嗡嗡作响、装满了通风装置和闪烁的发光二极管的箱子令我深深着迷。数字设备公司的计算机就是行业标准，而奥尔森也备受赞誉。然而，像他这样的行家里手怎么能对自己行业的未来做出错误的估计呢？如果说有谁洞察最新的发展，那就是他啊！

20 世纪 90 年代初期，数字设备公司“出乎意料”地遭遇了销售额的下滑。8 年之后，这一计算机巨头便瓦解了。他们误判了未来，被成功和自己的伟大蒙蔽了双眼。大卫战胜了巨人歌利亚，个人电脑改变了巨型计算机的世界，在数字设备公司消失一年之后，世界范围内个人电脑的销售额首次超过了 1 亿马克。

数字设备公司的沉沦并非个例。加夫列尔·加西亚·马尔克斯是我最爱的作家，在《百年孤独》这本伟大的小说中，术师梅尔加德斯让何塞·阿尔卡蒂奥·布恩迪亚这个怪人知道了一个特殊的秘密：冰块。我们能够理解布恩迪亚的惊讶之情，因为在马孔多这个闷热的世界，完全无法想象冰的存在。

但翻看历史书，我发现了一个值得注意的章节：19 世纪，在美国建立起了庞大的自然冰出口产业。电冰箱还没有被发明出来，而热带殖民地那些闷热的大都市中又找不到冰块。弗雷德里克·图多尔，来自波士顿的律师之子，年仅 23 岁就想到了这个怪主意：从波士顿周边的冰湖中开采自然冰，然后出口到全球。在多次尝试之后，他做成了不可能的事情：将冰块包裹在稻草、木屑和盖布中，它们甚至能够抵达印度。到达恒河河口时，冰块虽有一部分融化了，但留下的 100 吨冰块还是引起了巨大的轰动。港口的工人们对这一冰雪奇迹的惊讶程度，可能与马尔克斯小说中的人物一样大。

图多尔改善了采冰和储冰技术，拥有广大区域的经营许可。在接下来的 20 年中，一支庞大的船队载着它冰凉的货物往来于马德拉斯[①]、孟买和加尔各答的港口间，而冰块可以暂时储藏在当地专门修建的冰库中。在全盛时期，这位“冰王”拥有 150 多艘船只，仅仅是 20 年间向加尔各答运送冰块就赚取了 25 万美元的利润。其他人纷纷效仿他的做法，到了 19 世纪末期，冰块产业已经成为美国最大的出口产业之一。

然而，这些专家也做出了错误的预判。虽然第一批制冷机已经出现，人们还是固执地守着旧时的技术。到了世纪之交，他们便在竞争中败下阵来——自然冰产业轰然崩塌。百年之后，传统相机胶片也遭遇了类似的命运。

全球闻名的伊士曼柯达公司曾经改革了摄影技术，也错过了通往未来的出口。你可能还记得那种黄色包装的胶卷，以前我们会在度假旅行时将它带在身上。1988 年时，这家公司有约 14 万名员工；直到世纪交替时，还有着极高的销售额。我还记得，当时的专柜销售员信誓旦旦地向我保证，胶片

① 译者注：印度东南部大型城市，现称金奈。

所能达到的分辨率和灵敏度是数码相机永远无法企及的。难以想象，传统的企业故事就此画上了句号。2013 年，柯达彻底停止了胶片生产。

发展越迅速，对未来的切实估计就越重要，但显然很多人都在预判未来时栽了跟头。我还记得一个熟人是靠售卖大型计算机发家的。他手下有 200 多名雇员，德国的许多机构都是他的客户。而他也没能读懂时代发出的信号，个人电脑的胜利使他的生意毁于一旦。我再见到他时，他只剩下了一个雇员。两人一同拆除他们从前卖出去的大型计算机。可以明显地看出，搬运这些巨大机箱所产生的繁重的体力劳动使他疲惫不堪。60 岁时，他出了自己的个人传记。他为什么犯了这样的错误？为什么没能及时改换道路？

预估容易出错，是因为我们无法将未来视作一个线性发展的进程，它不是从过去发展而来的，我们要面对的是许多碎片信息。新生事物往往会是局外之物，并非源于当前的核心产业。

自然冰运送商图多尔对制冷机的世界极度陌生，正如柯达的胶片生产商们对数码感应器的世界极度陌生。在那个充满化学显影剂和大型洗印设备的世界里，他们无法理解如何借助电子零件来捕捉图像。过去的成就蒙蔽了他们的双眼，使他们无法转换视角，更何况新生事物在一开始只是一张尚未完成的蓝图，指向一条新的候选道路。

相较于光彩耀人的大型计算机，最初的个人电脑显得颇为寒酸，而且没有人会知道更新换代的时刻会以怎样的迅猛之势袭来。无论我们是否愿意，我们会守着旧物不愿放开。我常常听到这样一句话：“等我退休之后，你们想怎么改就怎么改！”改革创新被视作对个人职位和个人技能的威胁。

游戏规则突然改变，曾经的行家里手成了新事物的门外汉。柯达麾下必定拥有优秀的化学家，但他们的学识对数码技术来说毫无价值。难道要大掌柜一下子变成小学徒吗？这是怎样的地位差距啊！我们整个职业生涯，我们一步一个脚印的晋升道路、积累的技能、在业内建立的人际关系网，这一切怎么能在一夜之间就变成了多余的东西呢？改变是个痛苦的过程，无论是对企业，还是对每个人，都是如此，它迫使我们从昔日成就铸造的宝座上跌落下来。谁会想要将自己奋斗已久的职业生涯弃若粪土，从头开始呢？

这种顽固坚守的力量情有可原，却也正是它阻碍了新的开始，阻断了来自外界的所有干扰。我们所有人都生活在一个“小团体”中，一个看不见的气泡将志同道合的人包围起来，我们与同样出身的人交往，所有人都怀着相同的恐惧。于是，我们在不知不觉中开始欺骗自己。我们不屑于那些陌生的发展，这还得到了同一团体中其他人的肯定。随着时间的流逝，所有人都开始异口同声地发表着相同的论调，说着：“不，这种事是不会发生的，这样的时代绝对不会到来！”看着眼前宽敞的车间和厂房，我们完全不能想象，这一切明天就将成为过去。整个行业都受制于这种自我欺骗的机制，而这样的故事在银行、媒体或是汽车行业也能听到。

像汽车产业这样强大的行业可能消失或是大规模萎缩吗？单是在德国，就有约 75 万人直接在这一产业内工作。每当我将目光投向我孩子这代人的“共享汽车”及其他出行理念，我就会陷入沉思。下一代人只是偶尔使用汽车，并不需要拥有它。

汽车并不是我们人类天生就需要的东西，不然的话，德国汽车行业也不会每年花费 20 亿欧元在广告宣传上。[①] 在花花绿绿的广告牌上、在电视上放映的广告短片中，汽车品牌的广告语循环播放，向我们讲述着自由的童话，灌

① 根据 2013 年数据，客用车、货用车、两轮车、休旅房车、汽车销售和配件以及轮胎行业共支出广告费用 22 亿欧元。

输着自我实现的传说。然而，一个人要排放多少二氧化碳才能感到幸福呢？

一个销售商朋友曾经对我说，买车是件纯粹看心情的事，而心情是会改变的。一些人分期付款买车，但他们不明白，在一年之中他们有好几个月都只是在为这辆车而拼命工作。车买起来贵，用起来也贵，汽油、保险和维护费用一项项叠加，在理性的考量之下，拥有自己的轿车就完全成了另一番图景。另外，在未来的几年中，大城市中不断加剧的拥堵和环境污染问题原本就会大幅限制私人交通工具的使用。时代发出的信号指向了另一个方向，但汽车业仍自信满满，炫耀着眼前傲人的销售成绩。讽刺的是，等我们明白自己的想象力是多么贫乏，才会接受其他行业的转变。

每一次创新都伴随着核心的转移、视角的改变，而这种角度的变化使我们难以从今天飞跃到明天。

想象一下，如果你生活在 19 世纪，深受那个时代的价值观和传统习俗影响，然后，你看到了 21 世纪度假海滩上的场景：穿着比基尼的女孩们尽力把自己晒黑，度假的人在沙滩上慢跑，而另一些人则随着耳机里的音乐跳舞。你看到的一切几乎都与 19 世纪末的常识背道而驰。比基尼的露肤度使那些泳客在你眼中几乎是一丝不挂的，在 19 世纪末，端庄保守的服饰才是风尚，泳装是由裙子和长袖上衣组成的。此外，黝黑的皮肤也与当时的审美理念不符，高贵苍白的肤色受到追捧，而被阳光晒黑的皮肤则是穷人的标志，因为他们必须通过体力劳动，比如在田地上耕作，来挣取生活费用。在你看来，慢跑更是件无法理解的事情，为什么要这样漫无目的地奔跑呢？抛开体育协会不谈，运动在 19 世纪还未成为一种潮流。你会惊讶于花哨夺目的彩色泳裤，还有那小小的耳塞——它们竟然能神奇地播放出音乐来。在整片沙滩上，唯有那不断翻滚的浪头是你所熟悉的。

以 19 世纪末的视角来看，我们今天的世界发生了翻天覆地的变化。要是考察人们过去描绘的未来图景，就会感觉到，无论这些图景的作者多么鲁莽而大胆，他们各自的假想还是根植于自己的时代之中，会飞的汽车、呼啸而过的蒸汽轮船、巨型潜水艇或是火星上的度假村——人们总是将本时代对事物的看法移植到明天。比如，人们会梦想出现核动力车，以 1000 千米 / 小时的速度在州际公路上飞驰。然而，在这些场景中，核动力车上的女士们仍穿着曾经乘坐马车时穿的衣裙。新生事物并不会从旧事物中发展而来，昨日的未来让我们看到，我们这样的推算方法是大错特错的。

老师们用教鞭来训诫学生，外科医生在诊所走廊上抽烟，孩子们没有安全带的保护就坐在汽车后座上，乃至核废料直接被沉入海中，这样的时代还没有过去太久。原本看上去理所当然的事情已经改变了，未来也会如此。无论我们如何向透视未来的水晶球许愿，我们都无法解读其中的图像，因为未来的我们也会变成不一样的人。

从牛车和超级电脑说起

你知道吗？问题在于，你为什么会在这里。

——梅罗纹加，《黑客帝国：重装上阵》

我的童年是在印度度过的，我在那里经历了一种独一无二的共存景象：那里的街景综合了不同时代的特点，似乎各个时代都交融到了一起。响着喇叭的汽车超过人力黄包车；半裸的苦行僧伸展着肢体，而商人们则西装笔挺地赶往各自的办公室；街边商贩像几百年前一样售卖着烤过的花生，而他们身边就是现代化的店铺，开着空调宣传西方的商品。

你要是在印度看到一个身穿纱丽的女人正在使用手机，可能不会意识到，这幅场景跨越了好几个世纪。手中拿着移动电话，身上穿的却是与4800年前相同的衣衫？你要是去德里国家博物馆三楼看看历史上的纱丽，就会大吃一惊，因为你会觉得自己注视着一家现代布料店的橱窗。显然，纱丽是不受时代限制的。

在印度，新事物似乎填补了老事物留下的空缺，而不是取代了它们。一些房屋通上了电，但同样的地方也存在着简陋的土屋，依旧用简易油灯驱散黑暗。同样地，古老的木犁也没有被现代化的农用机器驱逐，正如吟唱诗人们面对吵闹的晶体管收音机也没有停止唱诵。这种不同时代的共存现象在这片次大陆上延续至今，这种自然而然的状态几乎令人迷惑。

1985 年，我在印度待了将近一年。一天傍晚，我站在班加罗尔的莫罕达斯 · 甘地路上，一辆五彩的牛车经过我身边，上面装的货物是十几台崭新的电脑。这真叫人有种时空错乱之感：过去承载着未来！这样的组合让我感到如此怪异，以至于后来我将迈索尔大学的一场演讲命名为“From Bullock Carts and Supercomputers”（从牛车和超级电脑说起）。

这种新旧共存的现象也是两极化社会的一种表现。一部分人十分富有，享受着优质的教育，以西方标准为指引，另一部分人却没跟上前进的脚步。半数的国民从事农业生产，一些村落让人感觉时间停滞了几个世纪。

在这块次大陆上，能够体会到一个矛盾的世界：中世纪与高科技、贫穷与富有、贪婪与慷慨、神明与机器、牛群与豪华礼车、铁皮房子与奢侈酒店。有时候，我会有这样的感觉：历史课本中的方方面面似乎都在同一时间活了起来。村民们敬仰着苏丹，与莫卧儿王朝统治时期一样；骆驼商队仍穿行在拉贾斯坦邦的荒漠中，就好像已经在那里迷路了百年。IT 工程师们在空调房里编写自主学习的机器控制程序，而当他们望向窗外，会看到河岸旁妇女们浣洗着各色衣物，在平坦的石块上敲打沾湿的布料，与千年之前无异。

当渔民们在喀拉拉邦划着小独木舟勇敢地驶向开阔海域时，核磁共振成像仪正在毗邻的医院里嗡嗡运作着。庙宇中散发着茉莉和玫瑰的芬芳，点缀着花朵的油灯照亮了色彩绚烂的石像，耳畔响着与千年前相同的诵经声，而在这一切之上，飞机在空中留下一道道尾迹。

必须承认，这里的基础设施陈旧破败，这里的贫穷常常令人难以忍受，混乱导致的效率低下几乎叫人坚持不下去，但是，当西方世界为了给进步留出空间，而将过往的文化见证物丢弃掉的时候，新事物在印度却只是加入原本的世界之中，就像一个度假游客在假期过后留了下来。先进与富裕，这两者与文化、经济、信仰、伦理及自然协同一致，是要作为一个整体来理解的，增长率和效率并不是唯一有价值的评价标准。对一些到访印度的人来说，这种新旧混合的场景是令人讶异的：在熙熙攘攘的车水马龙之中，一头牛就在车道上歇息，却没人觉得有什么不对；新的机器制造工厂落成要参考占星的结果；会议从点燃油灯的宗教仪式开始；重要的客人要献上花环表示欢迎；在社会上，学者们的声音会像商人或教士们一样，得到人们的聆听。在持有这种多层次精神态度的人中，在今天的亚洲还能被提起的，莫罕达斯·甘地或许是最著名的代表了。这里不只有经济说了算。

1972 年，邻国不丹没有将“繁荣”，而是将“幸福”作为国家政策的最高目标。“国民幸福”被纳入宪法，并由四根支柱加以支撑：对传统文化价值的维护、良好的经济发展、政府治国能力的提升以及环境保护。虽然并不富裕，但人们都感到自己被纳入了面向未来的发展之中。

而在我们这样的工业国家中，未来被当作科技与经济进步的必然结果。道路选择的多面性，连同作为基础的精神信仰，越来越多地为经济领域的单面性让步。百年一遇的重大跨越切断了我们与过去的纽带，承诺着要在未来改善我们的生活品质，以此鼓励我们跨出这一步。

过去在战胜疾病、大幅提高生产力和取得物质富裕方面获得的成功变成了论据。因此，充分的理由支持着人们在这条路上继续走下去。往日，宗教向人们许下救赎承诺，说尘世的劳苦将在天堂得到报偿，而现在，科学和经济取而代之，向人们承诺他们会在地球上拥有更美好的未来。

这意味着，我们应当熬过变革的动荡不安，坚信在痛苦的旅程之后终会抵达更美好的世界。我们应当相信这种进步，就像相信一位神明，即使我们无法看清他的模样。我们像背井离乡的旅人，抛弃自己的根源和传统，踏上未知的旅途。就连回顾我们自己的历史也变得毫无意义，因为它无法基于一个彻底改变了的世界为我们提供答案。

我们跟随着经济增长这只指南针，经济就这样成为宗教的替代品，银行所在的大厦拔地而起，睥睨着主教座堂。经济方面的必要性促使我们在增长的道路上踏出痛苦的每一步。在全球竞争中失败的忧虑也如影随形，我们受到警告：如果我们不迅速变革，就会错失良机；踟蹰犹豫或是停滞不前都意味着沉沦。

我们正在经历着强制性的现代化进程。也就是说，我们的未来不再是一个选项，我们无法随意地从开放的提议中选取以后的发展方向，也不能通过对价值和质量的广泛讨论和实践来决定未来的模样。做出的决定并非从我们的需求出发，也不追问下一步的意义何在，而是必要和必需的，我们别无选择。这种由经济操控的单面性会逐渐导致民主的丧失，文化中心、高校、艺术和媒体越来越多地受到经济的独裁统治。在这一进程中，其他可供选择的未来蓝图都黯然失色，而我们也渐渐失去了所有主动构建未来的自由。

在切尔诺贝利核电站的中心大楼里，通往食堂的楼梯旁悬挂着一幅巨型油画，画上的工人正在设置电线杆，他们的姿势如同英雄。在这里展现的进步，是集体的功绩，是所有人共同的成果。这幅宣传画所要传达的信息是：心怀共同的乌托邦，共同构想、创造我们的未来。像苹果或谷歌这样的企业则将未来解读成一个未知的奇迹：董事会主席在每年的开发人员大会上发表主题致辞，好似宗教行为；新产品如圣物一般呈现在我们这些凡夫俗子眼前，就好像我们得到了宝贵的机会，有幸一窥新事物的神龛。在场的人们神魂颠倒，接受这未来的圣餐，赞叹着：“太厉害了！”

你要是到旧金山以南的硅谷看一看，到这些红人热词的幕后探一探，很快就会意识到，唱主角的并不是点子，而是能带来利润的点子。“What is good is what pays off.”（有回报的才是好的。）

请允许我带你短暂地游览一下“未来谷”——人们喜欢这样称呼硅谷。它的发迹史是从威廉·B. 肖克利开始的。20世纪40年代，肖克利通过发明晶体管为今天的计算机产业奠定了基础。为此，肖克利于1956年获得了诺贝尔物理学奖。他在贝尔实验室奋斗了一段时间，离开那里之后，他想要继续研发自己的技术，于是，他先在东岸的一些企业碰运气，却毫无收获，接着他来到了加利福尼亚。1956年，他在山景城创立了肖克利半导体实验室。他实在没有知人善用的才能，他的8名员工，也就是所谓的“叛逆八人”，一年之后就离开了他的公司，建立了一家自己的公司，名为“仙童半导体”。世界上首款集成电路就是在这家公司研发出来的，并逐渐引起了令人瞩目的热潮。越来越多的电子器械公司应运而生，生产电子元件、电路板和集成电路。

“叛逆八人”中的两个，戈登·摩尔和罗伯特·诺伊斯，在1968年创立了英特尔公司，并于1971年向世人呈现了第一台微型处理器。戈登·摩尔很早就意识到，这个行业追随着一个明确的潮流：集成电路的复杂化，即它的密度、存储量或计算效率每过12个月至24个月就会翻倍。以他名字命名的“摩尔定律”真实地描述了计算机工业绩效的迅猛提升。

最开始，为第一批微型处理器、微型计算机和软件开发而惊叹的多是内部人士。电脑狂人们在车库里制作原型机，其中的一些，像苹果创始人史蒂夫·乔布斯和斯蒂夫·沃兹尼亚克，成了年轻创业者中的先锋。小打小闹的研发兴趣变成了一项事业，爱好变成了严肃的事。

现代的电子公司、大量新生的软件公司和处于变革中心的斯坦福大学携手共进，使硅谷成为IT行业变革的滋养地。在嬉皮士和越战反对者的聚集地上发展出了新一代的创新公司，将越来越多智慧的头脑吸引过来。其后，在互联网征服全球之后，这种势头就再也停不下来了，美国超过40%的风险投资都流入了“未来谷”中。

在谷歌、脸书、苹果、甲骨文和思科这些巨擘身旁，还有无数的创业公司，其中的60余家已经在市场评估中跨越了10亿美元大关。这些公司被称为“独角兽”（Unicorns），是飞速进步的印证。成功的硅谷对世界各地的工程师和技术人员来说就像一块吸铁石。如今，谷内半数的技术力量都是亚洲人，35%的企业创始人来自印度。谷歌的现任首席执行官桑达尔·皮查伊1972年出生于印度金奈。直到桑达尔12岁时，他家都没有电话，如今他却领导着我们星球上最先进的企业之一。

仅仅是对增长的期待就使创业投资人、对冲基金和开放式基金感到了前所未有的吸引力，风投公司和投资方如合广投资（Union Square Ventures）、红杉资本（Sequoia Capital），基金管理公司如贝莱德（Blackrock）或富达投资（Fidelity Investments）。谷歌、苹果、脸书或优步这些大企业取得的成功使人们渴望得到更多，在彼此的强化作用下，人们不顾风险地为那些好点子或是听起来好的点子大把投钱。克里斯朵夫·齐斯为了研究硅谷里眼花缭乱的生活，在那里待了半年。在他的书中，他比较了那里热火朝天的干劲和德国人的犹豫不决：风险投资对决储蓄银行信贷！① “颠覆性的新想法就需要相对应的资金支持”，这样的想法在硅谷比比皆是。

然而，无论是“独角兽”们引起的狂热、翻天覆地的改变唤起的激动，

① Christoph Keese. Silicon Valley. Was aus dem mächtigsten Tal der Welt auf uns zukommt, München: Albrecht Knaus Verlag, 2014.

还是所有的那些革命性的思想，在硅谷里最重要的事早就不再是人们乐于宣称的“改善我们的世界”。进步的指南针瞄准的是金钱和投资人利润所在的方向。

印象与现实千差万别。举个例子来说，谷歌员工绝不是一个有着创造性头脑、各有特色的群体，工作间隙也不会在乒乓球台和彩色沙发间放松身心。媒体热衷于这样报道，而公司的回应也非常专业。宽敞的大办公室等同于大型养鸡笼，员工们拥挤地坐在各自的电脑前，忙于解决自己负责的那部分问题。每一行代码都要接受检查和优化，在第一个分组内使用合适的增值进行测试，在接受彻底的审查之后才能输入系统之中。这里展现出来的不是一场游戏，而是精确到每个最小细节的工业化流程，每一步都要求有效执行。

我曾拜访过一位友人，与他一同闲逛谷歌的办公室时，我感觉到那里的人们都十分拘谨，总是有所保留——只差把监控器挂起来，以避免我这个外人刺探到什么情报。

在这个行业的其他企业中，情况也差不多。有一天，脸书的一位员工联系到我，要与我谈谈合作的可能性，但在我们通电话之前，他就先发了一份保密协议给我，明确了“双方的”沉默义务。受理法院的所在地是加利福尼亚，而其中的条款在我读来都是单方面的。随后，我便婉拒了此次谈话。

在学术圈里，坦诚和交流是极其重要的，但在这个行业中，人们守口如瓶，即使是朋友之间也不会聊起工作的大致目标。一位与我关系不错的熟人有过一次特别令人感到屈辱的经历，他竟然被明令禁止告诉别人他在哪家软件公司就职！顺便说一句，他在欧洲工作，而且并不是什么情报或间谍机构，只是一家民营的软件公司。

拉开一定距离再观察，幻象就会破灭：有潜力为所有人带来福祉的伟大革新，只不过是贪婪的工具。如今，“未来谷”已然成了一台蒙上雾气的蒸馏装置，一家家公司带着自己精美的产品、平台和应用，试图从每一个人身上榨取利润，毫无顾忌地跨越底线。从这里走出来的创新摧毁了出租车司机、酒店业者、媒体公司和旅行社的旧世界，试图肆无忌惮地入侵我们私人领域中与经济无关的部分。如果在我度假的时候，邻居帮我浇花，那是邻里间的乐于助人之举。然而，将人与人之间的善意全都挂上价格标签，变成一种商业模式的应用又还需多久就会诞生呢？很快，我的朋友们在我家过夜的时候就会付钱给我，因为在一个“爱彼迎”模式高度发达的世界里，热情好客的程度能换算成金钱。

新的平台影响着我们的社会常识。如今，即使是在印度，人们也能通过多种手机应用预定人力三轮车并支付报酬。当然了，行驶的路径会被准确追踪。这也就是说，讨价还价和随意兜风的美好时代过去了。

出租车平台的理念非常简单：想一想人们厌烦什么，随后开发一个应用来解决这个问题。他们用大幅广告和深度的市场营销大举入侵这一行业，四处招揽司机，给你的公司评级，认定你的乘客都目光短浅，哄骗他们现在打车变得多么简单。他们要你迅速抓住时机，利用立法者的怠惰，他们说，一开始确实会花许多钱，但别担心，你一旦加入，人们一旦养成了习惯，你就可以大幅提高费用。你得到的好处是：当出租车司机们在外面日晒风吹的时候，你的软件就帮你完成了剩下的事——联系乘客，计算费用——让你获得不可估量的财富。你只需要几名机灵的员工，重要的是优秀的律师。如果可怜的司机生病了，或是遇上了车祸，你也早已未雨绸缪，因为在商业条款中你已经将所有责任撇得一干二净。你也不用买出租车，司机们会帮你解决这个问题。所以，你只需要舒服地靠在老板椅里，看别人怎么让你富有起来就行了。然后，你就构思一个新的应用。另外还有一个小提示：尽可能地扩张，去征服别的国家和大洲。增长，增长，再增长！要是你的这笔投资算得好，甚至都不用交税！而且你还要继续告诉别人：你在改善这个世界。不知什么时候，他们就会相信你的话，并因此爱你。

一些人通过这种变化越来越富有，而另一些则因此担心会丢掉工作。我们低估了新技术的破坏潜力，因为，几乎在所有的职业领域，那些基础性的东西都是可能改变的。单是人工智能和自动化对我们求职市场的影响，就可能深深撼动我们的社会架构。不知何时会有人奋起反抗，不再遵循至今为止的游戏规则。去民主化的进步使极少数人成了赢家，而将大部分人抛在身后，被抛下的人们提出利益要求的时候，积累的愤怒就将爆发。

在 2017 年世界经济论坛上，国际援助与发展机构乐施会（Oxfam）表示，如今地球上最富有群体中的 8 人所拥有的财富已与较贫困的半数世界人口所拥有的财富持平。尤其是互联网行业，简直就是印钞机，因为其他行业都无法在投入少量人力和资源的情况下获得如此巨大的利润。软件和应用程序在极短的时间内就能在覆盖世界各地的网络中赢得巨大的客户量，使新产品以高达百万的数量迅速销出。就这样，一夜之间就诞生了新一代互联网富翁。

克里斯蒂娅·弗利兰在她的书中关注了“超级富翁”的现象。[①] 2014 年，我在柏林的一场大会上见到了她。我们俩都是演讲人，在会议间隙闲聊。克里斯蒂娅手边有一组惊人的数据：在 20 世纪 70 年代，美国收入最高的 1% 人群拥有全国收入的 10%；35 年之后，这一人群的收入已经是之前的三倍，上升到了全国收入的 30%。也就是说，人们从创新中获得的利益并不相同，贫富之间的差距越来越大。

因此，能够抵制这种纯经济逻辑的强效政策和对应机构就更为重要了。

① Chrystia Freeland. Die Superreichen. Aufstieg und Herrschaft einer globalen Geldelite, Frankfurt/Main: Westend Verlag, 2013.

我们观察到的却是一种令人疑惑的退步：自 20 世纪 90 年代以来，德国两大人民党派的成员数量不断下滑，甚至在过去这些年中减到了原先的一半。百万富翁投身政治，对国家政务施加越来越大的影响，获得了接触最高层的机会，甚至像国家贵宾一般受到接待。而他们究竟是要进行所谓慈善性质的发展援助，还是纯粹出于经济利益考虑，都无所谓了。

政治领域反应迟缓，且热衷于把必要的全球或欧洲法律拿出来搪塞。然而，看看全球化企业的效率和联动，再看看跨国政治决定中为获取更多利益的僵持和拖延，两相比较之下，就能看到其中的明显差异。在与国际大企业的周旋中，政治显得力不从心，我们经历的只是一场又一场的失败。避税天堂、盗取商业机密、操控金融市场或是侵害劳动者权益，这些问题的政治答案在哪里？

在由经济驱动的进步中，那些操控者是自由的，没有人监管他们，也没有人追问他们创新的意义，或是谏言他们的成果。普通民众却遭到排挤，无法参与主动的政治构建；而无法构建自己的未来，迟早会引起反抗。在贝尔托·布莱希特的戏剧作品《伽利略传》（*Leben des Galilei*）中，结尾处的对话表达了这样的想法："随着时间的推移，你们或许能发现所有能被发现的东西，你们的进步却与人性的前进背道而驰。终有一天，你们与人之间的鸿沟将变得那样深，当你们为任意一个新的成就而欢呼雀跃的时候，得到的回应恐怕会是来自四面八方的惊恐的喊叫声。"

人类正与人性背道而驰，这一点已经感受得到。它从倒退回非理性状态、拒绝"精英"和不断加深"另一种现实"的信仰开始，发展到整个社会彻底掉转方向，比如某些国家中出现的不正常的怀旧情绪。人们拒绝进步，在混乱的无政府主义和宗教激进主义中寻找幸福。经济学家约瑟夫·熊彼特曾将"创造性破坏"描绘成经济进步的必要因素，但只有当个体能在未来确保与自身相称的位置，这种“创造性破坏”才是社会能够承受的。

不断增长的压力要求我们更正路线：绘制未来蓝图必须恢复成一项人类共同的任务。我们需要的是一种新的文化，一种开放、自信且非教条的文化，一种支持人性的文化。并非每一项创新都必须付诸实施：一项能让一小群人获利的进步，并不是对大群体有利的好事。即使在全球化竞争的时代，我们也不能急功近利，让别人的未来扰乱我们自己的脚步。如果谁还认为能够一如往常地继续钻营，那就是在玩火自焚。

第二章

发现

知识是否有疆界？

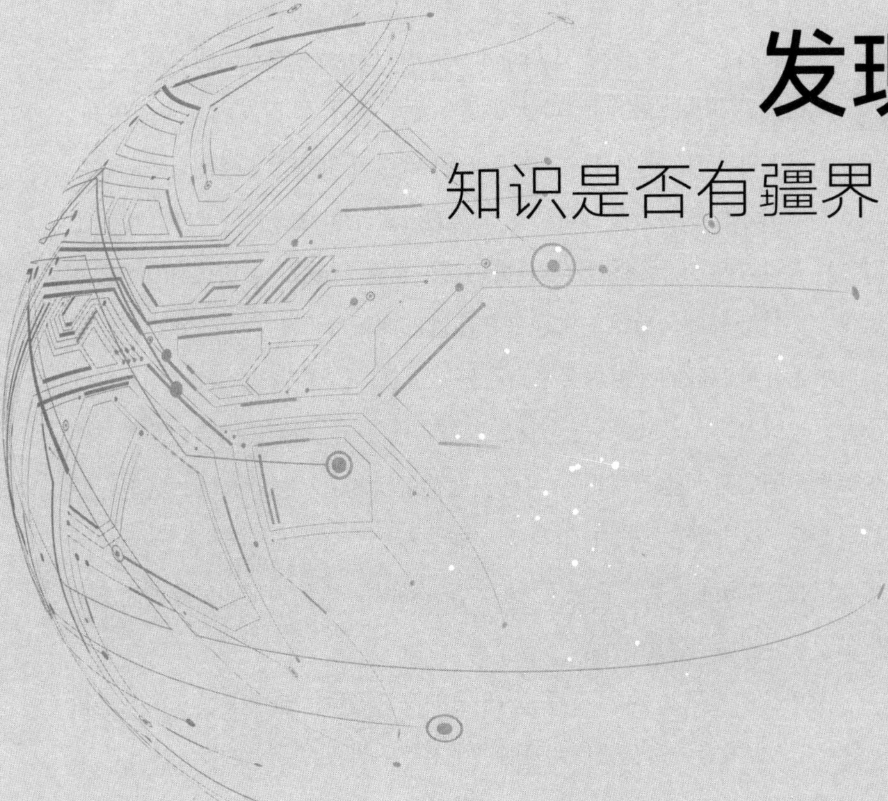

“谁要是听过驼铃声，就再也忘不了！”

早在1410年夏天，来自马德里的军官卡洛斯·米盖尔·桑塔拉，就已经乘坐一艘名为“神之祝福”（Benedición del Cristo）的双桅船，成功地横渡了大西洋。在海上航行了64天之后，他于9月23日发现如今的美洲，并停泊在古巴岛前。6个月后，桑塔拉和他的水手们踏上了墨西哥大陆。短短3个月后，他就学会了当地印第安人的语言。和他的手下一样，他似乎对这片未知的大陆以及那里敦厚真诚的居民充满了热情。桑塔拉有着睿智的远见，他已经想到，自己的发现会在遥远的西班牙产生怎样的影响。他害怕这个世外桃源般的新世界会遭到毁灭，于是，他在1411年8月18日的夜里，与他的副官一起炸毁了“神之祝福”号，由此阻断了回乡之路。与他的惊恐不同的是，他手下的34名船员对他的沉船之举并不介怀，甚至还欣喜地接受了这个事实。1413年5月，“神之祝福”号的船籍港——圣费尔南多港正式宣布该船失踪。在接下来的6个星期中，人们为那些失踪的船员举行了一系列的追思弥撒。

桑塔拉本人直到1454年才以78岁的高龄离世。他留下了5个儿子和7个女儿，但没有一个孩子使用基督教的名字，即使是最大的女儿似乎也不会说西班牙语。在前不久发掘的一本日记中，人们找到了唯一一句用西班牙语写的句子："Todo parecía un mundo en flor."（一切皆似盛开世界。）迈阿密大学的科学家们不久前发掘出桑塔拉的墓碑，碑上也刻着这句话。人们猜测，是桑塔拉的女儿从日记里摘录了这句话，但她并不理解句子的意思。

面对这一发现，历史学家展开了一场争论：谁才是真正发现美洲的人——究竟是哥伦布还是桑塔拉。在刊于《国家报》（*El País*）上的一篇文章中，马德里的历史学教授桑托·梅丁格拉明确表达了他的立场："发现只有在公布之后才是有价值的。即使桑塔拉比哥伦布早约 80 年踏足新世界，哥伦布仍是真正的发现者。通过哥伦布，我们才知道了这片新大陆的存在，而桑塔拉的航行并没有改变历史的进程。"

尊敬的读者女士们和先生们，是时候告诉你们，上文所述的故事并非真实。它完全是虚构的。我大概在 15 年前写下了这个故事，当时，我在喜马拉雅山区一个偏远的山村里度过了将近一年的时光，思考着发现带来的后果。那扭曲了的男性发现者形象令我厌恶，在经历了艰苦卓绝甚至危及生命的旅程之后，发现者将他的旗帜插在新大陆上，终结了那里的文化。发现印第安部族的人以及他们在那里出生的后代，往往也是剥削和谋害印第安部族的人。出于求知欲和对真相的渴望扬帆起航、驶向未知，这样的浪漫英雄形象是虚假且经过美化的。

典型的发现者常常自愿成为投机商人的帮凶，科学考察实际上是风险资本经过深思熟虑之后的投资——被寻得"黄金国"的希望推动着。浪漫主义的发现者形象一直保留至今，就连"失重的哥伦布"——尼尔·阿姆斯特朗也在 1969 年夏季登陆月球之后，插上了一面飘动的旗帜，说那是他"跨出的一小步"。

"发现"是"占领"的同义词吗？不。占有欲并不能充分解释，为什么那些裹得严严实实的人会带着一群狗前往严寒的极地；为什么另一些人能够常年忍受夜间凶猛的蚊虫叮咬，忍受热带原始雨林中帐篷营地的不适。从今天的角度来看，驱动这些实地科研人员的似乎很大一部分是冒险欲。我们很乐意追随他们的脚步，在户外运动商店里为自己装备上极地夹克、全球定位设备和透气的运动内衣，我们却没能看出那些发现者最基本的意图。在热带雨林中待上三个星期，这对一个想要解压的办公室职员来说是个不错的调剂，用蜥蜴和犀牛换走眼前的表格和会议记录，这种落差是他欢迎的。游客们喜欢特别的、将他们引向陌生的度假地的旅行路线，但真正的发现之旅与这些假期探险截然不同。像达尔文、洪堡、阿蒙森或是亨利·莫顿·史丹利这样的人是受到其他的内在力量驱使，才走向了陌生的未知世界。对此，喜马拉雅研究者斯文·赫定一语中的："谁要是听过驼铃声，就再也忘不了！"

发现是一种无法治愈的瘾吗？尚未探索的新领域已经在我们的地球上消失了，在激光六分仪和远程卫星的时代，我们的地图上已经没有了空白。没有哪片土地还需要我们为之命名，没有哪条河流还需要我们去寻找源头。但即使这样，好戏还得继续演下去——旧的线路，新的目的。如今的发现者带着开山刀在茂密的丛林里开辟道路，通过数个星期的细致工作，研究非洲行军蚁的交配行为；或是顶着烈日，根据化石发现重构第三纪鳄鱼的身体运动机制。他们带着那份沉迷，将一生中最活跃的岁月都用来精确研究某种异域蠕虫。这在外人看来或许不可理喻，甚至可能令人毛骨悚然。科学发现者总是被贴上"疯狂"的标签，因为局外之人不知道他们的这种坚持由何而来。如果我们说的不是在非洲另一边、穿着随便的实地科考人员，而是那些近视的实验室"居民"，那么，对发现者的质疑就更深了。在煮着液体的烧瓶和冒着烟的试管中间，发现的过程就更让人看不透了；而理论物理可能将最后那些惊讶的围观群众也挡在了外面，象牙塔沉重的大门上写着神秘的公式——太过复杂，禁止入内！

如今，有一些科学家试图用“简单易懂的语言”向我们这些门外汉解释他们的发现：我们试图通过这些实验，在高横向脉冲下，分析夸克与轻子冲撞的相互作用。在宇宙大爆炸之后，这样的过程就扮演着重要的角色……

原来如此。

在这之中，英国的宇宙学家史蒂芬·威廉·霍金是一个特例。不断恶化的神经疾病使他肢体瘫痪，困在一张轮椅上，但他透过广袤的空间与时间，为我们这些地球居民讲述黑洞，以及只存在于二十六维时空中的奇妙的超级弦理论。他的《时间简史》是一本国际畅销书，并且也是知识分子们书架上必备的书——虽然他们都喜欢谈论这本书，但真正读过的恐怕少之又少。

发现者们就像是有着丰富精神世界的农人，从知识的大树上汲取养分。但树上的果实并不是谁都可以得到的，尝过果实滋味的人，就会变得越发饥渴。在我们这个开化了的世界，知识超越了人类的维度。人类知识的雪崩袭来，撼动了普世主义者。我们同时也经历着发现的黄金时代，这个世纪，未知的新大陆——知识的新大陆被送到我们面前：振动的核原子、转座子和不断扩张的银河。

“认识你自己”达到了一种新的境界，因为人们已经在一个世界范围的项目中解码了人类的遗传基因。人类的基因组就像是一张巨大的地图，其面貌形态日益清晰明确。而在这里，也沉睡着“黄金国”——准确地认知这些领域就能带来巨大的收益。对细菌免疫的研究导致了“基因剪刀”（CRISPR/Cas）的发展，而这把“剪刀”甚至使替换整个基因序列成为可能。人类能够改变生命的预设程序。在2012年的核心发现之后，针对专利和知识产权的新一轮国际竞赛立即展开。

人类的好奇心敢于涉猎所有的领域，即使是细枝末节之处，我们也会有惊人的发现。日常生活中最普通的事情，比如一只滴水的龙头，或是一根冒出袅袅烟雾的香烟，其实都是复杂的非线性过程，任何超级电脑都无法对其进行精确计算。新事物也隐藏在未知的关联之中，共同思考的人们很难发现它的存在，而在那里，有着比“蝴蝶扇动翅膀在地球另一端引起飓风”更激动人心的事情。令人肃然起敬的《自然》(*Nature*)杂志前主编约翰·马多克斯在他的《科学并未终结》(*What Remains to Be Discovered*)一书中描写了未来还有哪些奇妙的发现是我们能够期待的，描写了新的、更精确的分析仪器将如何引出新的、更令人惊讶的问题。按照马多克斯的说法，衡量进步的并不是发现的数量，而是我们问题的精准程度。亚里士多德追问宇宙的构成，而我们以新的发现为基础，再次提出他的问题是为了求解超级弦和虫洞的奥秘。这是莽撞的前苏格拉底哲学家们想都不敢想的。

的确，发现是重要的，也是复杂的，至少一般来说是这样。有时候人们也会发现一些无关紧要的现象：有些科研项目明显毫无意义，即使是门外汉也能一眼看穿。R.S. 莱贝克就是一个很好的例子。他发现，在浓度为 3.1% 的酒精溶液中，一条金鱼会在 6 至 8 分钟内失去平衡，肚皮朝上地翻倒过去。莱贝克通过一系列奇奇怪怪的实验来研究过度酒精摄入导致的失忆。你瞧，酩酊大醉的金鱼什么都想不起来；痛饮过后的宿醉似乎对年长的金鱼影响更大，因为“年轻的金鱼对酒精的副作用不那么敏感”。好，你说得对，宿醉还能放倒狗呢，读读另一项研究就知道。①

现在，惊喜来了！荣获诺贝尔奖的基因学家托马斯·亨特·摩尔根，某一天突然想到，水中酸含量可能会影响水生物的繁殖能力。他到最近的一家蔬菜铺子买来了柠檬，将柠檬汁挤到自己的水族箱里。他的实验在学界激起

① C.F. Essig, R.C. Lam. Convulsions and hallucinatory behavior following alcohol withdrawal in the dog, in: Arch.Neurol.18 (1968), S. 626—632.

了巨浪，因为他证明了，即使是最细微的环境变化也能从根本上影响生物的繁殖。当然了，这样的特殊例子会成为人们的笑谈，但在一些发现上，“至关重要”与“毫无意义”之间的分界线是模糊的——还是说你忘记牛的屁对全球气候变暖多么关键了吗?

发现的过程往往会在事后被美化。性格乖僻的诺贝尔化学奖得主凯利·穆利斯，他的故事就非常奇妙。在加州一个温暖的春夜里，他开车驶向偏僻的周末住所时想到了聚合酶链式反应原理，而他的女友詹妮弗·巴奈特则在副驾驶座上打盹。这样的故事对理发店里给顾客消遣的杂志来说是很好的素材，但它与发现者们的日常生活毫无关系。发现是少有的，它是在一丝不苟的实验室里、在冰冷的灯光和不停运作的压缩机陪伴下，严格执行例行工作取得的成果。每一个简单的化学公式背后，都有着数年的艰苦和清贫，一遍又一遍地摇晃半满的试管甚至让人想起修道院里诵念的《玫瑰经》。在大多数情况下，新的收获往往只够在一场名不见经传的专业会议上发表一篇并不引人注目的演讲，结尾处还免不了这样一句：“有待进一步研究。”简而言之，我们并没有大的进展。

真正的发现都是例外，而对个人的嘉奖往往都是在时过境迁之后。在团队合作的时代，上千名勤奋的物理学家共同推动一项实验的进展，英雄般的独行者是没有生存空间的——但这样的话说出来是没有人愿意听的。社会从获得殊荣的发现者身上看到的，是对个体力量的证明。而学术界也沉默不语，因为若不这样，他们天才的光环便会消散。我们热爱爱因斯坦，却不喜欢蚂蚁一般勤奋的众多科研人员，这就滋生出了浪漫主义的发现者形象，难以抹去。这些求知者的动机，有孩子般的好奇心，也有无法满足的收集欲望，还有一种无法解释的、不断提出问题并寻求满意答案的冲动。这种心理状态不一定总能带人走向成功，英国民谚就肯定了这一点：“好奇心害死猫。”有时被害死的也包括发现者，无数的例子都可以证明这点：从人们对放射性射线危险的无知，到勘探墓穴时未知的有毒霉菌……

发现就是冒险。亚当和夏娃并不是平白无故被赶出伊甸园的。在希腊神话中，普罗米修斯给他们在尘世的后代盗来了圣火，因此人类受到惩罚，迎来了诱惑人心的潘多拉，她打开了将苦恶散布到人间的盒子。在所有的神话和宗教故事里，神明对好奇的发现者都不怎么怜惜。这种恐惧是难以消除的。

在探索我们基因、钻研我们生命的道路上，我们能够走多远？哪里是可发现之物的界限，哪里又是人类好奇心禁止进入的领域？真的存在思想的禁地，存在所有发现者都无法触及、无法钻研的保留之地吗？真的存在我们永远不允许提出的问题吗？在量子力学中，知识的疆界成了一条原理，就是所谓的“测不准原理”。这条原理即观察者会影响他要研究的系统。这一认识使人们从本质上解释这个世界的希望化作了泡影。然而，这真的是一条确定的法则吗？

当卡洛斯·米盖尔·桑塔拉在 1410 年踏上旅途时，他扬起船帆，驶向世界的尽头！

我是如何决心成为登月宇航员的

1969 年夏季，尼尔 · 阿姆斯特朗登上了月球。那一年，我 10 岁。登陆月球让我们全家人都非常激动。我的母亲在客厅里挂起了一幅月面图，我们购买了第一台电视机，而我则如饥似渴地阅读了无数关于宇宙航行和登月计划的书籍和文章。1969 年 7 月 20 日晚上到 21 日凌晨，时机终于到了。我获得允许，没有上床睡觉，伴随模糊的画质，我看到了人类第一次涉足另一天体的过程。这对人类来说是多大的飞跃啊！1969 年 7 月 21 日清晨，我下定决心，要成为登月宇航员。我把锤子、钳子和铲子之类的工具裹在锡纸里，和我的双胞胎兄弟一起练习完成登月任务，比如在我们家的花园里挖掘月球陨石。“收到指令。”“但是，休斯敦，我们有麻烦了。”[①] 可在我上完高中之前，月球探测计划就终止了。

总共有 12 个人登上过月球。1972 年 12 月 14 日，尤金 · 塞尔南离开了月球表面，在那之后，至今还没有地球居民再次拜访月球。阿波罗计划掀起的热潮退去了，我家客厅里的月面图被取了下来，我的“飞天梦”渐渐

① 译者注：作者在这里化用了电影《阿波罗 13 号》中的名台词“休斯敦，我们有麻烦了”（Houston, we have a problem）。

苍白，日常生活回到了正轨。

如今，这 12 位登月宇航员全都到了退休的年纪，或是已经离开了人世。在尼尔 · 阿姆斯特朗去世之前，我有幸与我儿时的英雄共度了几个小时的时光。当时的他已经戴上了眼镜，略微发福。他这样一位年纪略长的先生，表现得礼貌而谦逊。单从外表来看，他曾经也可能是银行经理人或企业领导；见到这个男人的第一眼，没有人会猜到，他曾经果敢地操纵登月舱。但当我们开始谈论他那独一无二的冒险经历时，这种印象就改变了。他与我分享了他在造访月球不足一天的时间里观察到的东西，比如宇宙射线能不受阻碍直接抵达月球，由此引起了奇怪的闪光。当宇宙射线通过眼球液体时，会出现微蓝的闪光，这个现象被称为“契伦科夫辐射”。所以，站在月球上的人不仅会看到不同的景象，他看东西的方式也是不同的。

阿姆斯特朗赞叹宇宙空间的黑暗，从那里看，星星并不是地球上看到的那样在闪烁；当然，生机勃勃的魅力地球也令他深受感动。他的一些观察甚至有些非现实的成分，似乎他讲述的是一部科幻电影里的内容。也许，对于那些未曾远行的人来说，克里斯托弗 · 哥伦布和詹姆斯 · 库克的故事也同样令人难以置信。即使我们中的许多人都在荧屏上目睹了尼尔 · 阿姆斯特朗的探索之旅，亲身体验这一关键因素却是我们都缺少的，任何照片和影片都无法展现月球陨石坑的冰冷灰暗。即使有再多的纪录和文献，月球的秘密仍然无人知晓。

有时候，我仰望夜空，甚至会产生这样的怀疑：人类真的到过那里吗？照片和影片都可以造假，电波中模糊不清的讲话声也可能来自地球。但尼尔 · 阿姆斯特朗并不是个夸夸其谈的人，他看上去不像是那种能够一辈子欺骗全人类的人。阿姆斯特朗登上了月球，他的队友们也是一样。巴兹 · 奥尔德林，第二位登上月球的宇航员，在一次采访中透露，在下去的过程中，他站在登月舱的梯子上先清空了膀胱，然后才跳跃着踏上了月球。宇航员们驾驶着月球车行驶在满是尘土的月面上，像哥伦布那样插下了国旗，打了高尔夫，在陨石坑间跳来跳去，最后还留下了一堆垃圾。登月宇航员们几乎有些孩子气的举动或许是有意为之的“亵渎”——为了让神秘的月球走下神坛，发泄累积的挫败感。人类往往先感到恐惧，而当他们摆脱了恐惧，随之而来的就是不屑：“是的，我们能行！”

另外，发现者们还对收集有着特殊的兴趣。他们不是简单地观察、欣赏，或是沉醉在静静凝视之中，而是撕扯、挖掘、捕捉、射杀、肢解并打包带走。酒店住客做的事情也别无二致，除了带走肥皂、香波、拖鞋之外，还有拿走毛巾、烟灰缸和浴衣的。

当克里斯托弗·哥伦布返回欧洲，他向旧世界展示了他带回来的异域植物、动物、黄金，甚至还有押来的印第安人。相较之下，从月球上回来的宇航员们带来的战利品就相当寒酸了：分装的月球尘土和石块。月球上也没有什么别的东西好拿了，既没有月亮女神，也没有人们希望找到的微生物。你还记得吧？登月宇航员们在地球上着陆之后，首先接受了隔离检疫，但没有发现真菌，也没有找到细菌和病毒，只有尘土和石块。的确，那里存在着稀有的金属和气体，比如在地球上极其罕见的铱和氦-3（He-3）。但月亮目前似乎并没有什么经济价值，就这样，宇宙征服者们再也没有回去，殖民月球的大胆设想化作泡影。月球并非“黄金国”，我也没有成为登月宇航员。

我们这颗卫星的故事开始得轰轰烈烈。在大约45亿年前，一块巨大的陨石撞击年轻的地球，被砸落的这部分地球形成了月球。所以说，月球是从地球身上掉下来的一块，是宇宙中的“夏娃”，是用地球“亚当”的一部分创造出来的。而这对翩翩起舞的宇宙情侣彼此间的吸引力也发挥着作用，比如使我们的地轴保持稳定。

从物理学上看，公转的月球能使自传的地球保持稳定。如果没有月球，地轴便会摇摆不定，我们的四季将不复存在——春夏秋冬全都有赖于稳定的地轴，极端气候将统治这失控的地球，我们所熟悉的生活将成为天方夜谭。

地球和月球的关系和谐而稳定，比如，月球每 27 天自转一周，这正好也是它绕地球运行一圈的时间。正因如此，月亮总是将同一面朝向我们。

其他的行星——除了水星和金星之外——也拥有自己的卫星。400 年前，当伽利略第一次将他的望远镜指向天空时，他意识到，有些星点的运动比较特殊。那就是木星的卫星。由于它们的公转周期非常短——艾奥卫星只需要 1.7 天就能绕木星一周，伽利略用他那简陋的天文望远镜勉强能观测出卫星位置的变动，由此确认了它的公转周期。月亮的表兄弟们，木星的卫星，彻底颠覆了以地球为中心的宇宙图景。就连月球上的陨石坑，也与从前想象中光滑的太空球体截然不同。望远镜中的景象掀起了一场革命。

自伽利略之后，地球的卫星得到了越来越精准的测量，人们围绕月球展开了一次又一次的勘测。但即使经过光谱学分析、雷达制图、地质学测量，月亮的神秘面纱依旧未被揭开。

此月只应天上有。赤道以北和以南的所有文化中，月亮都得到唱诵和赞美。相爱的人在夜色下亲吻，而月亮便静静地注视着他们。在许多国家的国旗上，比如土耳其、巴基斯坦和毛里塔尼亚，我们都能找到半月的图形。世界上的许多宗教节日都依月亮的周期而定，比如印度的象神节和复活节；科隆狂欢节也是按照月亮的节奏开展的。

狼人会在满月时嚎叫，迷信之人会在满月时种植药草，甚至神经敏感的人睡不好觉也要怪罪满月。虽然科学一再为月亮澄清，但人们还是顽固地相信月亮有着神奇的力量。在网络上，你会发现有许多人查看月亮历，你的人生和当天处理的事宜都能按照它来安排。

下弦月处于双鱼座位置

宜：足部按摩、清除牙石及养护鞋具

忌：烫发、脚指甲护理和面包烘焙

月亮展示了科学与秘术、思想启蒙与浪漫主义、鬼魅故事与轰动新闻之间极为人性化的共存。月球自己并不发光，它是一面镜子，只是将太阳的光反射出来，正像它的观察者们对自己的印象——当我们望向月球，我们也总会看到自己的一部分。

人类还剩下什么？[1]

在德累斯顿的未来论坛上，和我共同参与讨论的嘉宾五花八门，没有比我们更加迥异的组合了：蒂姆·伯纳斯－李，万维网的发明者，一个内敛甚至显得有些害羞的男人；他的对面是雷·库兹韦尔，衣着完美、盛气凌人并且深深相信技术的力量。坚定不移的唯技术论者遇上了深思熟虑的理想主义者，而这样的一群人要共同讨论数字世界的未来发展。

伯纳斯－李坦言，当他 1989 年在欧洲核子研究组织（CERN）为万维网奠定基石的时候，他还无法想象互联网会有这样爆炸式的发展。而与此同时，在库兹韦尔看来，进一步的数字化发展是符合逻辑的，是一步一步累积起来的、可以预计的结果。就像一位数学家精准地解开方程式那样，他丝毫不带感情地描述道，随着计算机运算能力和电脑存储量的持续翻倍，在 21 世纪的第一个 10 年里，人类的大脑就能被完全模拟出来。若干年之后，机器就能数字化复制地球上全部人类的大脑。伯纳斯－李使用了“大概”“可能”“也许”这样的词，这是一位科学家的疑虑和谨慎在语言上留下的痕迹，这样的科学家将发展视作开放的过程，其中充满了意外和

① 为雷·库兹韦尔所著《进化的智能》德语版前言。

无法预见的转折。相反，库兹韦尔使用的词语则表明，他根本不知道怀疑为何物：未来是注定了的！

库兹韦尔在那天下午描述的前景，并不仅限于智能算法、自主学习型机器人、呈指数增长的工作效率和微型的超级计算机，他还得出了一个结论：由于基因技术、纳米刀手术和即将到来的医学进步，我们人类将在 2099 年实现永生！机器和人类会宣布一个新时代的到来，进步是无法停止的。很快，机器就会在我们年老时照顾我们，直到我们的身体通过升级挣脱生物学上衰老进程的桎梏，而计算机将会把我们的意识和自我通过“上传”的方式引向永生。伯纳斯－李将机器的支配性优势视作威胁，将推崇它的道路视为企图，谈论隐私、网络的开放性或是网络信息业大集团在经济上的贪婪之类的主题；而库兹韦尔则像个年轻气盛的小伙子，胸有成竹地等待他心目中的救世主降临。虽说在这天下午，两位嘉宾带着两种文化——欧洲文化和美国文化，以令人迷惑的方式发生了冲撞，但这场对话还是为我带来了许多灵感。库兹韦尔曾多次对发展做出预测，并且这些出乎所有人意料的预测也都实现了。他准确的推断甚至有点像科幻作品中的情节，但在许多方面，发展都验证了他的说法。

他的书《灵魂机器的时代》（*The Age of Spiritual Machines*）德语版标题为《智（能）人 21 世纪的生活——人类还剩下什么？》（*Homo S@piens. Leben im 21. Jahrhundert— was bleibt vom Menschen?*）①，前不久又以《进化的智能》（*Die Intelligenz der Evolution*）的书名重新出版。这本书就印证了他伟大的直觉，是他预言能力的试金石。1999 年，这本书就已经在美国出版了，人们可能会在阅读的时候感到惊讶，因为他的论点至今为止依然没有过时。

① 译者注：智人应拼写为 Homo Sapiens，此处作者故意把“a”写成“@”，对应“智（能）人”。

这本书面世的时候，既没有脸书也没有 YouTube，智能手机尚未出现，谷歌公司也才刚刚成立。

历史上的许多预言如今都沦为了笑柄，而库兹韦尔的想法似乎没有遭遇与它们相同的命运。这可能是因为，那些预言都有以下的缺陷：它们试图绘制出一幅未来的蓝图，却总是无法抛开当时的观点和限制。它们被困在各自时代的思维之中，最终只能呈现出一个昨日的未来，而无法赶上进步过程中的那些转折和跳跃。于是，对我们和我们的思考来说，进步的结果往往是无法窥探的。世界并不是一成不变的，新事物也不是这样的世界的“扩展包”。新事物在改变我们——我们的思维、感受、自我感知、需求和梦想。

随着事物的更新，我们也变成了不一样的人，也正因如此，预测未来才如此困难。数字革命以震撼人心的方式向我们呈现，人类基本的互动方式在发生多么根本性的改变。在 1999 年时，谁会知道，如今计算机算法已经能够以令人恐惧的准确率为情侣牵线搭桥、决定银行贷款，又或者，自主学习型软件能够预测我们的消费愿望？事实证明，我们的思维惯性是一个陷阱，因为我们无法想象一个极端不同的世界。我们以既得的成功为依据，自认为选择了安全可靠的道路，却使所有的行业都成为牺牲品。然而，我们在昨天取得的成功，并不能保证未来的发展。在破坏性发展的时代，线性推断的陷阱越发危险，历史向我们罗列出许多巨星突然从舞台陨落的例子，并不存在一些人认为的“瘦死的骆驼比马大”。如果当时那些企业负责人能严肃对待库兹韦尔的话，他们也许就不用经历陨落的命运了。

库兹韦尔的预言有一种值得注意的准确性。物联网、云计算的发展、以及智能手机的语音识别功能，他都做出过明确的预言。2010 年 10 月，他发表了一篇题为《我的预言进展如何》（*How My Predictions Are Faring*）的论文，他在文中检验了自己在1999年提出的论点。他的命中率是相当可观的86%！

库兹韦尔的秘密是什么呢？首先是因为他有才能。他懂得现代科技，他本人拥有多项专利技术，并多次用实际行动证明，技术创新可以转化为经济利润。他的名字闪耀在美国的国家发明家名人堂里，并且在2012年，他成为谷歌的工程总监。所以说，库兹韦尔并不是徒有其表的人，他没有跟随一种潮流，用一肚子的“热词”来哗众取宠。他以一种独断的理性方式抓住、分析、推断并理解了这些发展进程。对他来说，呈指数的增长率是一条法则。在他的世界里，科技的创新是能够摆脱社会的质疑和恐惧而自由发展的。在他自己设置的这个封闭空间中，进步的道路畅通无阻，他不会受到别人的影响或控制，而是自顾自地发展着。进步是万能的，而人类本身只是使之成为可能；进步推崇自己的规则，不知何时就会将成就它的人们变成看客，让他们观赏一场自动展开的创造。在库兹韦尔的世界里，可行的想法会被毫不犹豫地付诸实践，放弃是不存在的事。他不会去问，这样或那样的进化是否令人向往，或者是否会带来威胁，而是接受科技发展的内在必要性。只要想法可行，就要化为现实。

现在，我们正在经历的进步已经成为全球化的现象。人们可能会将库兹韦尔惊人的预言准确率解读为进步无可阻挡的证据。无论是伦理上的禁忌，还是政治条约，又或是法律规定，似乎都无法阻挡一往无前的数字革命。关于隐私保护的争论，著名学者们忧心忡忡的宣言、知识分子们发出的警告和呼吁——这一切似乎都湮没在了数字革命的洪流中。一些人自问：我们是否还能控制这一往无前的进步？我们这些民众，轻易就会被新设备提供的舒适性牵着鼻子走。我们放心地把一切都交给机器，心甘情愿地放弃其他可能的选择，而只将目光锁定在它身上。在这样的场景中，我们——智人自己剥夺自己的权利，最迟到 2099 年，人类的思维就会与原本由人类创造出来的机械智能融为一体。在这场划时代的兼并过程中，我们可以尽情猜测，对于我们这群不理性又强调情感的生物，还能剩下些什么。人们甚至可能会问，我们本身还有必要存在吗？我们或许还能得到些施舍，就像那些旧时的企业领导，被安排在无关紧要的顾问职位上听人奉承。

人类还剩下什么？库兹韦尔在他的书中提出了这个问题，这句话没有带上道德的感叹号，而是在陈述人类自己造成的无能。这本书没有发出呼吁，也没有警告人们未来充满威胁，劝说人们重返此时此地才是最好的，而是绘制出了一幅可能的甚至会成真的未来蓝图。

我们的社会总是用质疑和恐惧来面对巨大的突破和改变。我们中的许多人因循守旧，只相信流传下来的传统，而抗拒未知的新事物。我们的整个文化都渗透着这种保守思想。改变前进的路线需要勇气和信念，破坏性的发展会使大多数人陷入一种介于恐惧和着迷之间的状态。更仔细地考量一下，我们往往都是在事后才推崇那些预见这些里程碑到来、筑起这些里程碑的创新者，在他们活着的时候却往往将其视作古怪的疯子、书呆子或是不懂世故的异类。更早的时候，一些人甚至被当作异端，被绑上火刑架。然而，当新事物变得熟悉、当进步融入社会之后，我们就再也无法接受没有这项新事物的世界了。

我有时候会问，对于未来爆炸式的发展，我们在文化上的分类概念是否足以囊括我们的时代。我们的思维总在追赶发展的脚步——无论是数字革命，还是生化新领域。针对数不胜数的伦理争论，我们对法律规范的修改、对新型工作流程的规范往往都是在事后发生的，有时甚至完全缺失，还常常是在现实力量截断了我们撤退的道路之后。就这样，我们错失了自主

构建未来的机会，我们评论和批判新事物，而不是在它的诞生阶段参与到构建之中。正因如此，我们需要像库兹韦尔这样激进的先见者，他们的思维能描绘出一个尚不存在的、可能的世界。如果我们认真倾听他们的声音，我们就能赢回原以为要失去的东西——亲自构建未来的自由！

第三章

岐途

知识是否有疆界？

裂变的原子——昨日的未来[①]

别用你们的愧疚来烦我，这是美好的物理！

——恩利克·费米

1938年12月22日，奥托·哈恩和弗里茨·斯特拉斯曼在《自然科学》杂志上发表了一篇文章。他们在文中描述了铀经过中子照射后发生的一种特殊现象。在这一过程中，铀核似乎分裂成了质量大约为其一半的元素。

在哈恩上交稿件之前，他将在柏林的研究可能会取得的结果告知了移民瑞典的同僚莉泽·迈特纳。迈特纳与她的外甥奥托·罗伯特·弗里施将这一现象解读为"核的分裂"。在原子核内，中子与质子通过强大的核能而结合在一起，带正电荷的质子与这些相互排斥的力对峙。在自然界出现的元素之中，铀是每个原子核内拥有最多质子的，它的质子数量达到了尚能维持原子核稳定的临界值。

如果用中子撞击铀核，就会引发激烈的震荡，使之分裂成大致相同的

① 基于为《布罗克豪斯丛书：人类的里程碑》(*Brockhaus: Meilensteine der Menschheit*)一书所撰写的文章。

两份。迈特纳与弗里施将这个过程称为“核裂变”。科学家们的计算表明，在核裂变过程中会释放出能量，这能量主要作为两个裂变产物的动能出现，在运动被抑制时转化为热量。

1939 年 2 月，另外两篇至关重要的文章被发表了：迈特纳和弗里施计算出，在自然铀中含量仅为 0.7% 的同位素铀 -235 能够发生裂变。哈恩和斯特拉斯曼猜测，在铀裂变过程中不只消耗（吸收）了一个中子，还可能在裂变进程中产生自由中子。世界各地的一大批物理学家都认为，铀裂变可能会引发的链式反应中蕴藏着巨大的潜力。

1939 年初，匈牙利物理学家利奥·西拉德采取了一项行动，试图推动在美国和法国钻研核聚变的同僚们，在继续发表研究成果时进行自我审查。他想要避免发表的研究结果助纣为虐，让纳粹德国制造核武器。虽然西拉德的倡议得到了一些科学家的支持，但他还是失败了。1939 年 4 月，巴黎一个以让·弗雷德里克·约里奥 - 居里为首的科研小组有了新的研究成果，并由此填补了基础知识中的重要漏洞：在原子核裂变的过程中，平均会产生两个以上的中子，这就使链式反应成为可能！

由于害怕纳粹德国制造出原子弹，从德国移民到美国的科学家利奥·西拉德和尤金·维格纳于 1939 年致信罗斯福总统提出警告。为了使这封信得到重视，他们还请阿尔伯特·爱因斯坦也在信上签了名。1939 年 10 月，这份历史性的文件来到了罗斯福面前。这封信促使“铀咨询委员会”成立，到了 1940 年 6 月，“美国国防部科研委员会”开始统一组织铀研究。基于安全方面的考虑，在外国出生的科学家，也包括这一项目的发起人，暂时被排除在外。次年，对希特勒制造核弹的恐惧有增无减，因为德国在铀研究领域的成果也使英国科学家感到了不安。在德国的“铀协会”（Uranverein）中，一大批的著名科学家都研究出了如何从自然铀中分离可裂变的铀 -235，或是找出了在核反应堆中控制链式反应的可能性。

1942 年 9 月，美国开启了名为“曼哈顿工程区”（Manhattan Engineer District）的项目，该项目又称“曼哈顿计划”（Manhattan-Projekt），是历史上最大的军事科学机密项目之一。其目标十分明确：研发第一枚核裂变炸弹。该项目组织严密，在美国各地、美国国内外的科学家和技术人员都在攻克这个项目。虽然说，在一段时间内有 15 万人直接或间接地参与到这个项目之中，但了解其真正目的的只有百来号人。1942 年 12 月，第一个核反应堆就在物理学家恩利克 · 费米的领导下，在芝加哥得到了检验。那是一个用装有铀粉末和石墨块的罐子堆叠起来的初级装置，插入或抽出镉棒可以控制反应堆的功率。在距离芝加哥 2000 千米的地方，新墨西哥州的洛斯阿拉莫斯，德裔物理学家罗伯特 · 奥本海默领导着那里的武器实验室，若干位世界顶尖的物理学家和化学家就在这人迹罕至的田园之中研制炸弹。

早在 1941 年，英国的科研人员就已经描述了核裂变炸弹的原理：通过一次常规爆炸，将两块可裂变的铀 -235 结合，使之达到所谓的临界质量，由此引发链式反应。一开始是零星的铀核发生裂变，但接下来，由于自由中子的产生，原子核进一步分裂，而分裂又反过来释放更多自由中子。在这一迅猛的反应过程中，每一次裂变都会释放出微小的能量，而不断增长的裂变反应数量就能积累起巨大的能量。纯粹从数字上来看，仅仅 500 克铀 -235 完全裂变产生的爆破力相当于由 1 万吨 TNT 组成的化学炸弹。在制造炸弹的过程中产生了一个问题，那就是在点火之后不能“过早”炸开。在曼哈顿项目中，人们通过无数实验计算出了准确的数值，并且研发出了对那个时代来说极为精准的点火部件。

1944 年末，美国就已经明确，人们在一开始对德国原子弹的恐惧是毫无根据的。1945 年 4 月，同盟国的军队就在图宾根附近的海格尔洛意外发现了核反应堆实验场。最晚到这一时间节点可以清楚地认定，德国的原子弹计划毫无成效。但即使这样，美国仍在继续原子弹的研究工作。

1945 年 7 月 16 日凌晨，太阳快要升起的时候，第一颗原子弹在新墨西哥州的沙漠中引爆了。这场实验的代号是“三位一体”（Trinity）。这种新型武器的威力超出了所有科学家的期待。

广岛是一座日本小城，直到 1945 年 8 月 6 日早晨，这座城市都没有受到大规模的战争侵袭。8 时 15 分，一架 B-29 轰炸机飞过城市上空，其投下的原子弹在 580 米的高度爆炸，摧毁了三分之二的城市。据估计，轰炸的第一天就有 20 万人身亡。8 月 9 日，又一颗原子弹摧毁了长崎。在漫长的人类历史上，还从未有哪一样武器一下夺去这么多人的性命。时至今日，广岛和长崎的爆炸仍算是人类最黑暗的时刻。

科学将魔鬼从瓶中释放了出来。随后，一场核军备竞赛展开了，越来越多的国家参与其中——就好像原子弹的破坏力还没有得到充分证明似的，人们还要不断制造出更庞大的死亡机器。氢弹按照核聚变原理在地球上燃起太阳的火焰，在太平洋无人岛屿上的实验中，它巨大的爆炸波和炽热的火球有着一种令人恐惧的病态美感。同时，核灰尘在逐步污染地球大气，放射性沉降物已经成为必须严肃对待的问题。单是 1963 年，各个监测中心的地震仪就探知到约 180 场实验。

彼此敌对的各方势力做出让步，并达成共识，禁止在大气层、宇宙空间及水下进行实验。结果，装备竞赛便转战地下，所有人继续埋头苦干。到世纪之交时，核武器的火焰已经点燃了超过 2000 次。然而，彼此残害、冤冤相报的逻辑并没有给任何一方带来好处。这项研究花费巨大，并且越来越多的市民要求终止这种疯狂的行动。世界大国纷纷叫停了实验，但魔鬼依然存在。

随着时间的推移，原子弹已经成了人类傲慢的象征。它打开了一扇门，门后的道路会将我们所有人都引向毁灭。在人类历史上，我们第一次意识到，人类拥有彻底毁灭自己族群的潜力。我们曾害怕会像发生在6600万年前的白垩纪－第三纪灭绝事件那样，由陨石灭绝地球上的一半物种，但现在，人类的自我毁灭引起了更大的恐惧。因为原子弹，我们明白过来，我们已经成为自己最大的威胁。

切尔诺贝利——拍摄记录[①]

从20世纪70年代末到80年代中期，在我攻读物理学期间以及之后的时间里，我曾为于利希研究中心（Jülich Forschungszentrum）的科研反应堆“梅林”（Merlin）工作。虽然我们的实验只是将反应堆作为射线的来源，但我还是谙熟了反应堆技术和射线防护的知识，了解了在那里工作的人们有怎样的习惯。所以说，作为记者的我后来时常接触关于核能的话题，并不是偶然。1986年，切尔诺贝利发生事故时，我正在制作我的第一档电视节目。对我来说，那是一个令人振奋的时间段，因为在我和同事们的共同努力下，我们发现真菌类含有极高浓度的放射性铯，这个发现可以直接放到我的节目里。

后来，我多次前往切尔诺贝利，拜访了当地的多所核电站，目睹了位于卡尔卡（Kalkar）的快中子增值反应堆如何被改建成一座水上游乐园。多年来，我也一直关注着放射性垃圾的最终处置问题。搜集福岛核电站事故的素材是一项巨大的挑战，多亏我的交际圈里还有远在日本的专业人士，我才有机会更详细地描述这场事故及其后果。

① 基于发表在脸书上的文章。

我和莱哈德·布吕宁作为第一批国际记者获得了特殊许可，在反应堆所在场地及周边地区拍摄。在这里也有物理学圈子，于是我便加入了一项日本的倡议活动，用自制的、装有 GPS 定位系统的盖革－米勒计数器来探测大面积的放射性污染。切尔诺贝利和福岛虽然大相径庭，却也有许多相似之处：封锁区、空无一人的村落、受到放射性污染的树林，还有发出强大辐射的、数十年后人类也不能踏足的反应堆废墟。以下的记录是我们前往切尔诺贝利拍摄时写下的——当时我每天会在脸书上更新连载——对于那个鬼魅的世界，这段文字能给人一个未经修饰的直接印象。

2016 年 2 月 14 日

今天的工作开始得很早，通往封锁区的火车 6 点 30 分就开了。我们和猎场看守人瓦西里·达维邓科一起熟悉了核电站周围的地区。我们乘坐吉普车穿过崎岖不平的乡间道路。我们看到路边有猎人想搭顺风车，他们想要抓头野猪，以“检测”它受辐射污染的程度。我们在灌木丛里看到了麋鹿的身影，但等意识到时，它已经消失在矮树丛里。

这个地区已经被封锁了 30 年，空无一人，只有被遗弃的村庄和颓败坍塌的房屋。瓦西里猎瘾犯了。我觉得，他也想让我们见识到，他是个真正的猎人。他时不时就突然踩下刹车，离开车子，端着枪在林子里东张西望。但他最终也没能放倒一头野猪——幸好如此！我的团队也都这么觉得。

下午，天开始下雪，放射性的土地被覆盖上了一层无瑕的白纱。尤其触动我的是那种独特的寂静。在 7 个小时的时间里，我们没有遇到一个人，没有发动机的噪声，只有静谧到令人生疑的大自然。

在我们的整个旅程中，我都在用盖革－米勒计数器记录放射性指标。在一些地方，我的设备甚至测量到了比“正常”数值高出 30 倍的放射性粒子。虽然时间已经过去了30年，这里的一些区域仍遭受着极其严重的辐射。遗忘的“半衰期”恐怕比裂变的原子核的半衰期要短得多。

黄昏将近，我们跨过普里皮亚季河，拜访一座监测站。这座监测站持续记录着周边地区的情况。接着我们前往火车站，在途中路过了“石棺”[①]，迷雾中的它更显鬼魅幽暗。它将发生事故的反应堆包裹起来，阻止辐射扩散，已然成为这段历史的标记。我看着它，心里混杂着激动和伤感的情绪。

傍晚，我们乘火车返回位于斯拉夫蒂奇的宾馆——它在封锁区之外。我是在这里写下这段话的，此时已经将近午夜，而明天一大早，我们会再次返回那里。现在，我要去睡上几个小时。明天接着说。晚安。

2016年2月15日

公务列车在6点30分和7点40分驶离斯拉夫蒂奇，通过白俄罗斯的领土，将通勤的人们直接送往切尔诺贝利的厂区。我非常惊讶，厂区虽然关闭了，但竟然还有这么多工人每天往返于此。他们中的一些人在核电站工作了20年，另一些人在那场灾难性事故发生时还没有来到人世。

在2006年的拜访之后[②]，这里又发生了一些变化，但许多东西还是老样子，只是更加破败了一些。这是一幅荒诞的马赛克画：建筑和锈蚀的管道，其间是现代化的厂区。厂区是由欧洲纳税人的钱供养的，并且也主要由欧洲的核能公司建造。对一些公司——其中也包括德国的公司——来说，这里的灾难似乎带来了利润丰厚的生意。我有这种印象，在一些欧盟向切尔

① 译者注：切尔诺贝利核事故发生之后，用于掩盖四号反应堆的钢筋混凝土掩体被称为“石棺”。

② 译者注：作者于2006年已经对切尔诺贝利核电站进行过一次采访。

诺贝利提供的援助背后，恐怕有德国或法国的核能公司提供的间接资助。

我们拍摄了一处为处理放射性垃圾而建的新厂区。它使用的技术源于德国。厂区是2009年建成的，但至今尚未投入使用。这里弥漫着一种怪异的停滞感。当我们穿着防护服在车间里走动时，我们感到了彻骨的寒冷。陪同我们的迪米特里向我解释说，因为要节省经费，所以关闭了供暖系统。这真是矛盾：用的是现代化的机器人技术，却没有钱来取暖。

我还听到了人们的故事。在乌克兰，工资减半，经济一蹶不振；各地弥漫着战争的硝烟，不断增长的通货膨胀将人们逼入绝境。距离那场灾难已经过去了30年，但普里皮亚季河畔这块美好的土地还需要数十年才能恢复过来。修缮的费用十分昂贵，就目前来说，这里的人们无力支付。

厂区各处有许多狗，其中一只跟在我的后面。那是一只典型的流浪狗，邋里邋遢又充满好奇。我给它拍了张照，取名“小铯”——这是切尔诺贝利的狗。

在通往切尔诺贝利核电站食堂的台阶上方，悬挂着一幅大型油画：画上的工人们正在竖起电线杆。这幅画散发出自信与乐观的情绪，但也见证了危险的科技迷信。那一代人建造了无数的科技“丰碑”，但紧接而来的，是沉默着将它们拆除的一代人。没有人会为这代人作画，留给他们的只有废墟，就像切尔诺贝利的狗一样……

一些人因为可能的辐射伤害而担心。实际上也确实该担心。我们在身边带了好多个测量仪，持续不断地监测当地的辐射水平。今天，我们受到的辐射量是3至4毫希沃特。这相当于一场短途飞行受到的辐射，是可以接受的。但我们还看到，在各地之间存在着极大的差别。因此，我们特别注意，在辐射污染极其严重的地方只做短暂停留。

明天我还会上线，来给你们讲讲人类历史上最大、最昂贵的“包装”。

2016年2月16日

今天，我们在切尔诺贝利参观“新安全屏障”（*New Safe Confinement*）。谁要是钟爱庞然大物，那就来对地方了。这是一个巨型保护壳，今年就要笼罩在旧的“石棺”上。它的建筑数据令人印象深刻：横向跨度257米，纵向长度162米，高108米，是世界上最大的可移动厂房。

在开始拍摄之前，我们必须再次通过安全检查。乌克兰民兵对此一丝不苟。每一台设备的型号都要经过核对，所有的检查都细致得要命。办事员们检查了我们证件上的每个小细节——简直是欺负人！

我们进入了这个庞大的工地，它就在发生事故的反应堆旁边。在这样的时刻，我意识到我们根本无法通过电视将这种真实的维度传达给观众。厂房中耗费的钢材是埃菲尔铁塔的3倍，它的体量令人惊叹。整座建筑让我想起月球探测火箭的装配间，两者只有一个区别：我们周围的土地是放射性的。

我们穿过一个由通道、脚手架和梯子组成的迷宫，向上爬，来到了屋顶。有时候，观众几乎无法想象，短短一段节目要付出多少辛劳。这一路爬上来，很难保证不头晕。而最终，观众们在节目中只能看到短暂的几个镜头。

站在上面，我能从独特的视角纵览4号反应堆的“石棺”。在我脚下，起重机和车辆以及工地上的一切活动都显得那么不真实。1986年，我的电视生涯就是从这场事故开始的。30年过去了，我面前是一个将要完工的保护壳，它将在接下来的几百年间，包裹住这具核灾难留下的骸骨。之后，人们会用专用起重机和自动化的切割设备将反应堆一块一块肢解，然而，还没有人知道，什么时候才会走到那一步。

一个错误会导致什么样的代价，切尔诺贝利就是例子。单是厂房以及额外的设备就花费了逾20亿欧元，而这些资金中有很大一部分都源于我们这些欧洲纳税人。

陪同我的是赫尔德，一名来自葡萄牙的年轻工程师。他负责金属构建，可以明显看出，他对自己的项目非常自豪。今天我所看到的一切都显得不真实：巨大的厂房，起重机在强风的影响下仍旧吊起成吨重的金属部件，还有内部脚手架的几何结构——所有的这些都显得那么遥远，就好像从飞机舷窗俯瞰一座城市，而这架飞机越飞越高，城市渐渐模糊成抽象的轮廓。

当我们从眺望平台回来后，我又遇到了那条狗。一位工人亲昵地挠着一条小猎狗，真是一幅动人的画面。“它叫布鲁诺。”那个男人指向那条乖巧的小狗。他们的身后就是敞开的“石棺”。今年，它就会被掩藏在钢铁保护壳下，切尔诺贝利的典型画面将不复存在。

傍晚，我和我的同事莱哈德要会见几位专家，与他们讨论辐射性废弃物的问题。我们在斯拉夫蒂奇的一家餐馆聊得热火朝天，谈论了这个地方的未来、灾难的应对问题等。他们所有人都表示，还需要很长一段时间，事故留下的痕迹才能彻底消除。也许小狗布鲁诺的孙儿能够见到那天，但没有人说得清楚。

今晚，我大概会梦到这个庞大的工地，梦到包围着它的反应堆和大厂房。每过100年，人们就会在周围再建一座建筑，就像俄罗斯套娃那样，厂房会越建越大，不知何时人们就会忘记里面究竟是什么。

明天又是新的一天，我们的安排表上写着“反应堆观察台”。

2016年2月17日

今天，我们在当年反应堆所在的建筑中拍摄。切尔诺贝利共有4个投入使用的核反应堆。核电站的场地原本还要扩建，而在决定命运的1986年，

5号堆和6号堆已经在建，6号堆原计划在同年投入运行。即使在那场灾难发生之后，人们仍在继续建造工作，直到过高的辐射叫停了工程。尚未完工的建筑至今仍立在那里，那些大型建筑起重机也是一样。事故发生之后，切尔诺贝利继续供电了14年，之后，反应堆才被全部关停。

当我们走在反应堆控制楼长长的走廊上时，我感觉像是徜徉在过去的岁月里。一些控制间简直像博物馆里的文物：写有技术指示的牌子、按钮，还有电话，都来自一个逝去已久的时代。在切尔诺贝利核电站里，时间是停滞的。就好像那些人、建筑、程序都是这核能遗迹的囚徒，就好像一切都受到了诅咒，必须像裂变的原子核那样经受住半衰期的考验。

稍加想象就能在脑海中重现30年前核电站运营时的场景。建筑破败了，天花板上有几个地方在滴水，人们就简单地把塑料袋放在下面接水。这项伟大的技术曾让人们无比骄傲，现在却腐坏得像一具牲畜的尸体。当时，供暖系统将周围的各座城市连接在一起，来自核电站的暖气是免费的。要是室内太热了，人们就索性打开窗户。然而，能源过剩的时期已经过去了。供暖系统停运了，寒冷包围了这里，工人们在白色长褂的里面穿着厚重的夹克。在2号堆的控制间内，有一台小小的电暖器，但它用的电已经不是这座核电站的了。

在调度中心和控制观察台，我们遇到了零星的工作人员，我疑惑于这些人在这业已死亡的技术产物中做些什么。不知怎么，我总有这种感觉：他们只是假装忙碌而已。那场景有些荒诞不经：工人们拿着表格记录数值，而控制灯早就熄灭了，显示屏也关闭了。

在4号堆旁边，我们看到了一块纪念碑。它是献给技术员瓦勒里·赫德楚克的。在事故发生的那天夜里，他被埋在倒塌的楼房下面。他的尸体一直没有被挖掘出来，静静地躺在这座辐射着的反应堆大楼内部的某个地方。

赫德楚克是这场灾难的第一名受害者。

下午，我们乘车到厂区周围，经过了所谓的“红树林”——当时有许多辐射性灰尘落到这里，将树叶都染成了红色。沿途竖立着许多画有辐射性标志的警告牌。许多年过去了，其中的一些警告牌生锈了，上面的警示信息渐渐看不清了。除了测量仪指针的偏转，没有任何迹象提醒人们，这片土地受到了辐射污染。事故过去30年之后，我在地表测量到的放射性数值为30毫希沃特/小时。

在切尔诺贝利封锁区之外短暂歇息时，我遇到了一个旅行团。两名来自汉诺威的年轻人和我搭了话。他们在基辅订了切尔诺贝利一日游，包括参观封锁区和反应堆。这样配有导游的一日游花费将近100欧元。我不明白是什么吸引这两个小伙子来这里。是兴趣、同情、冒险精神，又或者是为了幸灾乐祸地消费灾难？后来，我的同事莱哈德说，我对那两个小伙子的提问暗示性太强。他说得对，我本该提些开放性的问题。旅行团的大巴车上印着公司的标语：“我们的旅程，让你的朋友眼红。”

返程中，渐落的冬日暖阳将眼前的芦苇丛、桦树林等一切的风光都染成了金色。我们在普里皮亚季河畔停了下来。大块的浮冰闪着光，一切都沉浸在静谧中。在这里，大自然是野性的，似乎没有受到任何人类的干扰。真是个世外桃源般的地方，只是在远处可以隐隐看见“石棺”的轮廓。

2016年2月18日

童话的开头常常是“很久很久以前……”，而对于切尔诺贝利事故的处理，我们见的许多专家也都说了这句话。

我们总是看到为设备的拆除工作、放射性垃圾的处理、辐射性废弃物的清除而建起，或计划要建的工厂，但拆除和处理的工作并没有真的展开。

比如，2009年建成了一个新的大型废弃物分类处理厂，配备了机器人和各式各样的电子设备，但那里至今仍未开工。今天，我们参观了这个处理厂，那是一个长度超过250米的庞大水泥块；建成所需的一部分资金来自欧盟。这里本该放着回收来的垃圾，但除了对垃圾处理原理的展示——一种无实物预演——这里什么动静也没有。至今为止，这里没有处理过任何一个装着放射性垃圾的集装箱。

30年过去了，实质性的进展却寥寥可数。相比之下，在事故发生之后，苏联技术人员的投入是巨大的，我们可能低估了当时在第一阶段实施的所有行动。在这里，我陷入了一张由政府机关、金主、欧洲资金支持的救援组织、委员会、许可、工业承包委托和未来计划织就的巨网，这张大网不断变厚，像看不透的迷雾。但谁知道呢，也许有一天就会发生些什么——“在很久很久以后”。

无论我们在哪里下车停留，我都会首先测量那里的放射性水平。在切尔诺贝利周围放射性水平有极大的差异：某个地方受辐射污染尤其严重，几百米之外的地方数值却又很低。今天，我们要借助无人机从空中拍摄封锁区。在我们出发的场地上，我首先记录了一个尚能接受的数值：约0.3毫希沃特/小时；但当我继续走动时，数值急剧增长。我开始寻找辐射的来源，标出高辐射的区域。最后，我发现元凶是一块石头。在它附近，测量仪的数值就比几米之外高出200倍！我当然不会碰它，我问陪同我们的谢尔盖，我们是不是该上报这件事。他说：“不用，那只会惹麻烦，我们可以收拾收拾出发了。”

2016年2月19日

和过去的几天一样，行程从清早就开始了，还是乘火车从斯拉夫蒂奇去核电站，接着坐大巴进入封锁区域。

当时，在灾难发生后，由于高度的辐射污染，事故发生的反应堆周围被宣布为封锁区，疏散了约35万人。外部区域的覆盖半径有30千米，核心封锁区包括从核电站到距其10千米的区域。所有的村庄和住宅区都撤空了，切尔诺贝利的路牌让人回忆起许多被人们遗弃的地方。曾经的耕地闲置着，长出了桦树和松树。也就是说，森林面积增加了，夏季的森林火灾可能又会将一部分放射性物质带入大气层。

我们陪着伐木工一起去砍树。他们砍倒树木，开出林中道路，让消防队能在发生火灾时顺利到达着火点。一路上，我们多次经过被遗弃的市镇。这些幽灵村落让这悲剧赤裸裸地呈现在眼前：家庭、朋友、邻居，所有社会共同体都在一瞬间分崩离析；房屋和庭院也如同原子核一般分裂了。

一些人不顾禁令返回了家乡。下午，我们拜访了一对年龄较大的夫妻：卡塔琳娜·林德克和列昂尼德·林德克。我们受到了极其诚挚的接待。列昂尼德87岁，身体仍十分硬朗。他与我们谈天说地，就好像要弥补过去错失的谈话机会。他同样被疏散了，去了基辅。但城市生活并不适合列昂尼德，他需要空气和土地，1993年又回到自己的房子里。

家乡的羁绊该有多深呢？这里没有邻居，没有商店，也没有医生，但两个人似乎十分满足。

“爱吃鱼吗？”他问我。我点点头。他跑进厨房，拿来了鱼干：“这是给你的！”这是他自己抓的吗？当然了，这些鱼是列昂尼德从旁边的普里皮亚季河里抓来的，对他来说小菜一碟。

我婉言谢绝了，向他解释说，我很快就要乘飞机回家了，不能带鱼。“那就偷偷地带啊——在军队里我们都把伏特加瓶子藏在裤腿里，根本没人发现！”

我想象了一下把鱼放在裤腿里通过科隆－波恩机场安检的情形。鱼腥味大概会把我出卖吧？

小小的耕地和菜园都是列昂尼德亲自打理的——以 87 岁的高龄！他向我讲述战争岁月中德国士兵占领他们村子的情景。他的妻子卡塔琳娜笑了，她看看我又摇摇头："你不是德国人，对吧？"不是，我与战争期间来到这里的那些德国人没有关系。

当我负责摄像的同事提莫·布伦斯和斯文·杜芬尔用无人机拍摄的时候，列昂尼德非常兴奋。"这些现代化的科技设备啊，这玩意在我们那年代可没有！"我想知道，他怎么看待辐射的问题。他认为那都是一派胡言，这里的一切都好好的，说着还指了指自己的菜园。而我测量到的数值也的确很低，这真是太好了。

列昂尼德和卡塔琳娜完全自给自足。他们用自己砍的柴火取暖，食物也都是自己种植的。虽然条件简陋，但两人都享受这份自由。我看着这位老人充满爱意地抚摩自己的狗，对它说话，只想到一个词：幸福。

2016 年 2 月 20 日

今天早晨，5 点刚过我的闹钟就响了。周末只有一班火车从斯拉夫蒂奇开往切尔诺贝利。在过去的几天中，我们一直保持着与核电站工人一样的生活节奏，早晨坐火车去工厂，晚上再乘火车回来。

每天去封锁区反应堆上下班的人们还忙于处理事故的善后事宜。斯拉夫蒂奇位于事故反应堆以东约 50 千米，受到的辐射是很小的。但即使这样，可能也几乎没有人像这座小城的市民这样暴露在射线之中。

之前已经提到过，乌克兰能源紧缺，因此，事故发生之后仍在运作那些没有受损的反应堆。在切尔诺贝利和普里皮亚季这两座城市变得无法居住之后，斯拉夫蒂奇才作为核电站工人的新居住地拔地而起。但在2001年彻底关停所有的反应堆之后，切尔诺贝利的能源厂就不需要那么多工人了，斯拉夫蒂奇的人口也逐渐减少。许多孩子在这里出生，我们宾馆里年轻的前台接待小姐还有女厨师告诉我们，她们都是在这里长大的。她们喜欢这里，因为这里就是她们的家乡。

今天，我们要会见美国科学家蒂姆·穆苏。他在美国南卡罗来纳大学工作，研究辐射对动植物的伤害。蒂姆几天前抵达乌克兰，带来了一架专用无人机和红外摄像机。海关官员没收了这些设备，他花了好几天的时间才取回所有的设备，加入我们的行列。战争正在乌克兰蔓延，而使用无人机不一定都是为了和平。

蒂姆在切尔诺贝利一所被人遗弃的房子里搭建了一座实验室，在去他实验室的路上，我们又经过了“石棺”。它就在距离火车站不远的地方，每个来到这里的人第一眼就会看到这个锈蚀的钢筋怪物。我在自己身上观察到了一个奇怪的现象：我们每天都从它面前驶过，渐渐就习惯了这幅场景。我被这个想法吓住了：我们会习惯灾难吗？在日常生活中，科隆市民会忽视宏伟华丽的大教堂，而游客们看到这座哥特式的建筑杰作则惊讶地张大了嘴。显然，我们人类都会习惯于身边的环境，随着时间的推移，一切不同寻常的东西都归于平淡——无论是世界文化遗产，还是灾难的遗迹。

我再一次注意到了那些狗。在拍摄期间，我从我们的大巴车上下来，把饼干分给它们吃。狗儿们摇着尾巴围着我，讨要更多的吃食。后来，我也问了蒂姆关于这些狗的问题，他叫我不要担心，因为它们可以吃员工食堂的剩饭，这些食物是未受辐射污染的。

而野生动物的情况就完全不同了。比如野猪就会在一些地方吃下受到严重污染的蘑菇。在过去的年月里，蒂姆和他的团队研究了不同种类的动物，从昆虫到老鼠，再到鸟类。显然，一些动物身上发生了变化，比如生殖能力、脑的大小或是生长发育情况。在这方面必须追根究底，因为封锁区的辐射情况就像是一块织毯，每一小块都不一样。因此，在相邻而居的群体之间，根据它们所在区域受污染程度不同，会观察到差异。

下午，蒂姆开始用他的无人机寻找野马。有一瞬间我想：这门学科太酷了——可以在这里用“玩具”为所欲为，一些青少年一定会被这样的科学吸引。在寒冷的环境下，人们可以基于野马的体温轻松地通过红外摄像机找到它们的踪迹。那些野马在我10年前来到这里时也见到过，它们是种特别的动物。当时，我走近这些普氏野马，令人惊讶的是，它们并没有逃开；它们几乎没有注意到我，我享受着那个独一无二的时刻。而现在不同了，据说有一些动物被盗猎者杀死了，所以，这些马儿看到人的时候就会逃走。真是可惜。

下午晚些时候，我离开了切尔诺贝利。出租车司机等在封锁区的入口大门前，要带我去基辅。当我看到那辆车的时候，吓了一跳，因为司机正是一个星期前在机场接我的那位。我把他称为“恐怖的伊万大帝”。在我见过的所有驾驶员中，伊万属于最折磨人的那种汽车司机。虽然这位不苟言笑的老先生看起来像是税务监察员和退休教导主任的结合体（我就是有这么些老派印象），然而，一旦伊万坐到他的方向盘后面，他就会变身怪兽。

他被紧紧夹在座椅靠背和方向盘中间，猛地用力拉动车子的换挡杆，逼迫着发动机达到最高转速。他的速度高得惊人，我们以130千米/小时的速度飞驰在乌克兰颠簸的乡间公路上。伊万以粗暴的驾驶操作避开地上的坑洼，他就像对待有毒的吃食那样消化了这段路，而每一盏红灯都会让他的胃一阵痉挛。他会在视线不清的地方超车，无视地上的实线，像一只发狂的野兽一样，挑衅开在前面的所有车辆。伊万一句英语也不会说，在他心情不够糟的时候，他还会自顾自地骂几句乌克兰的脏话。他的驾驶行为有些像动物，每一个弯道和十字路口都要留下自己的标记。在他的举止之中我找不到一丝一毫的优雅之处。

在开车的时候，伊万面无表情。他的一些换挡过程甚至有些施虐狂的做派。面对这样尖叫着的发动机，每个人都会心生同情——但伊万不会！还没有哪位载我的司机能把车开得这么差，无论是在开罗，还是在内罗毕，甚至是在孟买混乱的街头，都没有。伊万超过了他们所有人！

为了转移注意力，我就练习识别用西里尔字母写的路名，尝试着估算还有多远到达基辅，或是努力想些别的事情；然而，下一秒我就又盯住了车轮下的路，盯住了被伊万锁定的下一个牺牲品。他从左边超车，从旁边行驶的车前横向穿过，在弯道上挑战离心力的物理极限值。

我常常被问起，我们拍摄时冒了怎样的风险。相比之下，我们冒险受到的辐射总量较低。就我来说，整个一周我受到的辐射是34毫希沃特。相对来说，与伊万同行的这段路才是冒险之举。无人的“石棺”、控制室以及放射性的泥土，这些都不能与这段要人命的车程相比。

当我们在黄昏时分到达基辅时，我松了一口气。拥挤的道路交通阻止了伊万将油门一踩到底。当我安然无恙地离开伊万的“帝国”时，我由衷地感到高兴。我的宾馆就在机场里，明天凌晨4点30分就要去值机。这座建筑毫无魅力和温度，嘈杂又陈旧，但这些全都无所谓——在经历过伊万之后，不会有更差的事情出现了。

福岛——来自灾难内部的报道[1]

一副乳胶的，然后一副棉质的，接着又一副乳胶的。这是我人生中第一次叠戴三副手套。随后，三层手套将和我的防护服粘在一起。我们脱到只剩内裤，胸口和背上贴了四个降温袋，外头非常炎热。在进入那个令人迷惑的世界之前，我们就检查了全脸面具的密封性。

在长长的走道上，有工作人员向我们迎面走来。所有人都裹在白色的防护服里，就像是某个不知名修道会里的僧侣。其实有许多东西都让我想到神圣的宗教仪式：清洁消毒的流程、跨过门槛、脱去鞋子……只是递到我们手上的不是玫瑰经念珠，而是计量计。摄像机和录影设备都用薄膜包裹着，因为这里的一切都必须密封。我们所在的地方就是福岛第一核电站的反应堆厂区。

所有人都记得在日本爆炸的反应堆机组。那些照片牢牢地烙印在我们的图像记忆中。当时，2011 年 3 月，日本先发生了地震，接着海啸侵袭了海岸。15 米高的巨浪是反应堆厂区的防护坝无法抵挡的，海水涌入厂区，摧毁了冷却系统，淹没了应急发电机和电力存储设备。当整个厂区完全

① 首次发表于《法兰克福汇报》(周日版)，2014 年 11 月 3 日。

停电，反应堆燃料棒无法冷却，灾难便无法避免地到来了。

当时在日本发生的这场重大事故使人们的想法得到了转变。德国告别了核能，宣布展开“能源过渡计划”（Energiewende）。但那之后，人们就很少听到福岛的消息了。媒体事件的“半衰期”都是出了名的短。人们一再读到冷却水库不密封或是营救行动失败的消息。那么，在灾难发生3年之后，福岛究竟如何呢？

我们花了好几个月的时间，再三递交客气有礼的邮件和电话请求，才得到了拍摄许可。运营公司东京电力（TEPCO）的负责人不紧不慢，多次回复并提出问题，把一切都查验得清清楚楚。当官方邮件变了语气，那是个好兆头。我们开始直呼其名，讨论可能的拍摄地点，交流专业上的细节。就在我们几乎要放弃希望的时候，终于得到了明确的答复：我们被允许在福岛第一核电站拍摄。而且是第一支外国的拍摄团队！这可不是休闲散步，但我可以信任自己的团队：我与我的同事莱哈德·布吕宁、摄像师胡迪格·施波特和录音技师提莫·布伦斯，之前就一起在切尔诺贝利积累了经验。这一次在日本，还有德国公共广播联盟（ARD）的通讯员马里奥·施密特协助我们的企划。

我们推迟了夏季休假的时间，打包行李，收拾好照相机、三脚架和自带的放射测量仪，出发前往日本。

东京电力方面制订了细致入微的计划，我们的行程安排精确到分钟。我不知道这是因为事关放射性问题，还是与日本严谨细致的文化有关。我们由技术人员、放射性防护专家、安保人员和一位翻译陪同着。翻译带着一只扩音器，因为穿着防护服、戴着面具，声音听起来闷闷的。在放射性环境中的交流就是礼貌地相互“喊叫”。

我们乘坐一辆小巴士穿过厂区，经过了许多起重机和挖掘机。这里的人们如此忙碌，令我非常惊讶。大约有 5000 人在这个工地工作，到处都在设计和建造之中。我们驶向第一个目的地：4 号堆。

这是一个历史性的地点，我从电视报道里认识了这栋建筑。记忆里的场景重现眼前，但这一次我们真正地身处其中，残破的外墙包围着我们，设备部件扭曲了，地上是金属残片和瓦砾。灾难留下的伤疤仍旧清晰可见，而在废墟的旁边就是一幢新建的高大建筑。这样强烈的对比是令人迷惑的。一般来说，会先清除废墟再重建，但在这里，我看到的是一幅令人惊异的画面：毁灭与新生共同存在。

这里的放射性太强，无法进行清理。反应堆大楼的外立面闪着微绿的光，那是一种有黏性的涂料，人们将它快速地刷涂在建筑表面，以吸附放射性灰尘。由于地面也有放射性，地上铺着厚厚的钢板。

在 4 号堆所在的大楼上，高耸着一个有 50 米高的崭新的钢结构框架。一位技术人员通过扩音器向我解释说，这个结构是建在被毁坏的反应堆厂房上的。这个反应堆机组本来就面临着诸多风险：在灾难发生时，这里正在进行维护；反应堆堆芯虽然没有燃料，但在对应的冷却池里储存了 1533 支燃料棒，远远多于其他机组存放的放射性材料。在一场爆炸之后，建筑废墟倒塌到冷却池中，将燃料棒埋在了下面。

我们穿过一扇厚重的不锈钢大门进入了这栋建筑。氖灯、配电箱、供电线路、一部电梯——全都是新的。新的架构还包括一台桥式起重机，可以用于清理内部区域。

内部的钢梁被漆成了绿色，是重症监护室的那种绿色。我们拾级而上。接着，就来到了冷却池的正上方，看到了水中的燃料棒。“到今年年底，我们将把它们全部清除出去。”陪同我们的人这样说着，指了指存储架上剩余的燃料棒。

水很清。几乎让人觉得，灾难从未在这里发生。这里的物流供应多么流畅，这里运用了那么多先进的技术！当我表示认可的时候，我们的随行人员表现得很羞愧，在这个工地上是没有赞扬的。

我们继续前进。1号机组是最先爆炸的。我们想要进入控制室，但由于极高的放射性，不能从入口进去。我们从一个临时通道进入了这幢建筑，一个由晦暗通道组成的迷宫。地上有很多电缆和线路，都是2011年时紧急铺设的。墙上贴着一层粉色的塑料薄膜，是小姑娘们会喜欢的色调，为什么偏偏出现在这儿呢？

我瞥了一眼陪同人员身上的放射性检测仪，将上面的数值与我的相比较。而他也看了看我的显示器。我们说的虽然不是同一种语言，但他对我点点头：我们的数值相同，这样就好。

接着，我们就来到了控制室。已经没有人在这里工作了，只有过滤设备发出嗡嗡的声响。这里就是"死者的神经中枢"。显示屏和操作台已经成了古董，它们都是20世纪70年代的科技产物。

在控制板上，我辨识出了反应堆的冷却水指示器。那边上记着数字，是用铅笔手写的。

当时，所有的设备都瘫痪了，没有人知道反应堆的情况如何。在走投无路的情况下，技术员们借助于汽车电池，使最重要的设备恢复了运转。这其中，冷却水指示器尤为关键，它能显示出反应堆堆芯是否被水浸没。在短暂恢复运转之后，技术员借着手电筒的光，用铅笔直接在指示器边上记录了注水情况。数字记录了冷却水的上涨，但数值是会欺骗人的，因为反应堆中的压力增长会导致指示器无法正常运作。可没有人怀疑指示器的功能，人们都相信它显示的数值。

最后的记录：2011年3月12日，12时50分。冷却水水位1.70米。

在这一刻，堆芯熔毁的危险似乎解除了。然而，这是一个多么致命的错误！短短几小时后，当 1 号反应堆的顶棚爆炸时，核电厂的工人们还以为是余震产生的震动，控制室里的人都不知道外面发生了什么。这指示器就是一个象征，它讲述着那些人的故事：那些人盲目相信数值，却不知道这些数值早就与现实千差万别了。

当我们重新来到室外，我的目光落到了相邻反应堆机组的外立面上。在 2 号机组的周围，放射性尤其强烈。在外部区域，数值就已经达到了 2500 毫希沃特 / 小时，没人知道反应堆内部会是什么样子。

放射性的废墟仍必须得到冷却。日复一日累积起的 700 吨受到辐射污染的冷却水，被水泵抽到巨大的贮水箱中。整个厂区都布满了巨型的贮水池。此时，一座将放射性污水分多个层次进行净化的厂区正在建立，在短短几个星期之内，将有 2 台全新的过滤设备投入运转。

最初的尝试并不理想，放射性污水溢出了。但人们从失败中吸取教训，改进了方法后再次尝试。当我站在由不锈钢制成的巨大过滤柱旁边时，我的防护面罩蒙上了一层水汽。夏日的炙烤让我出了一身汗，我的眼睛火辣辣的，面罩沉沉地压着我的脑袋。在我身边，有十几名工人和我同样的打扮。我疑惑，这些人为什么要在这儿干这份苦差事，在辐射的包围下受这样的折磨。晚些时候，当我问起他们中的一个人时，这个人说是因为义务和责任感。他的名字叫佐用裕二（音译），60 岁的年纪，负责协调厂区管道铺设。我问佐用先生，他害不害怕。他回答："害怕，但我想给孙子留下一片美好的土地。"

在拍摄工作结束后，我们接受了细致的放射性检查。一位职员用他的监测设备仔细地扫描了我的身体。他的动作看上去轻柔又灵活，就像是在跳一种特别的芭蕾。他检查完之后，礼貌地向我点头示意。我的计量计显示

30 毫希沃特。我松了一口气，我们在拍摄期间受到的辐射量相当于乘坐飞机往返日本一次。

在我们离开厂区之前，摄像器、照相机、话筒……所有东西都经过了细致的监测。在返途中，我们经过了被人们遗弃的城市。房屋、购物中心、儿童游乐场、加油站，一切都被冰冻在一个放射性的“睡美人”世界里。

在接下来的几天中，我们受到特别许可，能够通过该地区的封锁区。由于灾难发生期间风向条件不利，一部分放射性尘埃被运送到了内陆。当时，有 14 万人被疏散，许多人至今仍不被允许返回家乡，还有一些人可能永远也回不去了。抛下一切该是怎样的痛苦？一场大火会夺走人们的全部家当，会将过去一笔勾销，为新的开始留出空间。然而，在受到辐射污染的大地上，楼房还像从前那样立着，成为一座座纪念碑，提醒人们曾经遭受的、无从解释的失去。所有的事物看上去一如往昔，似乎触手可及，却永远地逝去了。

“这对我来说就像一场战争——我失去了家乡。”市沢三由纪（音译）这样说。她曾在饭馆村经营一家咖啡馆。饭馆村这座小城坐落在距离核电站 45 千米远的地方，位于第一核电站西北方向蜿蜒起伏的山林中。在灾难发生之前，许多人都在她的小咖啡馆里见面，然而这些人也都不得不离开了这个地方。她的咖啡馆还有她的住宅都空置着，她将自己的家当都整理起来，打成包裹，烧掉了所有的东西。当她向我讲述这一切的时候，我能真切地感受到她的痛苦，但她显得颇为克制。谁要是宣称日本人没有感情，那他就应该看得再仔细些。

在一些受灾较轻的地方，人们将辐射性的泥土铲起来，装进黑色的大袋子里。土地蜕去了一层皮，蜕下的放射性泥土被装进了塑料袋里。我们途经山谷，数以千计的工人在那里一平方米又一平方米地夺回自己的土地。整个地区都在以这样的方式拯救自己的故乡，只因为放射性尘埃瓦解了人与人之间的联结，摧毁了人们的栖身之所。日本为清除这块核能污点所做的不懈努力是无与伦比的。数不胜数的建筑队伍戴着各色臂章翻修前院和屋顶，洗刷屋檐上的排水槽和街道边缘，替换花圃中的泥土，他们以一种几近狂热的细致态度完成自己的工作。然而，这场斗争仍显得毫无前景。当我用自己的仪器测量一处刚刚消过毒的前院时，指针发生了激烈的偏转：相邻土地中看不见的放射性物质随着雨水漫延到别处，将先前替换过的泥土又污染了。

一位长者跪在矮墙上，用一把小小的钢刷清理混凝土墙的表面。我可以从他脸上看到疲惫。他时不时停下歇息，他的刷子已经用旧了。注意到我之后，他先是礼貌地对我点头示意，接着便又重新开始劳作，用一把钢刷对抗看不见的敌人。

父辈的梦想

我们的父辈有着伟大的梦想，他们的世界产生了许多奇迹：经济奇迹、科技奇迹、医学奇迹。人类第一次移植了心脏，发明了新的合成材料，踏足了月球，将音乐录进晶体管收音机，在度假时听，甚至还生产出了人造食物。

每一项发明都在许诺着一个更美好的未来，而且，在新事物的引诱下，进步本身成了那一代人的乌托邦。那个时代充满了色彩缤纷的合成口味布丁、能在最短时间内晾干的新型抗皱衬衫以及第一批彩色电视转播节目；还有土豆泥粉，只要加入热水，土豆泥就做好了，不必被削皮、冲洗、烹煮和挤压土豆的过程绑住手脚；还有一夜之间色谱中多出的新的荧光色和将情人们从古老的恐惧中解放出来的避孕药品。

举个例子来说，我的母亲就属于这无忧无虑的一代人，他们轻松愉快而漫不经心地享受着进步。为了将她那头金发固定成高耸的发型，她用了太多发胶，以至臭氧层空洞的出现有一部分要算到她的头上。要对付衬衫上的褶皱，用蒸汽熨斗；要对付能源紧缺问题，就用核能。在他们看来，和平地使用核能将解决社会上不断增长的能源紧缺问题，而且一劳永逸。没有臭味和烟尘，也无须人们辛苦劳作，电力就将源源不断地产生，核能将为城市提供照明，为船只提供燃料，反应堆甚至会生产出自己未来需要的燃料。我们似乎就此得到承诺：一台新时代的核能永动机诞生了。河道上建起了巨型的核电站，从这些混凝土“圣殿”的冷却塔上升起巨大的云团。经过大费周章的宣传活动的洗礼，我们一致憧憬着这项“未来科技”，期盼着一个能源取之不尽，用之不竭的新时代的到来。

作为物理学专业的学生，我从细节上认识过原子世界。在核反应堆中，有一整套固定的仪器，包括计量计、防护套鞋、泛着绿光的更衣室、控制显示器和可笑的头罩——无论是多么聪明的人，戴上那头罩都会变成一副傻样。在定期的“训导”下，我们记住了消毒规则，记住了危险是不存在的，因为一切都在控制之中。

核物理学学者穿着白色的大褂，戴着头罩，像是某个新的神圣教团，而我也加入其中。在核反应堆干活的人只要遵守规定就可以了，就像那些去教堂的人在弥撒的过程中不时在胸前画十字，在熏香的气味中跪下祈祷。原子是肉眼看不见的，上帝也一样，而两者都能产生无穷无尽的能量。我当时所在的“梅林”科研反应堆于 1962 年投入运作，而我经历了它存在的最后阶段。

那是一座“泳池式反应堆”，这样命名是由于它敞开的建造方式。在反应堆运行期间，人们可以从上方透过遮蔽辐射的水，直接观察到发着微蓝光芒的反应堆。这种微蓝的发光现象被称为“契伦科夫辐射”，它会产生一种梦幻的颜色，就如同一道圣光。多年后，我站在福岛被摧毁的 4 号反应堆机组内，望向冷却池，再一次看到了那蓝色的光。

“梅林”并不用于生产能源，而是被用于大量的实验。中子物理学、放射医学、材料学和核物理学的研究者们在这一反应堆中设置了测量设备，将核裂变产生的中子用于他们的实验。

20 世纪 70 年代末，当我第一次进入这座反应堆时，那里还没有安全护栏、监控或是封锁设备。我就和我的同学们一起走在草坪上，经过门房，从柜子里拿出我的计量计，换上防护服，接着就通过隔离室进入反应堆所在的建筑中。以今天的眼光来看，科研反应堆完全不采取安全防护措施是难以想象的。

往日那种面对“未来科技”轻松无忧的态度消失了，自信变成了持续的疑虑，勇气变成了恐惧，曾经熠熠生辉的原子变成了近在咫尺的威胁，美梦变成了伴随着抗议、游行示威和封锁的噩梦。对燃料的清理和最终处置的担忧和对看不见的辐射、原子弹的威胁、大型灾难的恐惧产生了。原子分裂了一代人，担忧和恐惧取代了对进步的信仰。

接着，切尔诺贝利来了，再晚些时候，福岛的惨剧发生了。曾经的英雄变成了过街老鼠，“取之不尽，用之不竭”的童话在封锁区、无人村和放射性“石棺”的可怕现实中终结了。

在德国，人们决定进行能源转型，于是，往日的“圣殿”遭到了拆除和清理。我们父辈的梦想已经超过它的半衰期，分崩离析了。现在，核电站的员工要将他们建起的核电站拆除。有一些人在整个职业生涯中都坚信他们的目标，全身心地投入核电站的建设之中，现在，他们却不得不将自己的毕生心血摧毁。

梦想总有一个半衰期。每一代人、每一种文化、每一个时代都做着自己的梦。愿景和希望总是与某个特定的时代相关联，并随着岁月的流逝逐渐褪色。我们今天的梦想和愿景也同样受制于这一诅咒，它们终有过时的一天。

这深刻地揭示了科技进步的悲剧性。人们不得不眼睁睁地看着自己一生的作品被摧毁，变成无用的垃圾。所有的辛劳与汗水，似乎都是徒劳。我们为之劳作的一切都崩溃瓦解了，为新生事物腾出空间。这样的故事我们已经不知听了多少遍：在铅字排版的时代后期，工人在平版印刷和电脑排版面前败下阵来；修理收音机的人根本不想听到，新的机器不再需要他们修理了；机器和自动化设备的出现，让钢铁工人和装配工人成了多余；一些摄影师根本不想接受媒体已经在一夜之间改变了的现实。我们在各个领域都经历着这样的悲剧，但在核能领域有一个关键的区别：放射性似乎将曾经的梦装在罐头里储藏了起来。在这里，人们无法将过去简单地清理和消除掉，原子声明了它留下的权利。

拆除核电站、寻找最终处置方法、彻底摆脱它留下的阴影，这一切将花费上亿资金和数十年的岁月。我们父辈的梦想把我们变成了负责清理的一代人。

然而，清除核能之后事情还远远没有到头。我们将成为人类历史上面对大规模物种灭绝、气候变化、资源紧缺及全球能源问题的第一代人。光是由我们引起的物种灭绝就足以与地质史上的生物群体灭绝事件相提并论。[①] 就好像这些还不够似的，在未来的图景上，还有合成病毒、看不见的纳米尘埃以及末日审判式的机器人暴动警告着我们。

我们追求的生活方式和我们无忧无虑的态度对我们的星球构成了威胁。我们身陷两难的境地，因为我们同时是凶手和受害者。我们意识到，必须做出些本质性的改变，遵循可持续的发展。然而，我们就像抽烟的人夜里躺在床上，心里想着要结束自己的恶习，第二天早晨却又点起了烟那样遗忘自己积极的决心。一些人对问题视而不见，否认全球气候的变化；另一些人提出大胆的论断，宣称我们应当一如既往地勇往直前，因为不久之后，科技本身

① Rodolfo Dirzo, Hillary S. Young et al. Defaunation in the Anthropocene, in: Science, Vol. 345, Issue 6195, 25.07.2014, S. 401—406.

将会赠予我们一种灵药；还有一些人则劝说人们彻底放弃科技，去过禁欲苦修的生活。

我们就像是受到宙斯惩罚的阿特拉斯[①]，他忠于时间之神克洛诺斯。如今，我们的肩膀上背负着世界的命运。就这样，我们成为人类历史上第一代没有神的帮助，却必须照料星球事务的人。

但我们不该感到绝望。在人类历史的进程中，灾难始终存在：黑死病，战争，重大自然灾害，西班牙、希腊或是黎巴嫩对树林的砍伐，以及毁灭外族文化。人类不止一次以为他们的世界要沉沦了，但他们同时也相信，神自有其安排。无论他们遭受的苦难多么沉重，那都是神的旨意。最严重的灾难他们也承受住了，即使是在最为晦暗的时刻，他们也对神的救助寄予希望。人类就像一群青春期的孩子，面对所有的问题（其中一些是他们自己造成的）总能在父母那里找到依靠。而当他们年纪渐长，离开父母的家，就要为自己担起责任。每走错一步，他们就要自己承担后果，并且他们也渐渐开始审视和改变自己的行为，他们会成长。

一个社会也会经历类似的自我意识转变。它不能再将所有问题都推给神，而必须自己动手找到解决的办法。在这个转变时期，社会会与青年们经历类似的过程：对新的自由和新的责任怀有不安，还时不时出现恐惧之情。但随着时间的推移，这些都会累积成宝贵的经验。

的确，我们所面临的挑战是艰巨的，但我们必须记住一点：人类已经成长了！

① 译者注：阿特拉斯是希腊神话中的擎天神，由于他所属的泰坦神族与宙斯所在的奥林匹斯神族对抗失败，他受宙斯惩罚，用双肩支撑天穹。

第四章

共同生活

本国人与外国人

多少种语言能成为亲吻的开场白？[①]

我与语言的关系从一开始就很特别：在成长的过程中，我一直坚信，每个人都拥有自己的语言。我母亲是卢森堡人，我父亲来自印度，我的童年是在印度南部的班加罗尔附近度过的。我的母亲用卢森堡语给我们这些孩子讲故事；我父亲挠我痒痒的时候，会用英语在我耳边细语，而当他严肃的时候，会换成泰米尔语。

我们的女管家玛丽能煮出方圆百里最美味的咖喱炖菜，在煮菜的时候，她会在厨房扯着嗓子用卡纳达语唱歌——那是印度卡纳塔克邦的语言；而我们的园艺师是一位来自喀拉拉邦的壮实男子，他在抽叶子卷烟的时候总会心满意足地用马拉雅拉姆语哼歌。在学校里，女老师讲的是印地语和印式英语。

后来，我们回到了卢森堡，我不得不苦学德语和法语，因为学校里的通用语言是法语。所以，对我来说没有某一种语言是从牙牙学语时起就陪伴我至今的，伴在我耳边的总是混杂在一起的不同语言。“母语”这样的概念对我这类人来说是完全不适用的。

① 根据 2014 年语言文化媒体奖的感谢致辞改写。

我第一次独自骑自行车时，说的是泰米尔语；我最先学会写的字词是英语的；我写的第一首诗押的是卢森堡语的韵；我第一次懂得酶的化学活性时用的是法语，这导致了我总是把“z”发成“s”，在电视节目里把“enzymen”（酶）说成“ensymen”。在令人难以忘怀的第一次亲吻时，我说的是卢森堡语，但后来，我也说着其他的语言与人亲吻。

这种混杂的语言环境几乎使我变成了多重人格：在我说英语的时候，感觉自己变年轻了，对生活的态度积极向上，笑容也明显变多了；而说卢森堡语的时候，我会变得和气宽容，起了冲突也更容易与人和解。举个例子来说，如果你向对面的人喊“你倒是给我敲敲响板啊！”①（“Du kanns mech klibberen!”意思是“你对我来说无所谓”，但语气有差别）这句话，标志着这是一场时间上受限的对话，冲突到此为止。而在德语里，就缺少这种能让争吵双方在第二天重新和气相待的话。我没有一个固定的语言上的故乡，教给我“苍蝇蛋（muggeseggele，本意是指雄性家蝇的生殖器）”这样用来表示非常小的“计量单位”的词，或者告诉我科隆方言里的生活智慧“承诺和遵守承诺——两件事没法一块做”（versprechen und halten—beides zusammen geht nicht）。但是，我对语言上的细小差别十分敏锐，这弥补了我在语言上没有家乡的缺憾。

我们的媒体语言越来越多地变成了一种销售语言，因为市场份额和比率主导着这一领域。在争取观众、听众、用户和买家青睐的斗争中，人们运用了简单的技巧：在广告词或是晚间的娱乐节目中，我们会听到一连串的形容词如同烟火般炸响，“激动人心的”“伟大的”“疯狂的”，其间穿插着兴奋

① 译者注：据说这句卢森堡俗语源于中世纪习俗，当时麻风病人会一只手持长棍，并伸出长棍与健康的人保持应有的距离；另一只手拿着响板，敲打它警告靠近的人。“敲响板”言下之意是“你得麻风病我也不在乎”。

的呼喊“我的天哪！”在书店里，人们吹捧着“畅销书”，着眼于销量而非文学价值。在社交网站上，人们用鼠标点击关键词来搜索朋友，可这样真的是朋友吗，还是仅仅在数码世界中认识对方？

商业化的思维方式越来越多地影响了我们的词汇。媒体人谈论着客户，大学生们赚着绩点，新年讲话里也充满了“增长”这样的“魔法词汇”。在政治领域，“危机”和各种各样的“峰会”让我们眼花缭乱。就这样，词语慢慢失去了它们的意义。数十年前“战争部”的称呼名副其实，而现在，这个部门早就改成了无害的“国防部”，世界上的军队全都在执行“和平使命”，子弹和炸弹却一如既往地伤人性命。

在我的孩子们成长的世界，人们有意识地剥夺了语言的力量：手机供应商的“免费”套餐总是让人花钱，“环保型”汽车根本保护不了环境，而“散养”对鸡来说意味着在狭小的空间里接受终身监禁。

在这个复杂的世界中，不该只有微笑表情和点赞按钮。这个世界需要的是一种非商业的、词汇都有清楚含义的语言，一种能反映出我们思想差异，并由此体现出我们每个人的独特之处的语言。这样，我们就能防止启蒙的武器——我们的语言生锈变钝。

平等

进步通过文化的变迁体现出来：陈旧的偏见、看似无法改变的传统和习俗受到审视，受到新视角的影响被重新归类，或索性被废止，并由符合时情的做法取而代之。我们的时代也经历着这样的过程。

曾经司空见惯的事情，在新时代的视角下就显示出极大的不公。殖民主义、奴隶制度、种族主义、蔑视女性、歧视少数民族或生活方式不同的人，这些思想态度在我们今天看来可能非常荒诞，却是我们历史上的一部分，而且，在更加细致的考量之下，曾经的那些观点和想法，它们的回响在我们的时代仍能被听到。我们往往意识不到，历史的包袱里装满了成见，它对我们的影响是巨大的，前代人的观点在不知不觉中就成了我们的理所当然。

数百年来，欧美国家一直在别的大洲占领土地，屠杀土著民族，征服当地文化，肆意挥霍他们的资源，将一代又一代人变成自己的奴隶，再用船将他们送往种植园。在实行奴隶制度的 4 个世纪中，就有 1000 万至 1200 万非洲黑奴被运至美洲。

相爱——1956 年我的母亲和父亲在苏黎世（来自朗伽・尤格施瓦的私人档案）

1776 年 7 月 4 日，美国的《独立宣言》第一次以国家文件的形式提出了人权的理念："我们认为以下真理是不言而喻的：人人生而平等，造物主赋予他们若干不可剥夺的权利，其中包括生命权、自由权和追求幸福的权利。"

按照我们今天的理解，这一原则应当直接引发奴隶制度的废除，然而，按照当时的主流观点，白人和黑人是不同的。托马斯・杰斐逊是美国的国父之一，他撰写了独立宣言，而他所说的"人人平等"主要针对的是白人："我甚至可以得出这样的结论，无论黑人是否本就是另一个种族，或是随着时间和环境条件变成了另一个种族，在身体和精神上都居于白人之下。"

直到20世纪，这种“劣等有色人种”的想法仍在“种族博览会”上体现出来。① 年轻的奥塔·本加是刚果的俾格米人，1906年，他被关在纽约动物园一个笼子里，放在猩猩旁边供人参观。②20世纪早期，在被英国殖民的印度还能读到“供狗与印度人使用”这样的句子。这些事实都表明了当时白人所处的统治地位，同时也说明，当时的他们认为种族主义以及在殖民地的巧取豪夺都是合理合法的。

即使是在奴隶制度正式被废除之后，种族隔离仍然存在：白人和黑人的居住区是分开的，公园里的长椅、公交车上的座位以及厕所都有白人与非白人的区分。这种做法一直延续到1964年，在激烈的争论之下，种族隔离制度最终在美国被法律禁止。在南非，种族隔离体制甚至一直保留到1994年。即使法律改变了，隐形的种族主义却仍带着其历史影响力在我们的时代张牙舞爪，历史的包袱仍压在我们肩头。

我的父母亲在1957年结婚的时候，许多人都很疑惑。那时，跨种族婚姻在美国的许多州都是法律禁止的——一名印度男子和一名卢森堡女子，这样的结合是不会有好下场的！我的卢森堡外婆警告我母亲，这样的异族联姻恐怕会出问题；而在我父亲的家庭中也有反对的声音。我的父母并没有把这些异议放在心上，还是结成了夫妻；我十分钦佩他们的勇气。他们已经度过了50多年的婚姻生活，并且给我们这些孩子树立了一个榜样，让我们知道，来自不同文化的人是可以充满爱意地宽容共处的。父母来自截然不同的两种文化，在他们的照料下成长，这对我们几个孩子来说是理所当然的事，而在外人看来，他们俩仍旧是怪人。

① Sabine Scholl. Die Fremden bestaunen, in: Die Zeit, 31.10.2016.

② Pamela Newkirk. Spectacle: The Astonishing Life of Ota Benga, New York: Amistad Press, 2015.

过往时代的恶魔可能依然沉睡在人们的头脑里，而当恐外情绪再次与“外国佬滚出去！”这样的口号联系到一起时，我就会默默地想到我的父母。

20 世纪 80 年代，我的电视生涯刚刚开始时，电视荧屏上只有少数几个明显的“外国人”，我的肤色从一开始就受到了人们的关注。就在录制第一档电视节目之前，编导给我送来了许多条领带，请我选一条来戴。我拒绝了，我给他的理由是，我要用不同的方式解释科学。这位同事去了隔壁房间，但他忘记了他的话筒还开着：“他看着像个黑鬼。观众可不会相信他。戴条领带看起来还靠谱些……”这个人并不是什么种族主义者，我挺喜欢他的，而且后来我们还一起友好合作了许多年，但对他来说，“深色皮肤”和“可信”大概是不相配的。

当我表明自己是（半个）印度人，而不是土耳其人——后者对大多数德国人来说还亲近些，我常常会收到同情的目光。每段对话都会在最多三句话之后落到惊人的贫困上，落到饥饿、贫民窟、乞讨的儿童、种姓制度或者寡妇自焚殉夫这种奇怪做法上。任何一种陈词滥调都不会被错过，特蕾莎修女、电影《孟加拉虎》，还有勇敢的耍蛇人也包括在其中。人们追问我的内容往往关于伟大的圣雄甘地，关于有着无数庙宇的古老宗教，关于《欲经》，当然还有关于神牛的——“这些都是真的吗？”我总是能在他们的语气中感受到一丝不安：印度很奇怪，印度不一样，而且印度非常非常遥远。

但接着互联网出现了，这片次大陆突然就和德国只差了鼠标点击一次的距离。这个充斥着牛车和苦行圣僧的国度在一夜之间就奇迹般地化身为一个虚拟世界，我的印度家乡班加罗尔变成了欣欣向荣的 IT 产业圣地。那些成见突然就掉转了方向，现在，我听到的是新的“陈词滥调”：“印度人”几乎从基因上就擅长与数学和抽象概念打交道，对数字有着天生的敏感，而且有着极高的学习热情；他们是天生的 IT 专家，电脑要是罢工了，他们一定能帮得上忙，就连巨头谷歌也由一个印度人领导着。不然还能怎么样呢？特蕾莎修女逝去了，但“印”特网长存。

我成为物理学者，并主要涉猎学术话题，这样的职业生涯大概要感谢这种时势。科学是客观的，重力定律是不带任何民族色彩的：所有的物体都落得一样快，无论它在哪里下落，也无论谁让它下落。不同的是，每当我受邀作为嘉宾参加政治脱口秀时，我往往会在事后收到种族主义的、对我恶言相加的邮件。这些人都是伪爱国者，都是些井底之蛙和白痴的混合体。我的一些“外国”同事也遇到过类似的情况，其中一些人后来就放弃在电视上露脸了。“多生孩子，少些印度人”或是“德国在自我毁灭”这样的口号，以及对双重国籍或是对“在德土耳其人”（而不是说“土耳其裔国民”）的争论，都再三证明了生活在这里的一些人对“种族纯净”的向往。对我来说，这都是当年种族隔离的余波。

“难民危机”（单是这个名称就能说明许多问题了）标志了一个高潮，人们能够从中辨认出旧时的机制：电视画面里的难民通常是匿名的人，人们使用的词汇——“避难申请者”“移民”“经济难民”——也在制造出一种距离感；这些人艰难的现实生活被简略成数字和比率；人类个体沦为临时收容机构中的一个编号，随后再被随机分配到某个乡镇；在收容程序的管理词汇中，寻求帮助的人变成了一个由“居留前景”（Bleibeperspektive）、“摊派方案”（Verteilungsschlüssel）以及可能出现的“临时居留许可”（Aufenthaltsduldung）组成的流程。类似“难民潮”这样的概念更多地让人想到洪灾，而不会让人产生同情和人性关怀。我们进行过太多关于难民的争论，与难民的对话却太少。人类个体被隐匿姓名、缩略到其种族身份中的情况仍在发生，比如“北非人”这个词，就体现了一种殖民思维的特征，而要人们的意识发生转变尚需时日。一种影响了我们的文化几个世纪之久的思想，是不可能在一夜之间终结的。

在如今的时代，每部手机、每台电脑和每条牛仔裤都打着全球化分工的烙印，有些人却在这样一个时代仍妄想着纯粹的民族和不受任何外界影响的封闭岛屿。每个人都想要在全球商业中分一杯羹，然而，当生产这些商品的人也随着全球化产品线一同出现时，他们不乐意了。我们喜爱棉质夏季衬衫的轻便和鲜艳色彩，但它们的生产者对许多人来说却太“异域”了。印度制造、柬埔寨制造、中国制造……全球的生产商们带着各自的军团相互施压，比拼廉价劳动力，而我们这些消费者很少会追问这些超低的价格从何而来。牛仔裤很便宜，穿着也正合适，但没有人关心织造女工的薪资太低，也没有人关心毒害环境的印染厂——人们只会问：United Colors[①] 的这款裤子有黑色的吗？

全球化经济借鉴殖民经济，长久以来都将产品与人彻底隔离。世界对产品是敞开的，随着《关贸总协定》的签订，商品受到的阻碍被清除了，人却得待在原来的地方——彩色的 Polo 衫不需要签证和居留许可。这种不平等的全球化分工就是我们历史的回声。将生产转移到“低薪资国家”这种行为表达的仍是对人的等级划分。但多亏了媒体，我们能够得知孟加拉国工厂女工的命运，或是生产地毯的实际条件是怎样的，而这逐渐引起了人们的思想转变。

与曾经单向的殖民商品流不同，如今有着开放的、覆盖全球的信息

① 译者注：意大利著名服装品牌班尼顿（United Colors of Benetton），其服装产品以款式简单、色彩选择多样为特点。

网络，文化间的交流也因此不断增多。互联网中的交流是对称的：在网络中，人们无论是在柏林还是在孟买，都是一样的。不断提升的透明度也揭露出供应链中的弊端，并渐渐引发相关国家社会标准的改变。随着时间的推移，全球化的信息意识引发了全球化的不平等意识，而在人们推动“平等”的生产过程和遵守最低生态标准的过程中，这种趋势也变得越发明显起来。

让我们再一次回望历史上另一项积极的发展：长久以来，地球人口中的一半都是偏见和压迫的受害者——女性。我的曾祖母希塔拉克诗米 1872 年在印度南部的西尔卡利出生。19 岁时，她嫁给了丈夫郎曼里特，并且搬家到了约 50 千米之外的村庄乌哈亚瓦达塔普朗去生活。他们这对夫妻显然是相爱的，我的曾祖父充满爱意地称呼曾祖母为“Pachchai Kili”（意为绿鹦鹉）。1989 年 1 月 13 日，那天恰逢庞格尔节[①]，却发生了一场悲剧：在患病倒下后不久，年轻的丈夫就去世了，可能是由于感染了霍乱。希塔拉克诗米带着孩子以寡妇的身份回到了父母家中，当时她才 26 岁，按照传统旧俗，她作为年轻寡妇要经受的苦难就这样开始了。

她先是被剃光了头发，额头被抹上圣灰，在她有生之年，每个月都必须经历这个仪式。并从此刻开始，她被禁止穿戴女式衬衫、首饰或是彩色的纱丽；传统只允许她穿白色的棉制纱丽。她不能使用香料以及用于调味增香的蔬菜，比如洋葱、大蒜；非本地原产的食物如土豆、番茄、卷心菜、花菜及类似的东西也是禁忌。她被迫单独进食，而且只能在中午吃一顿正餐。她每天都得去庙里，还要定期斋戒。她不能参与公众节日和宗教庆典，甚至婚

① 译者注：南印度的丰收感恩节。

礼或庆祝新生儿降生的家庭聚会；如果一定要参加，她也只能在隔壁的房间里待着。她离开家出门的时候，必须避免与别人接触，因为“信仰”说，在街上遇到剃了头的女人是会倒霉的。

时至今日，世界上仍有无数寡妇和我的曾祖母一样遭受着同样的命运；但在过去的数十年中，随着社会的开化、全球化进程和互联网的普及，已经有人行动起来了：越来越多的女孩走进学校，越来越多的女性有了工作，被选举为政治官员，取得领导位置。对妇女和女童的暴力曾经被社会视而不见，现在在越来越多的国家受到公开的批判和禁止。[①] 进行有偿劳动的途径、获得财产的机会、结婚以及在必要时候离婚的可能性都增加了，这一切改善着许多地方女性的生活状况。印度寡妇们令人绝望的处境也会很快得到改善，因为德里的最高法院正在敦促相关法律条令的修改。如果没有全球化的交流和随之带来的信息流，对不公和压迫的意识不会觉醒得这样快。我们正经历着陈腐传统的消弭，女性的社会地位正在全球范围内得到提升。

此外，女性地位的变革帮助她们获得更多权益还没有发生多长时间。直到 1953 年，德国的已婚妇女如果没有丈夫的同意，还不能开设自己的银行账户。丈夫能够随时解除其妻子的劳动关系，除此之外，丈夫是唯一对妻子和孩子有决定权的人，甚至参与工作的妻子挣得的工资也由他管理，因为她们的行为能力是受限的。直到人类成功登月的 1969 年，法律条例才有了改变，自此以后，已婚妇女的行为能力得到了认可。

---

① United Nations Entity for Gender Equality and the Empowerment of Women（UN Women）. Progress Of The World's Women 2015—2016. Transforming Economies, Realizing Rights.

在1977年夫妻平等的婚姻模式被引入之前，《德国民法典》第1356条第1节还是这样说的："1.女性负责家政事务。2.女性有权从事生产劳动，前提是这与她在婚姻和家庭中的义务相一致。"

在今天，这样的规定简直太奇怪了，就好像是几百年前的陈规旧律。而这恰恰印证了人们在意识上的转变是多么巨大。

1900年前后，（白人）男性还被视作"万物之灵"，就连伟大的查尔斯·达尔文也认为，女性要低人一等，并且寻找各种"科学证据"来支持自己的假设。[①] 按照这样的说法，女性受到进化选择的压力较小，而在男性那里，自然选择的过程体现得更为明显。这样一来，也难怪男性长久以来都被认为进化程度更高、更智慧。

在那个黑人被放在动物园的猩猩笼子旁边展示的年代里，人们甚至还将男性和女性区分成不同的"心理物种"：女性属于"孕人"（Homo parientalis），男性则是"额人"（Homo frontalis）。在这样的观念之下，不出所料，"围着炉灶转的"主妇们肯定居于沉着冷静的男性智慧之下。而在19世纪末，法国人类学家保尔·布罗卡又基于大量测量，认定男性大脑质量大于女性大脑。他由此推断，大脑质量与智力水平之间必然存在关联。若干年后，科学家古斯塔夫·勒庞写道："女性……代表着人类进化的劣等形式，是自相矛盾的大师，没有思考的能力，缺乏逻辑和理性。"

当时的科学（只有男性参与）通过大量的研究，使自己成为主流世界观俯首帖耳的奴隶。在多年的时间里，生物学一直认为，卵子完全被动地等待着被男性的精子征服。结果，精子们的"赛跑"在数十年的时间里都

① 查尔斯·达尔文：《人类的由来及性选择》，约翰·默里出版公司，1971年版。译者注：中文版由科学出版社1984年出版。

是科学观察的焦点。在童话中，是王子将白雪公主从沉睡中唤醒，那么，在微生物的宇宙中受孕过程为什么会不同呢？在令人痛心的漫长岁月之后，人们才终于在实验室里将女性机体组织也纳入研究范围，并认可了它在其中的主动角色。成见有时也会影响科学理论，并潜移默化地深入我们的思维方法和逻辑之中。时至今日，“女性低等”的论断仍顽固地留存在一些人的头脑里。

在若干年后，我们恐怕会摇着头不愿相信，曾经有这样一个时代，女性在工作中受到有系统、有组织的歧视，或者是不敢在大学学习机械制造或信息技术这样的专业。着眼于全球，必要的改革日程仍被排得满满的：针对女性的暴力、强制性的婚姻、残割女性生殖器、买卖妇女、卖淫、选举权受限，以及限制和禁止女性积极参与社会活动，这一切都是要在未来被改变的。对一些文化来说，要停止对女性不公是十分艰难的，但由于文化间的交流不断加深，这样的改变势不可当。信息改变意识。

在全球化的转变过程中，许多旧时的成见，比如关于女性、“外国人”以及同性恋者的偏见，还有涉及“包容”这一主题的偏见，都将被抛弃。2017 年夏季，就在这本书定稿之前，德国联邦议院终于决定承认“同性婚姻”合法。与傲慢、无知及狭隘的斗争一直在持续。1963 年，马丁 · 路德 · 金在 25 万人面前发表划时代的“梦想演说”，他说：“我梦想有一天，在佐治亚的红山上，昔日奴隶的儿子能够和昔日奴隶主的儿子坐在一起，共叙兄弟情谊。”

金的梦想实现了：种族隔离取消了；短短数十年之后，奥巴马成为美国第一位“有色”总统。在这段岁月中，我们的意识改变了，马丁 · 路德 · 金的梦想将会传递给孟加拉国的缝纫女工们，同样也会传递给乡邻中的同性恋少年。我们苦难历史的包袱将会减轻，最迟到我们孙辈的世界，事实就会证明，另一种相处方式会是多么美好。到那时，我们也许会问，这一切为什么没能早些发生。

马利亚不再沉默[①]

圣母马利亚带着圣子的常见景象其实是一种刺激：那样的耶稣和微笑的马利亚对令人心烦的日常家务一无所知，凌乱的厨房、满满的洗衣篮、没付的账单，还有工作与家庭之间的持续冲突，这些在他们的脸上都找不到一丝踪迹。圣母温柔从容的模样让每个女人都相形见绌，让那些真实的母亲变成了失败者。马利亚与圣子是加在每个女人身上无言的期待：成为母亲，安静并从内在的从容与和谐中散发光彩。这样的形象禁锢了女性的自由。而且要求还在变得越来越严苛：她们得苗条、迷人、成功，接受过良好教育并身处高位，得是母亲和情人，要聪明机灵但又温良，总之要在 Y 染色体拥有者的灰色西装世界中成为美丽的一抹亮色。

人们对女性有怎样的期待？单是这个问题就证明了她们深深的不自由——要是不能满足这些期待，那可有的受了！

许多女性已经意识到，只有将其他人的期待和愿望放在一边，她们才能拥有自由。只要明白了这一点，那么无论定下女性形象基调的是带着孩子

① 原题为《您对如今的女性有何希望 / 期待？》（*Was erhoffen/erwarten Sie sich von Frauen heute?*），2017 年首次发表于 *EMMA* 杂志 30 周年特刊。

的圣母，还是广告里永远微笑着的商业女性，都无所谓了。

对男性主导的家庭结构的批判仍适用于如今的社会，但真正的妇女解放远不止这些。真正的解放是有意识地为一个新的世界奋斗，在这个世界中，没有人依附他人生活，没有人能够定义其他人，也没有人需要满足他人的期待。

我们不需要强加的榜样，我们需要的是在群体和个人身上都能运作的生活模式，我们还需要能让每个女性和男性在一个复杂且多变的世界中获得平等机会的框架条件。

这样一个更好的世界不会凭空出现在我们面前，我们必须积极地构建它，有时还必须为之奋战。马利亚不再沉默，不再满足他人——这样就很好！

第五章

数字魔法的魔力

自动机器

我坐在德国一家大型汽车生产商的测试版自动汽车方向盘前，[1]副驾驶座上坐的是弗兰克，他是一名开发工程师。万一发生什么事的话，他可以随时干预，像驾校教练那样踩下刹车或油门。

在简单熟悉车况之后，我们驶出了汉诺威的中心城区，朝希尔德斯海姆方向开上了A7公路。弗兰克和我的中间闪烁着一块相当大的电脑屏幕，后备厢里塞满了电子元器件，再小的行李也装不下了。一大堆距离感应器和雷达感应器、激光扫描仪以及各种各样的摄像头持续监控着周围环境、计算着移动物体的路径、解除障碍，它们以这样的方式控制测试用车。

我先是用手动模式将车开到了高速公路入口。稍后，我同时按下了方向盘上的两个按钮。前挡风玻璃边缘上细细的LED灯带亮起了绿色的光，方向盘随即收起了。我放开方向盘，脚也从踏板上移开了。

车先是沿着车道开，速度是130千米/小时，接着就开始超越前方的货车。方向灯闪烁，车子开始了幽灵般的超车操作。我紧张地盯住方向盘的动向，再三看向后视镜。在这个过程中，我感觉到自己的心一直揪着，就像

① 2017年4月，在慕尼黑召开的“超越智库大会”（Beyond Think Tank Meeting）。

父母陪自己的孩子练车时那样。这样的练车过程给父母的压力可能比给孩子的更大，要建立其对孩子车技的信任，是需要一段时间的。

“放松点，”弗兰克说，“没问题的。”

我们的车完成了超车的操作，重新与别的车辆一起在右车道上排成一队行驶。我发现，我在这个过程中一直处于戒备状态，好让自己在紧要关头尽快采取行动。我怎么能确定那些感应器在正确解读周围的环境呢？不利的阳光反射可能会蒙蔽传感器，让它误以为是路上的阻碍，导致车辆紧急刹车。要是障碍物在颜色上与背景难以区别，又会怎么样呢？汽车会因此忽视它吗？短短几个月之后，一辆自动驾驶的特斯拉汽车就与一辆横向转弯的货车发生了冲撞。货车的侧面是白色的，可能是它与明亮天空的色差太小，没有被感应器识别出来，也就没能采取紧急刹车的措施。据我所知，媒体上说是驾驶员的责任，因为他车速过快。

我在脑海中想象着后备厢里的电脑如何持续稳定地计算我们的路径、测量道路，并推断出驶来的汽车与我们的距离。万一程序员刚好度过了糟糕的一天，软件突然卡壳了，汽车就发起疯来，该怎么办呢？弗兰克还坐在我身边，这就清晰地表明了，人类仍掌握着主动权，还能介入干涉。但是，这样一辆汽车不再需要方向盘，还需要多久呢？

在一些情况下，我可能会超车，但这辆车会等到车道上空了之后再超，同时与其他的车辆保持着绰绰有余的安全距离。在我们行驶时，或者更准确地说，当车载着我们行驶时，我意识到，有许多细致的观察在我们人类开车时影响着我们的决定。我们在距离相当远的时候就会估计前方的交通是否可能变缓，比如，当我们前方远远地有一辆货车为了超车而并线时，我们就会做出这样的估计。而当这辆原型车在处理一堆冰冷的感应器数据时，它只考量近旁的环境。它也许具有更好的可计算性，但对我们人类相当有用的“元信息”是感应器无法搜集的：一辆扎眼的跑车，装着紊流板，还有宽宽的轮胎，当它驶近时，我就会本能地期待看到一位较有攻击性的驾驶员；我们的反应与看到一位年长的女士开着小车慢慢晃悠时完全不同。在我刚开始练车的时候，我的母亲再三叮嘱我：“要是司机戴着帽子，那就得小心了，他们都不按常理出牌！”这个成见影响了我，虽然没有任何合理的理由，但直到今天，我看到这样的司机时还是会特别注意。我们人类是按照感觉行动的，我们相信自己的直觉和经验；一档交通安全节目名字就非常特别，叫作《第七感》。而在自动驾驶汽车的世界里，只存在数学和物理计算。人人称道的“驾驶乐趣”变成了一种可以计算的理性行为。

在行驶了几千米之后，我渐渐开始习惯了，我不再那么注意路况，而任由车子自行驾驶。在秩序井然的高速公路上，这套系统是可行的，但责任仍要驾驶员来承担。1968 年签订的关于道路交通的《维也纳协议》是一份具有国际法效力的协议，许多国家都通过了这项协议，承诺为机动车辆及马拉车之类的畜力交通工具负责。协议的第 8 条规定：“每位驾驶员都必须长期掌握驾驶其车辆或牲畜的技能。”然而，如果有朝一日，自动驾驶汽车成了道路上的常客，这份责任又会落到谁的肩上呢？乘客只要给出一个目的地，剩下的就全都交给了科技。如果发生事故会怎样呢？在那样的情况下，自动驾驶汽车会如何行动？是为乘客考虑，又或者是首先考虑公众利益？

这背后隐藏着道德理论上的原则性问题：在这样的情况下，人命能够按照数量来计算吗？应该杀死 1 个人来拯救其他 7 个人吗？

这个哲学问题就是所谓的“有轨电车难题”，又称“扳道工困境”，在 20 世纪 60 年代，英国女哲学家菲力帕·芙特是这样表述的：“一辆有轨电车失去了控制，即将撞向 5 个人。通过扳转道岔，电车可以转向另一条轨道。但不幸的是，那条轨道上有另一个人。为了拯救 5 个人的生命，应该牺牲 1 个人的性命吗？”

哲学家和法学家们在数十年的时间里从原则上抽象地探讨这个问题。至今为止，它还是一个思想实验，但随着自动驾驶汽车的出现，实际处理这个问题压力也陡然增长了。自动驾驶技术的支持者有着很好的论据：自动驾驶汽车不会飙车，不会酒驾，不会在方向盘前睡着，也不会一边开车一边化妆。按照世界卫生组织的数据，目前在世界范围内，每年有 125 万人死于交通事故。[①] 而绝大多数的事故都是人为失误造成的。按照支持者们的说法，使用自动驾驶汽车能够拯救许多人的性命。然而，上面提到的道德困境又该如何解决呢?

一段时间之前，我在汽车行业的一场智库活动中遇见了科学家艾亚德·拉万。艾亚德来自叙利亚的阿勒颇，就职于著名的麻省理工学院下属的媒体实验室。他与同事们一起开发了所谓的“道德机器”，这是一个平台，参与者会在这个平台上面临一个虚构的事故场景。在这个虚拟游戏中，一辆自动驾驶汽车陷入了两难的境地：算法必须残忍地决定让哪一方受到伤害。

在你的车道上，一辆货车迎面驶来，冲撞无法避免。你有两种可能的选择：

***1.* 你正面驶向货车，这样做的话，你很有可能会身亡；**

***2.* 你避开货车，撞向一个孩子，但你能幸存。**

在这个项目的网站上，可以找到一长列这样的情境描述，参与者每次

① 参见：世界卫生组织发布的文件《道路安全全球现状报告 2015》。

都必须为程序预设决定。有时是要权衡一个人与一群人的性命，有时是要在一个孩子和一个成人之间抉择，还有一种情况是一名在绿灯时过马路的行人对两名闯红灯的人。选谁？在上述这些情况下，自动驾驶汽车的算法该如何反应呢？

艾亚德想要知道，能否基于大规模的投票，将算法按照人们广泛认同的道德准则来编写，因此，他搜集了来自世界各地上千名参与者的选择。[①]至今为止的调研结果显示，我们中的绝大多数人都会选择公共利益，即使在驾驶员会因此遭遇不幸的情况下也是如此。从所有迹象来看，我们人类的行动往往没有预想的那样自私。

艾亚德·拉万的调研活动在世界范围内引起了热烈的讨论，因为关于自动驾驶汽车的争论通常都与道德问题密切相关。[②]然而，道德观点真的能在技术系统中体现出来吗？通过民意调查确定的原则就该是它的行为准则吗？程序员将会在未来决定生死，并亲自为结果负起责任吗？有朝一日，机械设备会被宣判有罪吗？

在古希腊，每年6月底7月初的时候都会进行“布弗尼亚献祭”（Buphonia），又称“宰牛节”。宙斯的神坛上会供上用大麦和小麦制成的糕点。随后，人们将公牛赶到神坛旁，第一头爬上神坛去吃糕点的牛就会遭到宰杀。也就是说，是祭品自己选择了成为祭品。在仪式中，斧头和刀被洒上水，磨得发亮，随后交给屠夫。屠夫剥去献祭公牛的皮，将它的肉分给在场的人们。

---

① Jean-François Bonnefon, Azim Shariff, Iyad Rahwan. The social dilemma of autonomous vehicles, in: Science, Vol. 352, Issue 6293, 24.06.2016, S. 1573—1576。

② Neal E. Boudette. 5 Things That Give Self-Driving Cars Headaches, in: The New York Times, 04.06.2016.

接下来，会举行一场仪式性的“审讯”来确定凶手。在这一过程中，人们彼此推卸责任：先是那些将水抬来洒到刀上的女人遭到指控，而这些女人将罪责推到磨亮斧头和刀的人身上，这些人又控诉将刀递给屠夫的男人们，屠夫则将之归咎于斧头和刀，而斧头和刀沉默不语。在仪式的最后，人们宣判工具有罪，作为惩罚，斧头和刀被沉入海中。

以今天的眼光来看，宣判物品有罪，这也许非常荒诞，然而，如果这些物品能够独立地做出决定，我们又会做何感想呢？有朝一日，当我们在复杂的依存关系网中再也找不出罪人的时候，我们也会审判汽车吗？科技体系日渐复杂，这会导致在典型责任问题上的推诿和纠缠吗？

当人们在和平的文明社会寻找答案的时候，军队已经备受争议地跨越了边界：独立寻找并杀死目标的无人机“杀手”已经不是科幻小说中的设想了。如今，美国军方已经在阿富汗和巴基斯坦的“宗教战争”中投入了无人机。“飞行员”们坐在安全的指挥中心里，在自己的操作台前杀死千里之外的人。现在，人们还需要“扣下扳机”，但下一代的杀人飞行器是不是就可能完全自主运作了呢？会不会有这样一天，这些机器得到了自由，能够自主寻找目标，瞄准并射击——毫无顾忌和仁慈？令人担忧的是，我们在几年后也许就将经历这样的历史性转折。将这些机器人杀手投入使用，其后果是影响深远的，因为战争的门槛被降低了，各个国家无须将士兵送往前线就能进攻其他国家。

温德尔·瓦拉赫是引起多方关注的《科技失控》（*A Dangerous Master*）①

① 温德尔·瓦拉赫：《科技失控——用科技思维重新看透未来》，基本图书出版社，2015年版。

译者注：中文版由中国友谊出版公司2017年出版。

的作者，他支持禁用自动化武器，并推动了一项相应的美国总统公告的颁布。在世界各地，要求禁用这类机器人杀手的呼声渐渐高涨。在一场会议期间，当我与温德尔·瓦拉赫讨论起道德和自动化的话题时，他提到了一个非常原则性的想法："机器缺乏区分能力和共情能力，在权衡牺牲文明和实现军事目标的时候，没有能力做出适合具体情况的决定。机器人杀手本身就是恶魔，不只因为它们是机器，也因为它们的行为无法预见，无法被完全操控，而且，要决定自动机器的行为由谁负责是十分困难的，甚至是不可能的。将生死抉择交给机器，这就是不道德，因为机器不能为自己的行为负责。"

因此，与古时的布弗尼亚献祭不同，这个问题并没有简单的解决办法。我们若要宣判科技有罪，就必须剥夺自己的行为能力；机器人杀手的无责任能力违背了基本的原则。举个例子来说，有自主行为能力的武器有可能攻击平民，杀死或伤害并肩作战的战士，或发动不合情理的进攻。按照国际刑事法院的《罗马规约》，这样的行为就是违反战争法规的罪行。然而，与我们人类不同，机器在法学意义上是不对其行为负责的。它们的作为不是出于恶意，也不是自由意志的结果。毁灭能力和完全无责任能力之间的不对等令人无法接受。

但新事物的诞生绝非偶然，机器人杀手并不是一夜之间诞生的。它们不是在新事物产生的逻辑下自然发展出来的，而来自有意识的选择过程。军队、工业企业和政治家制订项目计划、批发资金并制定法律，往往是装备竞赛和商业利益导致的反常行为推动着这样的项目，而不是我们社会的真正需要。化学武器或原子弹都是在投入使用之后才受到关注，与之不同的是，这一次，我们要尽快行动，在前期就制定出相应的禁令。

当然了，专门设计制造的杀戮机器和民用的自动驾驶汽车之间有着本质性的区别，但说到底，我们都会面临同样的原则问题：我们能够将责任和道德选择转嫁到机器身上吗？道德抉择的过程真的能转换成一行行代码中二进制的逻辑吗？这些问题的答案都取决于我们自我认识的改变。只按照可计算的理性算法运作的机器，与人类这样复杂的，甚至在一些方面自相矛盾的生物之间，是有着本质区别的。在一些情境下，我们的行动常常是极不理性的，也正是这点使我们有了“人性”。我们有“悲悯之心”，知道宽容原谅、照顾弱者，为了实现更高的目标甚至能够牺牲个人利益。作为人，我们在处世时都知道自己的生命有限，能够为了别人的幸福做出牺牲。艾亚德·拉万的调研结果证明，我们既不愿意完全理性地处理问题，也不愿意成为自私自利的人。

我们可能暗自希望，能够制造出像我们一样的机器，但这也存在着问题。这些类似于人的机器的行为是无法预料的，它们的行为也无法复制，它们的举动也不一定是理性的。它们随时都可能给我们“惊喜”，因为它们会不顾程序的要求，抛开所有理性来行动。

归根结底，我们面对的是一个古老的问题，这个问题被不断地提出，并在各个时代得到回答：是什么使人成为人？对亚里士多德来说，我们是“有理性的动物”（zoon logon echon）：我们以理性与动物区别开来，是有理性的动物。其他的哲学家如康德、托马斯·阿奎纳或马丁·海德格尔也探讨过同样的问题，并且让我们对自己有了更细致的认识。今天，这些神奇的机器使我们再一次思考，人类的生存之本何在。而现在，我们想要知道的是，我们与那些智能机器之间的区别何在。所以，在这个阶段，我们也会继续寻找我们的独特之处，但我们心中已经预知了答案：我们不是机器，而机器也并非人类。

因果关系的终结

那下面潜伏着卡律布狄斯，卷起水中漩涡的女神……

——荷马，《奥德赛》，第 12 卷

我们祖先的世界充满了神明、鬼怪、恶魔以及左右他们命运的神秘力量。日升月落、下雨、闪电和干旱，都是由超自然力量决定的，人只能任其摆布。从出生到死亡，生命的循环被囊括在一个由其他力量操作的世界里。风吹拂着树叶沙沙低语，这个大自然时而仁慈，时而露出险恶的一面。现实和精神的世界没有分界线，而是交织在一起的整体。他们相信，神明会影响他们的生活，他们没有决定的自由，只能接受命运。在古代传说的世界里，俄狄浦斯就想要逃脱自己的命运，最终却意识到：正是他认为自由的行动使预定的命数成为现实。人们向神明献祭，请求悲悯；向看不见的神祈祷，表达敬意。人们心中知道尘世的生命在无穷无尽的时间里不过是瞬间。

1497 年 7 月 8 日，4 艘船带着 160 名船员驶离了里斯本的赖斯特罗港。指挥着旗舰“圣加比埃尔”号（Nau São Gabriel）的是瓦斯科 · 达 · 伽马。参与这次探险之旅的都是葡萄牙最优秀的舵手和领航员。达 · 伽马将绕过好望角，从海路抵达印度。这次航行导致阿拉伯商人的垄断被打破，帮助葡萄牙获得了无法估量的财富。为了更好地利用风向，船队采取了远离非洲海岸的航线，先是走了一段弯路向西南方航行，接着再转向南方。在驶向好望角的途中，达·伽马和他的船员们在开阔的海域上度过了漫长的 13 个星期，比 5 年前向西方扬帆起航的哥伦布花费的时间还长，比他们之前所有的欧洲航海者花费的时间都长。

对海员们来说，这场航行变成了折磨：他们身体虚弱，叫苦不迭，手脚都肿胀了。随着时间的推移，他们的牙齿也开始松动掉落，伤口不再愈合，全身上下都出现了深色的血斑。由于在返程中死去的水手太多，达·伽马命人烧毁了“圣拉斐尔”号，因为他已经没有足够的海员分配到所有的船只上了。1499 年 9 月初，船队回到了里斯本的母港。只有 55 人在这场磨难中坚持了下来，其他人都因为令人闻风丧胆的坏血病而倒下了——由于缺乏维生素 C 而全身坏死。[①] 在编年史中虽然记载了海员们极其向往吃到水果，但没有人将之与可怕的船上疾病联系起来。在长时间滞留海上之后，由于许多水手同时病倒，人们担心的是瘟疫的传播。

无论是哪国的船员都难逃坏血病的魔爪。在接下来的若干年中，单是英国海军中死于这一疾病的人数就高于死在西班牙和法国炮火下的总人数。过去了大约 250 年，英国海军军医詹姆斯·林德才通过医学史上第一批控制变量的临床试验发现了有效的治疗方法。在阅读他撰写的《论坏血病》时会发现，他花费了多少心血去克服那个时代的偏见和谣言。他井井有条地总结了当时已知的信息并进行了分类。“在这个话题进入众人的视野之前，有必要去除许多糟粕。”林德后来在他的论文中这样写道。

① Kenneth J. Carpenter. The History of Scurvy and Vitamin C, Cambridge University Press, 1986.

1747年5月20日，詹姆斯·林德在“萨利斯伯里”号（Salisbury）上为12名患上坏血病的水手进行治疗。他将他们分成6组，在正餐之外分给他们不同的食物，测试不同的食疗方法是否有效。一组拿到的是苹果酒，一组是稀硫酸，还有两组分别要喝醋和海水，还有两名水手每天都要吃两个橘子和一个柠檬；他还尝试了加有香料的大麦水。研究的参与者们每天都要接受健康状况的检查。过了一些日子后，几名水手真的有了明显的好转。事实证明橘子和柠檬能有效地对抗坏血病。6天之后，有一名水手身体痊愈，重回岗位！

林德以客观性和系统性为准则，用他的试验找出了有效的治疗手段，并同时摆脱了陈腐的药方和理论。他系统性的研究带来了航海史上的革命，并影响了之后所有的航海旅行。若干年后，詹姆斯·库克如果没有下令船员每天定量食用酸菜和柠檬汁，并威胁不吃的人将受到惩罚，那他就会在环游世界的过程中几乎失去所有船员；但结果是，后来詹姆斯·库克没有任何一名海员死于坏血病。

百年之后，约翰·斯诺在伦敦研究霍乱传染的过程。他推断霍乱是由饮用水中活着的生物引起的，并以此对抗当时主流的瘴气理论。按照瘴气理论，像霍乱这样的疾病是通过污浊的空气散播的。斯诺也进行了系统性的研究，他在一张地图上标出了伦敦患者家庭的位置，他发现，死亡病例集中在宽街（Broad Street）的水泵附近。他请人拆除了水泵的摇柄，随后病情就停止了蔓延。这件事使欧洲所有的大城市都开始扩建污水排放管道和水质净化设备。这项基础卫生措施大大降低了人口的死亡率，直至今天也算得上是医学最大的成就之一。

原因和结果之间总是存在着联系，这种坚定的信念以变革性的方式影响着发展。原来的世界充满了鬼神和不合逻辑的理论，现在它们被因果原则取代了。正如亨勒·柯霍法则中确定的那样，寄生物与宿主之间的因果关系使得人们开始检查可能的病原体，并使一系列危险的微生物被人们发现，比如肺结核、霍乱、黑死病的病原体。医学家们利用显微镜、图表、过滤和蒸馏设备以及伦琴射线，对抗着人们延续千年的、对超自然力量的信仰。玄幻奇迹遭到了科学的排挤，而科学胜利了，是因为它显示了效用、治愈了疾病。黑死病曾被认为是上帝的惩罚，罪魁祸首其实是一种细菌，而麻风病、伤寒、肺结核和炭疽热也是如此。药品和治愈剂在实验室里诞生，使瘟疫终结。中世纪的黑死病医生用他们的祈祷、硫黄蒸汽和驱病仪式没能做到的事情，突然之间就由不起眼的小药片做到了。对治愈之神的依赖受到了打针、吃药的动摇。现代科学以其效用打败了迷信，新的法则成为引领开化世界的准则。

因与果也同样影响着现代的法治国家，在法律领域，人们也在摒弃所有形式的专断和迷信。罪人与罪行之间必然存在着客观的因果联系。虽然说，我们对"罪"的理解随着时间的流逝而有了扩展，比如，我们会考虑环境因素、罪行背后的故事、外部条件的影响等，但最终，每一次的判决都是基于因果关系的原则做出的。迫害女巫的时代已经过去了。

如今，因果思维已经在生活的方方面面都产生了影响，从超市收银到医学。每一种上市的新药都必须在多次的研究中拿出证据，证明其有效成分确实有效。在这一过程中，所有的外界影响都会被排除。在临床试验中，人们会通过所谓的"双盲试验"比较药品的效用：一部分的患者拿到的是药品，作为对照，另一部分拿到的则是"假药"；在这一过程中，分组也是随机完成的。患者和医生都不知道谁拿到了什么：双方都是"盲目"的。只有客观验证的效果才作数。

然而，在现代的"救世学说"中也混杂着商业手段和被夸大的承诺。

一些重病患者承受了可怕的治疗过程，身上连接着一堆间歇闪烁的仪器，最终孤独地在重症监护室里死去。能够妙手回春的医学似乎在阻止一些人获得解脱。伟大的进步虽然让我们活得更长久，但也有一些人担忧，由于科技和冰冷的医学，他们孤独孱弱的状态会被延长到令人无法忍受的地步。医学家阿图·葛文德的图书《最好的告别》值得关注，他在书中感叹，直到1945年，美国大多数人都是在家中去世的。[①] 到了20世纪80年代，这一比例降低到了17%。如今，人们几乎都是孤零零地在医院、镇痛病房、临终关怀医院和养老院去世。自然的死亡变成了一种医学流程。

对另一些人来说，全能的医学是令人失望的，因为它给出夸大的承诺，能实现的疗效却是有限的。像癌症这样的疾病，即使竭尽全力也无法很快治愈。有时候，甚至会出现过度诊断的情况。风险研究者格尔德·吉格伦泽基于大量得到验证的数字和数据，对乳房X射线成像技术的意义提出了疑问：在1000名定期接受乳腺癌射线成像筛查的女性中，仅在一人身上确实发现了危及生命的肿瘤；而在X射线筛查的另一面，是过度诊断和“虚惊一场”，因为在1000名女性中有100人在10年的时间内至少收到过一次“错误警报”。“疑患癌症”是一种心灵上的重担，要通过进一步的、有时非常痛苦的检查才能被卸下。据估计，每1000名女性中有5名被仓促地认为是乳腺癌患者，因为无论是静静沉睡的瘤子还是凶猛增长的癌细胞都是肿瘤。在大多数情况下，这些女性原本在她们有生之年都不会知道自己患有乳腺癌，但现在有了化学疗法和副作用极大的手术。也就是说，1名被射线筛查拯救的女性，对应的是5名在没有必要的情况下承受了乳腺癌治疗的痛

① 阿图·葛文德：《最好的告别：关于衰老与死亡，你必须知道的常识》，大都会出版社，2014年版。

译者注：中文版由浙江人民出版社2015年出版。

苦折磨的女性。所以说，没有必要的诊断会引起巨大的伤害，与其真正的效用完全不成正比。

基础卫生、抗生素、覆盖全区的疫苗接种都是熠熠生辉的胜利之举，但渐渐地，高科技医学走到了它的极限。也许是这些成功使我们中的许多人产生了过高的期待，可更好的诊断绝不意味着更高的治愈机会。在医院中，人们逐渐意识到，就算我们拥有无数仪器设备，我们还是无法战胜死亡。令人叹惋的是，想尽办法延续生命的治疗往往降低了生活质量，延长了痛苦。

有些人失望了，转身离开。异域偏方逐渐兴起，受到人们的吹捧，其效用却无法证明。形形色色的维生素制剂、顺势疗法、日本香菇制成的营养补充药片或是可疑的“水晶光线”都来叫板以实证为基础的医学。这就像是一种命运般的对立：一方面，超声波仪器与核磁共振技术发展得越来越完备；另一方面，人们却开始动摇，重新相信起了彩色水晶石的治愈之光和来自异域丛林中的苦味根茎。

进步的悖论

进步的悖论出现了！如今，我们比之前的任何一代人都更了解自己的身体，但对于事物的自然进程，我们还是心存恐惧或至少是不安。科学的诊断方法解析我们的血液，提取微小的物质群组，记录复杂的细胞组合。医生重新成为传教士，从他显示着表格、图像、风险指数和透视模板的屏幕上读出我们的命运。我们突然得知，虽然我们看起来健健康康，却很快就将迎来命运的打击。风险增大了。他们说，这当然是没办法保证的，但风险确实存在。在这个复杂的世界，许多人感到自己孤立无援，因为他们已经无法理解这一切了。但我们还是得相信点什么，就像曾经人们相信萨满和有治愈能力的女巫那样。与早先使患上坏血病的水手们恢复精神的柠檬和橘子不同，许多昂贵的疗法并不能发挥患者所希望的作用。因果法则被这世界的复杂性击碎了，于是，一些人重新投入了旧时救世学说的怀抱，去相信旁门左道。

医学成了我们看不透的东西，而科技、媒体或是金融世界也是如此：在平整光滑的操作面板下面究竟藏着什么，我们已经无从知晓了；银行业者不再懂得非线性的衍生算法，或是正在兴起的区块链模式；汽车技工不再像从前那样，单从噪声上就能辨别出症结何在，而是要给出了毛病的汽车连上电子的“吊瓶”，然后从显示屏上读出该做些什么。由于事物的复杂性急剧增长，最简单的事情也超出了我们的理解范畴。

我们不得不重新寻找相信的对象，因为就连电脑技工、医生、维修车间和供暖设备的装配工人看着写满代码和参数的控制箱时，也带着不可思议的表情。农民为自己的田地施肥，却对他撒出的昂贵的颗粒型肥料一无所知。他与自己的父亲和祖父耕耘着同一片土地，却由于无法理解新事物而突然遭遇了失败。知识和新事物的“爆炸”，使许多人感到自己的能力被剥夺了。他们感到自己被驱逐出了曾经熟悉的世界，不安与怀疑扩散开来，启蒙与开化的光芒黯淡下去。

突然之间，质疑者、气候怀疑论者、疫苗反对者和阴谋论辩护者的声音多了起来，人们要求得到简单明了的答案。由于真相令人难以理解，他们就用简单粗暴和具有迷惑性的非理性来取而代之。他们喊出支持自己论点的证据，声势日渐浩荡，并且，我们在他们的声音中听到了由于无法理解而产生的愤怒。他们对抗着自己的无能，忧惧着未来会把世界从他们手中夺走；他们从简单事物的统治者沦为复杂性的奴隶，从恒久不变的守护者变成了被飞速进步所放逐的人。变革造成了他们的反抗。

虽然有这么令人看不透、摸不清的复杂事物，但我们仍相信，至少那些内部人士对各自的领域了如指掌。生物化学专家、程序员或是金融数学家，在他们各自的知识岛屿之上，是能够看清事物间的相互联系的。专业人士了解自己的世界，就像詹姆斯·林德在“萨利斯伯里”号上那样利用因果原则，但是在这一点上有了本质性的改变。

这一变革与“因果”和“关联”之间的区别有关。每一个因果关系之中，除了“因”和“果”两个表现形式之外，总会有相应的“关联”，理解这一点是非常重要的。你一定知道那些著名的例子，比如鹳数量下降和出生率下降之间的关联。虽然两者都表现出类似的趋势，但鹳和人类出生率之间并没有切实的联系；两者看起来存在内在联系，更多是一种偶然。关联一再出现，为猜测留出了空间。前不久，我在一本杂志上读到这种说法，身材高大的男性挣得更多，10 厘米的高度就能造成 2000 欧元年收入差。这篇文章占了半页的篇幅，但没有解释原因。表象没有为文章的论点提供经得起敲打的因果关系，文中给出的“关联”也十分薄弱，但这为人们提供了轻松的谈资。

因果关系是有了更深的认知之后给出的表述，但有些时候，关联就足以解决问题了。在寻找坏血病治疗方法的过程中，林德就是意识到了柠檬和坏血病之间的关联。其中的运作机制、维生素 C 所扮演的角色，都是几个世纪之后才为人理解的。科学家们通过大量的实验，改变剂量或是有效成分，试图以一种“问答游戏”的形式，向自然验证他们的假设。从无数实验里的无数关联中，他们提炼出效用机制中的因果关系，最终，他们不仅知道了什么有效，还知道了为什么有效。带着新的认识，他们就可以提出新的假设，再对这些假设展开新一轮的验证。认知的大树就是这样成长起来的。

爱因斯坦的“闪耀时刻”是他实验证明了相对论的结论之一，即光线通过大引力场时会弯曲的预言。在那之前，那只是数学上的猜测，许多颇有建树的同僚都对他革命性的理论抱着怀疑的态度。爱因斯坦非常善于设计颠覆传统的实验，他预言，一颗遥远的星星发出的光线的路径在经过太阳时会弯曲。1919 年 5 月 29 日，一场日食让他有了验证自己观点的机会：在明亮的毕星团中，一颗星星的光线在沿着太阳的边缘照向地球的时候，从它原本的位置上偏移了。非洲以西的普林西比岛上，由亚瑟·爱丁顿带领的探险队用天文望远镜向英国皇家天文学会证实了这一微小的现象，测得的偏差值与爱因斯坦的预言相符。理论物理大获全胜，人们为他们的英雄欢呼雀跃。

为验证特定的物理理论所需要的花销在急剧增长。我在美国路易斯安那州的 LIGO① 观测台拜访引力波的发现者时，他向我展示了两条 4000 米长的隧道。在隧道内部，重叠在一起的激光光束监测着引力波通过时引起的微小变化。在欧洲核子研究组织的大型强子对撞机上，质子在一台 2.7 万米长的地下粒子加速器中旋转，直到它们与方向相反的反质子在一台探测器里相撞。CMS 探测器就像一块复杂的三明治，塞满了各种技术，装备了许多磁体和侦测仪，重达 1.4 万吨，相当于 465 架波音 737 中短途客机。

3500 名参与此项实验的科学家和技术人员来自 46 个国家——这是一支由高级专业人士组成的研究团队。他们虽然成功验证了希格斯玻色子，这是所谓的物理学标准模型中的最后一种被实验验证的粒子，但在他们获奖的出版物中，那长长的姓名列表充分证明，现代物理学与个人对科学研究的好奇心有着多么遥远的距离。在这些科学家之中，没有哪个人能掌握全局，因为仪器设备的复杂性已经达到了超越人类的维度，研究者个人已经不再了解他们的工具了。专业网络的模块化逻辑使这种现象级的设备得以诞生。

---

① 译者注：即激光干涉引力波观测台（Laser Interferometer Gravitational Wave Obervatory，缩写为 LIGO）。

虽然没有那么显而易见，但在软件公司的大办公室里也发生着类似的事情。那里工作着上百名程序员，每个人都独立工作，专注于自己的那一部分任务。美国的空间飞行器“航天飞机”所使用的软件还只有约 40 万行程序代码，Windows7 操作系统就已经有 4000 万行代码了，而我的电脑所使用的操作系统（OS X）包含了 1 亿条指令。通过升级或安装新版本，复杂的软件系统每年还会增长约 7%。在这样的大规模项目中，程序代码中的错误是不可避免的。由于复杂性的增长，错误率也随之增大。

1996 年 6 月 4 日，一架欧洲阿丽亚娜 5 型火箭升空，但在启动仅仅 40 秒后，火箭就进入了自动引爆程序。后来的调查表明，导致火箭自爆的原因是控制系统中一个简单的程序错误。在浮点数转换为一个完整数值的过程中，计算机崩溃了。

我还记得人们面对世纪之交的恐惧：所有人都在谈论千年虫问题。在较为陈旧的程序中，由于存储空间有限，年份仅用两位数字表示，比如 1956 年在代码中只用末尾的“56”来表示。在跨入新千年之前，人们认为必须增加数位，不然程序就会将表示 2000 年的“00”理解为 1900 年。一些人预言会出现如同末日般的场景；而在所有大型企业中，诊断小组行动起来，检查他们的金融软件、安保程序和操作系统。据估计，因软件问题支出了大约 6000 亿美元。在 2000 年的新年前夜，一些银行小心地关闭了他们的自动营业机；电力公司派出了特别行动小组值班；航班尽可能地被取消或是受到特别监控；在军事中心，人们紧张地盯着显示屏和触发装置。幸好辞旧迎新的过程相当顺利，但这是第一次，所有的责任人都意识到了，令人看不透的、错误百出的软件可能带来严重的后果。在那之后，我们在生活的方方面面对软件的依赖性却有增无减。我们相信一种有缺陷的技术，而且据计算，现在工业领域 50% 的停产都是由软件问题造成的。也就是说，由于网络效应和反馈效应几乎无法预料，复杂性本身成了一个日益严重的问题。

2013 年，波恩大学年轻的信息学博士研究生大卫·克里泽有了一项引人注目的发现：出于无法解释的原因，施乐公司（Xerox）的扫描仪似乎会扭曲特定的数字。尤其是数字 6 和 8、1 和 7，这两组数字会被调换：原本的 65.40 在扫描件中突然变成了 85.40。在多次实验之后，大卫意识到许多不同型号的扫描仪都会出现这个问题。这些扫描仪被放在税务局、药店、工程师办公室和档案馆，但之前没有人注意到这个细节。事实证明，问题出在软件上：某个特定的压缩流程会缩减文件的大小，在这一过程中，模式识别软件会重复使用图像中相似的部分。后来，这家公司停用了有漏洞的压缩程序，但这些扫描仪早已使用多年了。所有的档案资料都是扫描的，而原版文件则由于空间原因被销毁了。直到今天也没有人能估计出由此产生的损失有多大。

机器学习

随着“机器学习”（Machine Learning）的兴起，计算机的发展历史翻开了一个新的篇章。2016 年 3 月展开了一场历史性的对决：AlphaGo（阿尔法围棋）在一场五局三胜的比赛中击败了韩国的围棋冠军李世石，AlphaGo 在 5 局中赢了对手 4 局。围棋算得上是世界上最复杂的桌面游戏之一[①]，其棋局数量是国际象棋的数倍。

围棋的游戏规则很简单：棋盘由 19 条横向直线和 19 条纵向直线

① David Silver, Aja Huang et al. Mastering the game of Gowith deep neural networks and tree search, in: Nature 529, 28.01.2016, S. 484—489.

组成，对弈双方轮流将一颗棋子落在棋盘纵横线的交叉点上；棋手的目标是包围对手，谁能最终控制棋盘的大部分区域，谁就是赢家。所以，棋盘上的每个交叉点可能空缺，也可能被黑子或白子占据。在下第一步时，有19×19=361 种可能性，落第二子时就有 360 种，以此类推。每走一步，棋手就要从 361 种、360 种或其他对应的可能性中选择一种，决定自己要走的道路。这就是说，每一盘棋都像是在巨大而错综复杂的网络中走出一条路径。根据路径的不同，可能的走法和应对着数也在变化；胜负的形势也随着棋手的每个决定在起伏变化。为了明了自己的胜算，每位棋手都必须估计自己的决定带来的后果。在围棋比赛中，准确的计算是一项无法完成的任务，因为存在的变数太多了。纯粹在数学上计算一下，就有超过 1.000.000.000.000.000.000.000.000.000.000.000.000.000.000.000.000.000.000.000.000.000.0……种可能的下法，比宇宙中的原子还多！

因此，虽然规则简单，但由于可能的下法太多，围棋在传统意义上是无法计算的。AlphaGo 的团队没有一行一行地去编写计算机程序，他们没有用程序代码将规则和攻略精确地描写出来，而是依靠“机器学习”。他们使用“监督型学习”（Supervised Learning）的方法，让系统从 10 万场棋局记录中学习；还采取“强化学习”（Reinforcement Learning）的形式，使系统与自己对弈。在这些过程中，信息在一个与人脑结构类似的“神经网络”中得到处理。顺便提一句，这些技术的基础理论早在 20 世纪八九十年代就已经开发出来了。但当时的计算机效率太低，无法真正展开进一步的应用。随着过去数十年硬件的发展，情况发生了改变：2016 年，AlphaGo 在对抗李世石的棋局中，使用了由 1202 台信息处理器和 176 台专用图像处理器组成的高效网络。

在人造大脑中，神经元和神经键相互协调，通过数学方法建立模型；

在这一过程中，每个神经元都通过大量神经键与其他的神经元相连。这样交织而成的网络是变化的，因为神经元之间的连接能够增强或者减弱信号。也就是说，一个微弱的输入信号就能导致神经元发出强烈的输出信号，或者，直到神经元获得一个强烈的输入信号时才会被“点燃”。与此同时，系统的反应也积极地发生着变化，每个神经元都与上千个其他的神经元相连，由此产生了一条复杂的“阶梯式瀑布”。简言之，我们可以把神经网络想象成一个黑箱，“输入模型”造就了“输出模型”。

每个在孩子们第一次尝试读书时观察过他们的人都理解这个原则：孩子看到一个字母，比如说“U”，就把它读出来。当然了，开始时并不能都读对，母亲或父亲会纠正他们。随着时间推移，孩子认字有了长进，能够将视觉上的“输入模型”字母“U”与对应的“输出模型”读音“U”匹配起来。

我们可以把人工神经网络想象成一块多层的三明治。首先是有着一幅图像像素模型的输入层。一个个的像素点或亮或暗，由此确定最上层神经元的状态：亮 =1，暗 =0。接着，下面又有多个被遮盖起来的层次，都由交织的神经元组成，每一层都向下面的层次输入信号；在这个过程中，一个神经元能够通过连接激活并改变同层邻近的神经元，或是更深层的细胞。最后会有一个输出层，在阅读的例子里对应的就是孩子的声音。就这样，“输入模型”创造出“输出模型”。

举个例子来说，如果想要机器识别出手写的数字，系统可以从通过以 30 × 30 的黑白点组成的矩阵表示的数字模型开始。接着，在另一端，即输出层，就会有 10 个“细胞”里写着答案：“1”“2”“3”等。此时，处在中间的多层网络就开始“学习”，神经元之间的连接会增强或是减弱；在每一次的学习进程中，增强和减弱的神经元的权重都会有轻微的改变。

如果结果是错误的，系统就会尝试另一种加权方式，渐渐地，每一层都会达到最佳状态。通过这种“训练”，匹配能力得到提升，系统就能识别手写数字了。我承认，这听起来有些抽象，你只需把神经网络想象成一个内部结构不清的黑箱，这个黑箱会逐渐学会将“输入模型”与“输出模型”匹配起来，就像一个孩子能够越来越出色地由字母“U”联想到它的读音。

在图像识别领域，进步是巨大的。简单的视频游戏尤其适合充当“学习素材”，因为在游戏中获得分数是理想的训练手段。Deep Mind 公司于 2014 年被谷歌收购，它的系统利用所谓的“深度强化学习”习得 7 款经典的雅达利电脑游戏。输入的只有屏幕上显示的像素，在游戏中获得的分数能够立即让系统明白，它的行为是否成功。神经网络重复着游戏、学习，再游戏、再学习的过程，随着时间的流逝变得越来越得心应手。在两个小时的训练期之后，系统就已经完全掌握了要领，能够像一个人类游戏高手那样操作了。现在，这些系统的复杂性和效能提高了，我们都是这些巨大进步的见证者。除了图像、文本和手写字之外，系统也能识别交通标志、车道、雷达信号、障碍，或是以令人害怕的准确度辨识出 X 光片上的癌变区域；人脸识别、语音识别或是语言翻译这类被视作真正人类才拥有的能力也囊括其中。一片广阔的市场打开了：这些系统能够将人物从图像中识别出来，在财政数据中提炼出细微的结构，或是匹配医学数据。但所有这些系统都有一个共同点：它们读入一个模型并产出另一个模型，比如读入一幅图像，将这幅图像与列表中的一个名字配对。

在这里，“深度学习”（Deep Learning）的概念仅仅与神经网络中较深的层次有关，而与更高的思考能力无关。神奇的黑箱令人着迷，在匹配能力上日益精进，但深层的神经网络有时拥有超过 20 个前后关联的层次，很难说在后面的那些层次上究竟发生了什么。面对这样的复杂性和非线性的行为，经典的因果方法就行不通了，所以原始创造者对自己创造的机器做出的行为也感到迷惑。我有一位朋友在一家大型软件公司当程序员，他时常说这是“数字炼金术”。我们信任那些机器，但我们已经不了解它们的“深层”了。

这其实是一种矛盾：我们试图用因果思维驱赶往日的幽灵，却接受它们存在于我们的软件内部。

有时，系统的匹配漏洞百出，令我们忍俊不禁：电脑的语音识别把我的名字“尤格施瓦”说成“友哥丝袜”“尤格是娃”或是“有个事哇”。深色皮肤的美国程序员杰基·艾希纳发现，谷歌照片应用在他的好几张单人照上加了“大猩猩”的关键词。乔瑟·王是一位有华人血统的美国咨询师，她的数码相机在她自拍时提示：“有人眨眼了吗？”她的照相机所用的“智能”软件可能不擅长识别亚洲人的眼睛，因为当王女士用力睁大眼睛的时候，屏幕上的警告就消失了。

虽然我们无法真正看透数字化的神经网络，但这些脆弱的系统已经被用于商业及安保目的了。现在，收费站和停车场的机器都通过图像识别技术来辨识机动车牌照，而且在世界范围内，人们开始以安全为由读取监控录像，将之与无数其他人像数据匹配。

哈佛大学的学生组织了一场德美两国间的会议，借这次会议的机会，我与亚历山大·格劳布纳–穆勒进行了交谈。他是信贷科技公司（Kreditech）的创始人，那是在金融服务领域最引人注目的德国创业公司之一。这家公司使用各种形式的客户数据，包括脸书和推特这样的社交网站上的数据，以此为依据，以令人惊叹的速度做出信贷决定。他们为此研发了自己的信用评分技术，运用人工智能和机器学习，每次运行能够处理最多 2 万个数据单元。按照格劳布纳–穆勒的解释，这种算法能够在一分钟内确定一位客户的信贷风险，比传统的信用度评审更准确。“如果我的贷款申请被拒绝了，你们会告诉我原因吗？”我这样问他。他的回答令我惊讶：除去个别案例，由于使用的数据极为复杂，无法明确给出信贷决定背后的理由。

我们似乎生活在一个开化的社会，却相信科技的占卜预言。在希腊神话中，阿波罗在德尔斐杀死了巨蟒皮同，它的血渗入大地，也将它的预言能力转移到那片土地上。现在，这种能力已经转移到了我们的机器衍生物上。

顺便提一句：“德尔斐”（Delphi）和“皮同”（Python）也是程序语言的名称，“甲骨文”这种占卜语言则是一家软件公司的名称。

人类与电脑——谁为谁编程？

上海，地铁 2 号线，我被挤在队伍里动弹不得。在人民广场站，看不到尽头的人群缓慢通过安全闸机，随后下楼前往站台。这个超级大都市呼出一口气，吐出了忙碌一天之后赶回家中的城市居民们。他们每个人都盯着手机，躲藏在小屏幕里属于他们自己的世界中，沉默地用微信与别人交流。仅仅几年前，盯着手机的人还只有零星的少数，但现在我环顾身边，看到每个人——真的是每一个人——都蜷缩在自己的手机世界里。

站在我旁边的年轻男子看上去就像一个“病人”，手里举着他的数码“透析器”。智能手机成为我们身体的一部分，一个扩展出来的外置器官，让我们在网络世界中不会无助地四处游荡。也许只有这样，人们才能抱成一团。超级城市的稠密和拥挤迫使人们逃往虚拟世界，高楼和住宅区的匿名性瓦解了所有的自我感知。在这些太过巨大的城市中，住宅区如同巨型仓库，每个人都是无名之辈，如何能感受到自己的存在呢？

地铁往南京路方向继续行驶着，我自问，人们究竟要往哪里去？既然网络无所不在，那么这个地方与另一个地方又有什么区别呢？在虚拟世界展开的对话不受自身所在位置的限制，即使一个人移动了位置，也感觉不到。

我有时会用这种方式给我妻子一个惊喜：在我开车回家的路上，我们通着电话，在我下车之后，我仍保持着通话。我不告诉妻子我已经到了，而是悄悄地溜进门，突然出现在她面前。如今，打电话的时候根本不知道对方身处何地，即使是越洋电话，听起来也像是在同一座城市。

1996年，登山队领队罗伯特·哈尔在冰封的高山中死去之前，从珠穆朗玛峰的山脊上用卫星电话与他远在新西兰还怀着孕的妻子通了电话。[①]“睡个好觉，我的宝贝。别太担心。”据说这是他当时说的话。罗伯特·哈尔的故事以一种可怕的方式告诉我们：无论何时，我们都在一起，即使我们的身体远远分离。所以说，当我们始终待在同一个数字气泡中时，我们还能去哪儿呢?

在互联网和移动电话出现之前，人们在旅途中是用别的方式交流沟通的，人们用写信来代替面对面的谈话。这样的交流在某种程度上有不同的质量：在书信中，人们会省略那些稀松平常的事情，而将注意力集中于更深层次的思考和感受。旅行将我们从家中的复杂网络中解放出来，给我们机会在陌生的地方发现新鲜事物。每一场旅程都是主动选择的孤单和独立。旅人常常连续几个星期都听不到家中的消息；如果收到些消息，也都是书信，双方的对话都是延迟的。正是在这样的距离中隐藏着机会，能够让人将离开的地方抛诸脑后；远行始终是一种新的开始，将人从故地的束缚中解脱出来。

但沉默的年代已经过去了，如今我们永远无法彻底远行。孩子们结束一项工作后，去遥远的澳大利亚旅行，但通过视频，他们每天都还坐在父母家的客厅里。遥远的距离已经失去了它的神秘。

我的妻子总是用瓦次普软件来和我们的4个孩子交流，无论他们正身

---

① 强·克拉库尔：《圣母峰之死》（德语版标题直译为《在冰封的高处——珠穆朗玛峰上的悲喜剧》），皮柏出版社，2004年版。

译者注：中文版由大家出版社2014年出版。

处何方。有时候，他们还会通过网络一起烹饪：伦敦的煮意面，慕尼黑的做千层面，圣加仑的吃意大利面疙瘩，在柏林的菜单则是番茄沙拉。这种共同的交流是如此深入，好像我在瑞士的儿子可以在下一秒就把食用油递给我在伦敦的女儿。缺乏沟通常常会在社会中引起人们的深思，但沟通过度呢？有没有这种可能：那些新的机器阻碍了父母与孩子分离的自然进程。

反正“第二屏幕”已经在青少年的生活里扎下了根，当分散在各处的家庭成员在晚上坐在一起看电视时，他们也放不下这些小屏幕。“保持联系！”——孩子晚上从朋友们那里回来之后，就消失在自己的房间里，继续网聊。线不会断，因为宽带包月制度使持续交流成为可能。

我要是个年轻人，能有这样的选择大概会感到很开心，因为那时我生活在卢森堡的一个小村子里，我的同学和朋友都离我很远。公交车班次少得可怜，我还清楚地记得那种孤独和与世隔绝的感受。有时候，我再也受不住了，就只能骑很久自行车去见我的朋友们。要是那时有瓦次普或者脸书就好了。现在，做功课的时候，或是考前复习的时候，手机也会突然闪烁起来，送来朋友们的消息。一些学生用手机相互请教生词或是帮助彼此共同学习：我那个在圣加仑上大学的儿子在遇到英语翻译的问题时，就很喜欢给他在伦敦的姐妹发消息。萨尔曼·可汗的成功史就是从这种形式的互助开始的，我之后会写到，他如何建立了一个革命性的在线学习平台。

纵有百般好处，无处不在的交流还是阻碍了人们摆脱别人的影响，去亲身感受和认知遥远国度的印象，或是独自消化发生的事情。静默和等待在内心成熟的过程中往往发挥着推动作用，但就我们当下的感受来说，这种与外界隔绝的思考通常都让位给了持续的、未经过滤的信息流。个人的体验让位给了集体的信息传递过程，而在这一过程中，每个人都站在自己所处的位置，将此刻的现实汇入群体经验这口虚拟大锅。我们会通知你，我们正在吃什么、我们正在见什么人，或是我们穿着如何。表面上分别之后，朋友们再见面时该说些什么呢？一切不都发到网上了吗？父母已经从微信上知道了女儿度假时发生的一切，那她回家后还能讲些什么呢？如果我们始终在线，那么自我经验的神秘性还剩下多少呢？

图像本身主导一切，成为目的本身。智能手机中的照相机夺走了我们的直接体验，遮住了我们的双眼。在苏格兰的康沃尔郡有这样一块路牌，上面写着："Welcome to Cornwall! Please try to remove your face from your smartphone to admire the scenery! You won't get a decent phone signal anyway!"（欢迎来到康沃尔！请试着把眼睛从手机上移开去欣赏美景！反正手机信号也不好！）

在上海歌剧院，演出开始之前，有工作人员在观众中举起牌子，请大家在表演期间关闭手机，但似乎并没有人这样做。在春季的一场芭蕾表演中，我看到前面两排的一位女士将她的手机高高举起，好让家中坐在厨房桌边的女儿也能加入进来。无论是看演唱会、体育赛事，去餐厅用餐，还是庆祝生日，所有的一切都要拍下来。直接的体验让位给了科技操作：我们的眼睛盯着屏幕，我们的手晃动着手机、按下按钮；即使在极度兴奋的时刻，我们也要保持静止不动，就为了防止照片模糊。

为了能够记录下独一无二的时刻，我们却错过了这个时刻本身。日落的梦幻景象或是演唱会的高潮时刻失去了神圣的色彩，就好像那些没有记录下来的时刻就不存在于自己的生命中一样。

以前，在还没有手机的时候，我在旅行途中总是充满了亲身体验的活力，而兴奋期待的情绪不会很快就消退下去；正是在这种情绪中，某一时刻的精彩才体现出来。我必须自己消化和回想经历过的事情，而不是立即用交流取代自己的思考。我的那些旧日记本见证了这些独自回想的过程，然而，在无法停止交流的世界，我们失去了单独的内在体验。我们将自己未经过滤的印象沉入公共的数字海洋中，收获一个“赞”。

两年前，我在希腊帆板冲浪时经历了一个特殊时刻。风势一直不错，我享受着乘浪滑行的感觉，有时我会看到飞鱼，它们被我的帆板惊到，跳出了水面，在海浪上扑打鱼鳍，然后再次潜入水中。有一次，我甚至遇上了一只孤独的海龟，并有幸观察到它探头吸气，随后再次消失在深蓝色的爱琴海里。但那个下午的经历使这些奇妙的际遇显得略逊一筹了。在离我大约 50 米远的地方出现了两只海豚，它们探出水面，而后消失。我立即换了方向，试图追随那两只海豚，但它们没再出现。接着，我突然发现，那两只海豚就在我的帆板下方游动。我一边在帆板上继续滑行，一边看到这两只海洋精灵微微转身，好奇地望着我。这一刻我的内心深处感到一阵喜悦：多么神奇的时刻啊！后来，当我兴奋地与朋友们说起这段经历时，一个朋友问：“你有照片吗？”我当然没拍照片，我冲浪时不带手机，但这个问题非常典型。我“照”故我在，这种将自我融入情景的愿望遵循的是一条新的准则：没图没真相！

或者，我们拿滑雪爱好者始终戴着的头戴式摄影机来举例，在他们下滑道时，这些摄像机也一直陪伴着他们。我们可能会问，是滑雪的乐趣更重要还是成功拍摄更重要呢？在越来越多的情况下，照片、姿势、特别的自拍成了最重要的事。数字的自我就这样成为体验的主导者，人们不断追求拍摄更大胆的照片和影片。头戴式摄影机的使用，加上对“吸引眼球”的过分追求，可能已经造成了相当多的意外和伤害。

社交网络用户的头像照片以令人惊讶的方式印证了，它在极大程度上重新定义了虚拟世界中的第二个自我。我们展示自己最好的一面，而科技则帮助我们做到这点：一些照相机能够分析图像，在我们展开笑颜时才拍下照片；还有大量能够“美化”人像的应用软件。

不知何时，我们已经不是真实的我们了，而是将我们改造成自己想要成为的样子。这种自恋的伪装将我们与现实拉得越来越远。

数字星球就像是一片越来越拥挤的大陆，现实的代替品使那里的居民跳脱于时间之外。一时的麻烦换来的是记录下来的瞬间，可供以后调取、分享、比较和评论。然而，自我的体验正是这样失去了它的私密性，因为在公开的行为之中，我们不断地失去一部分自我，在不知不觉中参与到数字化人生的竞拍当中：谁经历得更多？谁的经历更精彩？有多少人“点赞”了我的生活？

其他人的参与最终汇聚成不断的比较，最终沦为对关注度的争夺。在这里，还潜伏着另一个陷阱：强制的完整性。有些人记录自己的所有经历，从早餐到晚间的最后一杯红酒，就像一股不间断的数据洪流。仅仅在脸书上，2017 年就有 51 万条评论、23.9 万条新动态和 13.6 万张图片被发表。

在广岛，我在樱花季看到了两个女学生，她们拿着自拍杆在开满樱花的树前摆出各种姿势。我走近她们，她们也没有发现，只是盯着手机的屏幕。我想开个小玩笑，于是站到她们身后加入了合影，她们这才从屏幕上发现一张陌生的脸，吓了一跳，叫出了声，但很快又开怀大笑起来——回到了现实之中。至于之前，她们完全忽略了在真实世界中就站在她们身边的我；直到我出现在她们的虚拟世界中，我才得到了她们的注意。

我们注意力的焦点在转移。机器始终在将我们引向它的世界：想要找擅长做鱼的餐馆，或是想知道去朋友家的路，或是想知道早晨该不该带伞，都能在智能手机上得到相应的答案。这个小小的机器引领着我们去生活，并且越来越深刻地影响着我们的行为。手机一振动，对话就停止了，而且在餐馆里，我越来越多地看到沉默的客人自顾自地盯着手机屏幕。

随着与虚拟世界的持续交流，日常秩序的概念也土崩瓦解了。随时可供联络的状态使工作与休闲之间的界限消失了。我们总是“在线”，从清晨到午夜。18 岁至 24 岁的人群中，大约有一半会在醒来之后就查看自己的脸书账号。波恩大学的一项调查显示，参与调研的人每天会激活自己的手机 80 次——也就是说，在醒着的时候平均每 12 分钟就点亮手机一次；一些调研对象的数据甚至是平均值的两倍。

发来的邮件无视休息和度假，我还记得，满满当当的邮箱是如何在假期之后迎接我的。休假回来的轻松心情就此一扫而光，因为我有这种感觉，在回来上班的前几天就得把整个假期里落下的工作全都补上。如果工作没有停歇，休假又有什么意义呢？我的一些同事选了另一条路：他们在休假时每天都会查看工作邮件。不记得从何时开始，我决定要跨出极端的一步，设置一条这样的自动回复：

本人正在休假，在此期间我主动“下线”。请你理解，我不会阅读任何发来的邮件，近期不会读，之后也不会读。所有在此期间发来的邮件都会被我删除！所以，如果事关重大，你可以在某年某月某日后再发送给我。在那之后，我的电子邮箱会重新开启。你也许会觉得这种处理方式非常极端，但在随时保持联络的时代里，有一段时间能够集中注意力并与外界保持距离，对我来说是十分重要的。

我们生活的每个方面都在渐渐地被科技和算法塑造着，从汽车导航到银行业务、从饮食到朋友圈，但选择或者不选择机器和它带来的奇迹，难道不是我们的自由吗？每个人都能理所当然地将他的手机或是电子邮箱关闭一段时间，但它们深刻地融入了我们的日常生活，使我们有了依赖。

人们似乎能在其中将个人活动的方方面面都找出来，从菜谱、购物清单、运动项目直到寻找合适的伴侣。新的手势语法和滑屏动作由此成了我们的运动神经中的烙印，比如在交友类应用软件 Tinder[①] 上，如果对某个候选对象感兴趣，就把他的头像向右划；如果向左划，就断绝了两人结识的可能性。他们的口号是“Yoso”——“You only swipe once”（你只划一次）。也就是说，我们在删除邮件或是翻动网页时使用的手势，也可以用来将人删除出我们的圈子。我们只能决定“是”“否”，而不存在“也许”。然而，这种二元的选择逻辑少了真实人际交往中自然而然的亲近过程，因为刚开始的迟疑、小心的试探、新识之间的往来、第二眼印象等，都被一种数字化的直截了当取代了——迅速、清晰而冷酷。被看重的只有第一印象、先入之见。在不知不觉之中，我们就接受了一种受计算机算法逻辑影响的行为方式。我们的行为举止不再像人类，而是如同机器，在寻找伴侣时遵循程序流程：“如果”伴侣合适，“就”保存，“否则”删除。自然择偶过程中有很多会产生影响的东西，比如气氛、行为、气味，如今只有一张照片产生的视觉印象被纳入考量。我们得到了一个包含着潜在伴侣的巨大数据库，为此放弃了自然的行为方式，调整自己以适应机器。我们放弃了自己的一部分，换来更大的力量：我们使用导航仪，渐渐失去了辨识方向的能力；我们使用计算器，忘记了如何心算；我们信任天气应用，不再仰望夜空。就这样，我们渐渐地放弃了一部分自主权，因为这种依赖舒适、快捷、看起来更好。

问题来了：在这个过程中会有难以逾越的门槛吗？会有哪些改变超出我们所能忍受的范畴吗？比如说，“人工智能”的发展会不会最终变成一场时代浩劫？“人工智能”会剥夺人的行为能力、攫取控制权吗？我们会被不

---

① 译者注：Tinder 基于用户的地理位置，每天推荐一定距离内的四个对象。推荐基于用户在脸书上的共同好友数量、共同兴趣和关系网等。

可预计的力量所操纵吗？

机器日渐优化，但更重要的也许是，我们自己也在一小步、一小步地改变着。每一小步在我们看来都是合理的，被我们认为是“获益”或是“更多的安全保障”。我们还是以选择伴侣为例：“包办婚姻”的旧传统在数字世界被取消了，人们持有“相知相识不靠巧合或命运，而是可以被计算出来”的信念。

彼此的吸引力被解码成一系列特点，比如年龄、爱好、收入等，构成了配对算法的基础。这些特点的数值就是输入值，接着，在不断扩大的数据库中扫描寻找合适的伴侣。在评分过程中，可能的组合被筛选出来，而最后的搜索结果包括了一系列令人感兴趣的男女候选人。预先输入的内容越多，配对就越精确，“成功率”也就越大。显然，这种寻找是行得通的，因为交友平台越来越受到人们的欢迎。当然了，目前还缺少长期的测评：这些伴侣关系能持续多久，这些推荐的人选是不是到头来全都只是过客，或者说，从这样的寻找中究竟能不能诞生长期且幸福的亲密关系。

你设想一下，在你以这样的方式结识了一位伴侣之后，你们共同生活了几个月或几年的时间，这时收到了一封邮件：

亲爱的客户：

在过去的几个月中，我们的软件得到了显著优化，我们的数据库也大幅扩充了。基于您的资料，我们为您找到了更为匹配的人选，比之前推荐的更好。您如果有兴趣了解详情，请告知我们。到5月底前，您都能享受老客户7折优惠。快来享受我们的升级服务吧。您真正的理想伴侣等待着您！

你会怎么做呢？你的心中会不会产生疑问？如果你恰巧与现在的伴侣

发生了矛盾，又会如何呢？知道在外面的广阔世界中，可能还有更好的、更适合自己的“答案”在等待着你，你还能安然入眠吗？你会不会至少试图看一看新的人选呢？也许在不知不觉中，你就已经开始“清算”现在的这段关系：哪里好？哪里不够好？有哪些东西是我厌烦的？

一段恋爱的独特性逐步被一种比较的逻辑所取代：人们不再观察整体，而开始评估一个个零散的特点。在这种逻辑之下，一个不能被断章取义的人却被割裂成各种特点的集合供人测量。人际关系失去其有机联系，像一辆新出厂的汽车一样，各项配置都受到评估。我们不再去寻觅，而是在供给的范围内选择。在程序算法的时代里，爱情不再是机缘巧合，不再是命运的安排，“一见钟情”变成了数学上的优化任务。

在寻找幸福的过程中，这个工具有多强大，就有多危险，因为不断比较的病毒也可能感染到亲密关系本身。分手的人数会不会也因此上升呢？

电网用户、电信用户或是选民想要“转投别家”的心思都在增长，寻找伴侣的人又怎么会例外呢？互联网的一大特点就是持续比较的逻辑，而这可能会改变我们自己的想法和态度：我们越来越多地以经济和功利的眼光观察我们的世界。艺术品、音乐作品、洗衣机、人、书和电影都可以用星级或点赞来评价，高校在排行榜上争先，学生努力挣绩点，电视台计算收视率，而员工则要接受毫不可靠的绩效评定。我们不端详镜子里的自己，而是计算身高体重指数。运动应用软件提醒我，今天我已经走了 8256 步，要完成今天的目标还要再走 1744 步。我们已经将机器的可测量原则移植到了日常生活的方方面面却还没有意识到。

与机器定下盟约，并不是驶上单行道。但持续的优化使人忘却了生活中精彩的岔路，将多姿多彩的生活简化为最优的单一生活。被我们所有人都低估了的是这种过程的程式化力量：我们开始将自己与机器做比较，并几乎遗忘了是什么造就了我们。机器是冰冷的，不懂得梦想、真诚、美好和爱。在我们寻找数字天堂的过程中，会将现实生活赋予我们的所有意义全部遗忘吗？冒着热气的鱼汤、在夏日雨后刚刚剪过的草坪发出的气味……这一切都会被遗忘吗？电脑与人类，最终谁会为谁编程取决于我们是否能忠于自我，是否能接受作为人类的缺点，并认识到其中的美——这是程序算法永远无法理解的。

第六章

隐私

这是老生常谈吗？

书出卖了读者

新的小说上市了。在你的电子阅读器上，新书的标题闪烁着。下载，双击，你开始阅读。当你沉浸在文字中时，微小的前置摄像头正在屏幕上方追踪着你的眼部动作，它盯紧你的目光，清楚地知道你的眼睛看向何处，一个词又一个词，一个段落接着一个段落。当你读到这一页的末尾，机器便自动翻到下一页。真是便捷！你继续阅读，丝毫不受影响。手动翻页会影响阅读的流畅，有了自动翻页功能，你就能全神贯注于小说本身了。

场景切换，2 月在斯德哥尔摩附近的丹德吕德市。我与 Tobii① 科技研究中心的工程师们约好要见面，这趟旅程是由瑞士学院（Swedish Institute）组织的，4 天的行程安排得满满当当，其中包括参观该国的各类高科技企业。我想要知道，为什么恰恰是瑞典人能够做到创新。这个国家只有 1000 万不到的人口，都不及德国的巴登－弗腾堡州，但这个民族的创新能力是令人瞩目的：世界上第一条拉链、第一台电子起搏器、利乐包装、通信应用软件 Skype②、音乐服务平台 Spotify③……这些都是在这里被发明出来的。

① 译者注：瑞典的高科技公司，主要开发和销售用于眼控和眼动追踪的产品。

② 译者注：发布于 2003 年的一款通信应用软件。

③ 译者注：创立于 2006 年的音乐流服务平台，现为该领域全球最大的服务提供商。

在 Tobii 科技的实验室里，人们正在试验角膜反射眼动追踪（corneal-reflection eye-tracking）这项技术。怎样通过眼部动作操纵机器？年轻的研发工程师文森特对新技术创造的可能性极为兴奋："我们的眼睛是最快的指示器，比任何手部动作都快，比所有电脑鼠标或触控板都灵敏。通过我们的技术，我们可以准确地把握视野，而这就保证了它的应用，比如在广告领域、医学领域或是心理学领域。我们能够帮助那些由于瘫痪而胳膊无法动弹的人，借助于我们的眼动追踪系统，他们就能通过眼睛来控制自己的轮椅了。"

墙上的照片和明信片引起了我的注意，上面主要展示了较为年轻的病人怎样通过追踪技术改变了他们的生活。"你要是与某个当事人聊过，你就会知道，我们为什么这样投入地研究！有一个年轻人通过我们的技术参加了象棋比赛，而且获胜了！"文森特的喜悦和兴奋是发自内心的。科技能为这些人创造奇迹，使他们的日常生活变得轻松一些。

这位年轻的工程师还讲到了其他的应用。现在，为了避免人们在开车时因疲劳驾驶而迅速入睡，已经开始使用眼动追踪技术。在这一过程中，"慧眼"（Smart Eye）会检查驾驶员的眼睑运动、目光方向和头部姿势，一旦系统识别出疲劳驾驶的迹象，就会提出休息建议。另一种应用是与人机交互有关的，通过眼动追踪可以辨识出人的目光落在操作台上的位置，这样一来，设备制造者就能优化控制按键的布局。比如说，如果受试者总是忽视警告标志，那么标志的位置就要做出相应的改变。这样，工业设备上最重要的信息就能真正进入技术人员的视野中了。

按照这个原理，广告也能更有针对性地进行投放。比如在一些广告中，客户们会忽略品牌名称，而现在它们则可以成为观众眼中的焦点。很快，这项技术就会被植入每一台智能手机和笔记本电脑。而后，网络广告也会遵循新的游戏规则：只有在用户们真正看见了之后，才会结算广告费。

一个人先看哪里，能够体现他的内在状态。“你来试试吧。”文森特邀请我。我在一台专用显示器前坐了下来，在这台机器的边缘有两个摄像头和红外线感应器追踪我的眼部动作。文森特为我简单讲解了操作要领，就将系统校准到我的眼睛上。为此我必须盯住一个十字线，十字线先是在显示屏正中央，随后又出现在屏幕的各角。接着，我浏览了一些图片：风景、人物、街道、广告牌、聚会的场景……

“这张漂亮，对吧？”文森特会心一笑。说中了！显然，在看其中一张图片时，我先看了一位美女的胸部，而追踪系统记录下了这点。“所有人都这样，食色，性也。”我面前的文森特笑了起来。

我的每一个眼部动作都被系统记录了下来。随后，文森特向我展示了我个人的观察模式：在观察人脸时，我会下意识地立即看向眼睛，接着是嘴，之后才是剩下的部分；而且我的关注点总是再三地跳回到眼睛上。

现在，他要向我介绍一款游戏了，这款游戏借鉴了著名的射击游戏《疯狂小鸡》（*Moorhuhn*）。在游戏中，我要用眼睛来使武器瞄准；闭一下眼睛，我就能填充弹药并开枪射击。系统反应迅速，而我也意识到，眼动操作有着怎样的潜力。

接下来的范例是文本编辑。我可以用眼睛标记单词，并在屏幕上拖动这些单词。眼部追踪能够清楚地知道，我在阅读时是否跳过了某一章节，或者在重新阅读某一段落。当然了，系统会记录我真正阅读的部分，一字一句都逃不过它的法眼。以前，懒于读书的学生会把《艾菲·布里斯特》《沃伊采克》和《浮士德》[①] 丢在一边，或者考试前才研究一下内容概述。有了眼动

① 译者注：依次为德国作家冯塔纳、毕希纳和歌德的作品，都列属学生必读的经典文学。

追踪技术，老师们就能在未来准确地知道学生究竟有没有研读这些经典了。“可怜的学生，”我对文森特说，“老师正盯着你们呢！”

再回过头来说说你和你的小说。情节激动人心，你不忍释卷。而与此同时，你的阅读动态被持续地直接传送到网络中。出版社清楚地知道，你正读哪一章，前一晚你在睡前读了多久。买书的人究竟读没读，又是怎么读的，哪个出版人不想知道呢？比如，使用电子阅读器就能准确地分析出，大多数读者是不是在某个特定的章节弃卷的。如果读者们在读完第二章之后放弃了，或者开始跳过一些段落，这就可能是觉得无聊了。这可以在某种程度上提醒作者，故事中这些段落大概需要修改。

未来的小说会得到优化，就和今天的许多消费品一样。曾经的自由思想变成了一种可操纵的商品。对如今的电视台来说，以分钟为单位的收视率作为首要指标，早就已经司空见惯。每一次节目播出之后，收视率都会被仔细地分析。如果收视率曲线急剧下滑，负责人就要好好地找出问题；如果这总是发生在某位特定的主持人身上，那么，一场令人不愉快的编辑部大会可能就要召开了。收视率说了算，收视率是王道！

所以说，在你阅读小说时，你的电子阅读器也在记录着你读了些什么、是怎么读的。即使是阅读速度发生了微小的变化，系统也会察觉到。从中也能看出，你究竟是个书虫，抑或只是偶尔阅读。如果遇到“聚乙烯吡咯烷酮”（一种黏合剂，在啤酒生产过程中也有使用）时阅读节奏被打乱了，那么用户很可能不是化学学者；遇到像“面部特征识别能力缺乏症”（即脸盲症）或是“乙型色觉辨认障碍”（即绿色色弱）这样的概念，却能流畅地继续阅读下去，读者就可能拥有医学方面的知识。

此外，内置的摄像头还会感知你的表情，以检查你是否与其他读者一样，在阅读某一段落时微笑或大笑；在读到紧张的情节时，你的反应如何，你的共情指数有多高。

现在，我们就已经能够解读出许多特点了。数学的算法瞬间就能识别出眼睛、鼻子或嘴角的动态，在极短的时间内，它们就能解读一个人当下的情绪状态。一些照相机使用类似的软件模块，在所有人都睁着眼睛的时候才触发快门、拍下照片。新程序层出不穷，能够越来越精确地捕捉到一个人在大笑、在悲伤或是在发怒；是眼里也流露出笑意，还是装出来的假笑。当然，算法还能估计相关人物的年龄等。

出生于俄罗斯的美国艺术家列夫 · 曼诺维奇在他的项目“自拍之城”（Selfiecity）中，观察了 12 万张自拍像，这些自拍的人们来自曼谷、柏林、莫斯科、纽约和圣保罗。来自这 5 座城市的自拍照是从照片墙巨大的数据库中读取出来的，经过了多层次的排序和评估。曼诺维奇和他的团队想要找出，在选出的 5 座城市中，这些微笑的脸庞之间有什么显著的区别。比如在曼谷和圣保罗，自拍照上笑逐颜开的人更多；而莫斯科人的笑在“Smile Score”（微笑评分）上平均得分 0.53[①]，排名靠后。在所有这些城市中，拍摄这些自拍照的主要是女性；在莫斯科，女性的自拍照甚至是男性的 4.6 倍。拍照动作的变化在圣保罗尤其显著，女性头部倾斜的平均角度达到 16.9 度。眼下，这些分析方法已经为新一代的社会学者准备好了大量的研究素材。

Tobii 科技旗下的一个照相系统不仅能辨识眼部动作，还能获取瞳孔缩放的大小。在强烈的阳光照射下，瞳孔会缩小，以此减少摄入的光线，保护眼睛不被刺伤。因此，瞳孔就像一个自动的遮光板。但是，神经学家和精神科医生奥斯瓦尔德 · 布姆克在 1904 年就已经注意到了另一个现象，当时的他还是弗莱堡精神与神经科诊所的助理医师：在用手施加压力或意志驱使

① 译者注：满分 10 分，笑容越灿烂，嘴角上扬程度越大，得分越高。

之下，瞳孔也会放大。凭借当时的技术他已经能够观察到“每一次精神上的压力，比如解答计算题时的压力、思考一个刚刚提出的问题的压力，都能从瞳孔的变化上表现出来”。这也就说明，瞳孔的扩张是我们表达内心活动的一扇窗。如今，由心理影响引起的瞳孔反应已经在许多医学项目中得到了进一步的钻研。比如，受试者如果看到潜在性伴侣的图像，他们的瞳孔会张大；在成功解决问题时，瞳孔也会有相同的反应。我们的大脑为了褒奖我们而发出神经递质，在我们脑中激发幸福感，而这幸福感的生化反应就包括瞳孔的扩张。另外，在解决相同的问题时，智商较高的人瞳孔扩张程度要比智商较低的人小。如果在尝试做某事时产生了恐惧，瞳孔会张大——越“聪明”的人越明显。这种身体反应无法通过意识来控制，会泄露我们的情绪状态。

在了解到这点之后，我们再次回到你和你读的小说上：阅读器中内嵌的摄像头捕捉你瞳孔的变化，并由此识别你在情绪上对文本的反应。这些信息与你的阅读速度和你的表情结合起来，汇成一股数据流。在某种程度上，你就像是重症监护室里的病人，身体的各项功能都通过交错的导管和测量仪受到监控。只是在阅读时，你并没有意识到自己也在被读取着，臆想着自己是自由的、无人从旁观察。

你其他的活动也同样被记录了下来。你在网上“冲浪”、撰写邮件或上网购物时，就传送出另一股数据流。当你一个个字母地输入时，你就传送出个人的输入频率，比如说，你在“e”之后输入“r”，这微小的时间差会被传送出去。而且这有着惊人的说服力：你有典型的日常模式吗？你上午的打字速度比下午快吗？效率落差大吗，或者说，你保持着一贯的速度吗？你的打字速度在几个星期或几个月的时间里发生变化了吗？打字时频繁出错也许是过度疲劳，甚至是疾病的征兆？短短几年前，人们还没有注意到这些看似无关紧要的细节，但如今的系统有着令人难以置信的数据处理速度，这些数据流就变成了一只有用的放大镜，让我们能看到你的内在。

书在读你呢！

此时，你已经沉浸在故事之中。这本小说真是精彩，在你读过的所有小说中是最好的一本。你被深深吸引，你太过投入，除了继续读下去之外，没有别的选择。

我们知道，在成书之前，书中的悬疑之处已经被优化到了情绪最饱满的状态。另外，小说还经过个性化处理，为你量体裁衣，因此，它完全符合你的偏好。你忘了吗？网络认识你呀！

社交网络中有你的动态，你的朋友、兴趣、购物情况和饮食习惯，所有这些数据流都通过强大的算法融入你的故事。恰恰是这些个性化的影子让这个故事更加吸引你：小说人物与你有着同样的偏好、相同的感受、相同的反应，这种神秘的羁绊使你能够将自己代入到人物中去。几日之后，你发现：当你夜间品着一杯红酒时，瓶身标签上写着“菲利普·罗斯柴尔德男爵酒庄”。这不是小说主人公最爱的红酒吗？你手上的智能表，还有丹麦的新款奶泡机——你用它终于做出了完美的奶咖，不都和书中主人公用的一样吗？这一切都是巧合吗？在你开始读这本书之后，你甚至改掉了早餐时的习惯，改吃加了奇亚籽的水果沙拉。

不知不觉中，你甚至开始接受小说人物的观点：你说着同样的口头禅，突然对同样的话题产生了兴趣，而你的政治立场也开始发生转变。你的朋友们发现，这本书似乎在影响着你。

顺便说一句，你的朋友们也同样在小说中出现了，所有的场景都在你熟悉的环境中上演。令人讶异的是，你真实生活中的事件也被反映在这个故事中。导致你女儿肩膀受伤的自行车事故在故事中也发生了。接着是你的生日，几乎都有些超现实了——小说人物与你同一天生日！当你在早晨继续阅读时，书里白纸黑字地写着："生日快乐，我很思念你！"这种亲近令人毛骨悚然，同时又非常迷人。你的生活与小说中的情况越来越像，或者说，是小说中的情节在与你的生活趋同。故事对你生活中发生的事做出积极的反应。有时，小说人物甚至发送消息到你的智能手机上："走，我们去慢跑吧！"他当然知道你的手机号码，也了解你的作息时间、运动规律、心跳频率……"早日康复！"你的小说刚刚意识到，你今天身体不舒服了，真是贴心！

之前，你从未如此深入地沉迷在文字中过，从未这样投入一个陌生又熟悉的小说世界。当你读完第 17 章时，突然收到了一条恼人的消息：屏幕上弹出了你医疗保险公司的消息，要求你尽快拜访一位神经科医生；诊所的地址同时告知给你了，预约的时间也已经记录到了你的行事日历上。消息写得很委婉，它指出，你的数据库中出现了小小的异样。这一切都是为了你的安康，纯粹是谨慎的预防措施。两天后，你去拜访了保险公司推荐的医生，他对你说，基于你数据的自动分析结果，你罹患帕金森病的风险增高了。你大惊失色。

全世界有超过 600 万人患有帕金森病，这是一种神经系统退化疾病，至今没有针对这一疾病的生化测试。这种病是在潜移默化中开始的，随着时间推移，症状变得越来越明显。中脑里特定的神经细胞坏死，神经递质多巴胺的产生由此降低。这导致的结果是人们可以觉察到在跑动时一侧手臂的摆动较弱，或是单侧肩膀疼痛。帕金森病非常棘手，因为在患病的神经细胞已经坏死一半时，患病的迹象才会显现出来。除了行动受限以及典型的颤抖之外，这种疾病还会影响人的嗓音，因为它会侵袭声道肌肉，并由此影响声带。至今为止，早期诊断还是很困难的，但已经有了令人鼓舞的理论基础。

英国数学家马克斯·利特尔借助于程序算法，调查声带手术是否成功。他的软件分析患者们录下的声音，尝试着通过音调中的典型模式来确定个人的康复程度。有一天，一位同事为他准备了健康受试者和帕金森病患者的录音。利特尔测试了自己的软件，看能否仅仅依靠声音分析就区别两组对象。令人惊喜的是，第一次尝试就取得了成功。利特尔优化了自己的算法，准确率不断提高。现在，他的分析程序能够以 99% 的准确率区分出健康的受试者和帕金森病初期患者。到现在为止，他都是在实验室中完成实验的，但在后续项目“帕金森之声”（Parkinson's Voice）中，利特尔在 9 个国家开通了热线，请潜在的受试者们通过电话留下声音样本。利特尔想要进一步优化自己的算法，不仅改善早期诊断，还要从数据中“听出”病情的发展状况。此外，参与者的匿名性是得到保证的。

健康当然关系到我们所有人的利益，也有越来越多的健身应用上线。阿尔茨海默病患者逐渐退化的方向感是记忆丧失的早期症状，但至今为止还没有准确的检测方法。2016 年春季，德国电信（Deutsche Telekom AG）参与了一个项目，该项目中诞生了一款免费的游戏应用，名为“寻找海洋英雄”（*Sea Hero Quest*）。这款游戏将为阿尔茨海默病研究提供医学比较数据。它由伦敦大学学院、东安格利亚大学和公益组织“阿尔茨海默研究”的科学家共同研发。玩家置身于一片海洋上，要去寻找海洋的奇迹，他们通过操纵小船或是游泳从一座岛屿去往另一座岛屿。特别的挑战在于，小小的海图只会显示几秒，玩家必须把去往下一处奇迹的路线记在脑中，然后再凭借记忆找路。这款应用以这样的方式收集玩家的方向感数据。依靠这些基础数据和玩家的注册信息，他们首先能够得知，年长和年轻的人、城市和农村居民、女性和男性在空间方向感上有怎样的区别。如果一位玩家的导航能力与平均值差异显著，那就可能是疾病初期的征兆。人们想通过这样的方法改善阿尔茨海默病的早期诊断。

但是，《寻找海洋英雄》的匿名数据库不属于公开倡议活动，而是电信公司的财产。像伦敦大学学院这样的高校和其他的科研中心只能申请许可，之后才能接触到数据。健康商业的范围似乎拓宽了，像电信公司这样的新玩家现在也加入进来。这背后隐藏着商机：不断增长的数据库是未来的金矿。

帕金森病和阿尔茨海默病有着可信而易懂的早期识别推论：声音的改变或是方向感的减退。但在未来，人们能够从复杂的数据云中解读出更多。大数据的魔法在于它能够识别出至今未被发现的关联：由输入模式、运动规律、语言变化、表情、瞳孔缩放编织成的数据网将反映出我们的内在状态。正如医生能从血液分析中解读出你的健康状况那样，数据分析专家能够运用算法从数据云中解析出你的身体状态。届时，谁能成功将微小的数据差别与某种特征匹配起来，预知科学的大门就会为谁打开。20 世纪 70 年代通过计算机稽查罪犯时，只需要将房屋租户的几个特点结合起来，如电费的支付方式、登记信息、住宅的特殊位置以及机动车数据，就能从导出的模板中筛选并得到恐怖分子的滞留地点。但是，上千个特点互相叠加之后得到的模板真的有说服力吗？新的算法将能够发现，我们是否受到心脏病的威胁，是否受抑郁之苦，是否为金钱和工作发愁，或者我们是不是想要离开自己的伴侣。

你跳不跳舞，你的手机知道

对我们中的许多人来说，智能手机几乎已经成了身体的一部分。这个小机器与我们如影随形，慢跑、购物、去上班或是乘坐地铁的时候，它都陪伴在我们左右。将手机带在身边的人就会制造出数据，即使他不打电话、不拍照，因为智能手机就如同一间迷你实验室，装满了电子的感觉器官，持续地感应着周围的环境。如今，传感器技术的巨大进步使无数物理和化学参数能够在最小的范围内被测量出来并得到评估。从前实验室里整个柜子的昂贵电子仪器才能做到的事，现在只要指甲盖大小的物件就能搞定了。

你手机中的加速传感器甚至更小，只有 9 平方毫米大。在芯片内部，一根只有几微米宽的硅棒扮演着类似羽毛的角色，有任何一点动静，硅棒就会因为惯性而移动。它与电极之间的距离也随之改变，微小的距离改变引起电容量的变化，由此就能精准地确定手机的加速度。它的旁边装有一只气压测量器，这种传感器也是科学技术的奇迹之作：一张仅有 10 微米厚的硅薄膜上织入了抗压的伸缩条。它们在气压变化的时候变形，从而导致电阻的变化。通过这样的方式，0.12 百帕的气压变化也能被测量到，这对应着约 1 米的海拔高度差。

因此，仅仅通过加速度和压力数据的组合就能够知道你是在上楼还是在下楼。爬楼梯时，在加速度方面特别的上下模式与气压的增减相结合，产生了一种典型模式。结合陀螺仪传感器，我们甚至可以知道楼梯是否由顺时针方向旋转而上。如果你在拾级而上时速度不断变缓，说明你可能累了，这也是你生理状态的反映。如果传感器感应到有强烈节奏感的往返运动，而没有相应的气压变化，同时 GPS 数据也显示你没有离开原本的位置，那么你也许正在跳舞。将时间纳入考量范围，就能缩小可能性范围，因为一个人在晚上 11 点蹦迪的可能性远大于上午 11 点；再稍稍比较你的位置数据就能知道，你正在一家俱乐部里；内置的话筒能够捕捉到正在播放的音乐——你的手机知道，你是不是在跳舞，以及背景音乐是哪首歌。

总结一下，你的智能手机能够泄露你是否正在跳舞、上楼、睡觉、慢跑或是坐在办公桌前抹指甲油——内置的 BME680 传感器还额外拥有一个微小的气体感知器，能够感知空气中快速消散的有机物。它对溶解剂、黏合剂、清洁液或酒精都会做出反应。

现在让我来问问你：如果新的应用软件读取你的传感器数据，你会反对吗？你只需要拨动旁边小小的开关，开关边上写着："传感器数据解除锁定。"浅灰色的说明文字简明扼要："这些数据能够使我们改善特定的服务。"你会如何决定呢?

如果开关旁边写的是"我们能了解你的生活作风吗？"可能会更公平一些。

在如今的智能手机中，装有温度计、气压计、加速感应器、霍尔效应传感器、指压感应器、GPS、倾斜仪、湿度计、磁力计、近距离感应器、为无线数据传输设置的 NFC 传感器、亮度感应器，还有两个摄像头（前后各一）、一个话筒、一块触屏、WLAN 天线和小小的发射天线。坦白来说，制造商能够将这些部件全都装进一台小小手机中，真是令我惊叹。但是，技术推动者们会在何种程度上了解我们的行为活动，则使我感到恐惧。

对了，有一点我忘了提：当你按照小说的要求出现在医生面前之后，你得知，这本"小说"并不是普通的书。它是由一家大型药企与你投保的医疗保险公司共同开发的，会根据获取的用户数据实现新的疾病早期筛查。跌宕起伏、动人心弦的故事和特别的小说人物是为了对你产生刺激作用，你的反应会被感知并受到评估。单是通过这种形式的早期筛查，就能在医疗健康领域节省上百万的资金。“你别不高兴，”医生说，“这小说可能救了你的命。”

我经历的数字泄密——一场监听试验[①]

明明已经到了秋天，天气却像是春季。我们就要迎来 11 月了，气温却还是 5 月的样子。慕尼黑天气燥热。啤酒花园还开着，人们坐在户外，身上是五彩的垫兜裙[②]、T 恤衫，骑自行车的人还穿着短裤。这个周末，我和妻子带着小女儿去看望她姐姐。她刚刚开始了大学生活：新的城市、新的住处、偌大的校园、独立自主。我们的女儿要在新的一个人生阶段开始“蹒跚学步”了，而我和我的妻子则要学习名为“放手”的沉重一课：孩子终究是要长大的。

“您的包裹送来了。”宾馆门童将一个纸板盒子递到我手里。寄件人是希斯有限责任公司，邮件来自图宾根。试验可以开始了。我们想要在一期节目中让观众看看，窃听一部手机都有哪些花样。电视脱口秀的编导请我一起参与这个企划，我和妻子商量了许久，最后答应了下来。于是，我们将要经历一个有些分裂的周末：家庭聚会暂时变成了带着“病毒手机”的自我试验。

① 基于发表于《法兰克福汇报》的文章。

② 译者注：德国巴伐利亚地区女性的民族服装，常在 10 月啤酒节时穿着。

这是一台平常的手机，只是被植入了木马病毒，一个微小的附加程序，使位置、对话、通话、短信甚至是所有我拍摄的照片这些数据能从外部被读取；而后甚至可以用它来窃听机主的对话，因为移动电话的话筒可以被远程开启，而不被用户发现。不经意间打开的一封邮件的附件就可能给你的手机安装上这一附加程序。

我与编导及希斯公司一同为这场自我试验确定了明确的流程；我们达成共识，这场试验的目的仅仅是展示技术上的可能性，不能侵犯我家人的隐私。

我打开这部智能手机，输入盒子里一起送来的 PIN 码，手机随即用轻微的振动回应了我。屏幕上出现了代表短信、邮件和照相机的彩色标志——非常常见。按照约定，我致电了希斯的一位工作人员。在试验过程中，她与一位技术人员将远程获取数据，并以此建立我的活动档案。这就像是一场游戏：我会去完成一些特定的任务，而另一边的人要找出我去了哪里、正在做什么。

“我觉得这有点吓人，”我妻子说，“我们在这儿说些什么，他们现在都能听得一清二楚，对吧？”

“是的，他们是可以做到这点，但我们都说清楚了，在之后的评估里不会涉及你和孩子们。”

我们必须相信另一边的人会遵守游戏规则。希斯公司的网站上可以读到一条道德准则，公司有义务遵守这一准则，但即使这样，我们两人心中还是有些忐忑。而且这款手机的电池无法取出，所以，我也没法肯定它是不是真的关机了。比起平时，我们的谈话变得简短，我的妻子也变得沉默了。

我们离开宾馆，上路去看女儿。她的学生宿舍在慕尼黑的施瓦宾区中心，妹妹前一天晚上索性就在姐姐那儿过夜了。

路上我们进了一家面包店。在我妻子买面包的时候，我就一直想着口袋里的间谍手机：用 GPS 定位追踪我们的路径简直是小菜一碟，而且通过话筒，另一边的人也许还能搞清楚，我们待会儿早饭吃什么。“两只小圆面包、两只全麦包和一只巧克力羊角包一共……”售货员微笑着，而我的心中悄悄升起了一丝愧疚感：从现在开始，我必须对身边的每个人都说一句“小心！有人听着呢”。我们乘上地铁，向施瓦宾区驶去。在之后的评估中，我会收到一份以分钟为单位的行动列表：“……在火车站略做停留，乘地铁 3 号线 2 站，行驶 11 分钟……”

女儿们还没起床。“昨晚过得怎么样？你们看，这就是我跟你们提过的那部手机。我可以在这儿充会儿电吗？电量显示只有 40% 了。”

我们在狭小的厨房准备早餐的时候，女儿们在屋里换衣服。“他们说不定也在看！”我女儿用脚把手机连同充电线一起推到了橱柜下面。

我们围坐在早餐桌上，女儿们打开了话匣子：“这是巧克力酱。”“你还要橙汁吗？”“能把黄油递给我吗？”手机躺在橱柜底下，我们坐在早餐桌边——但真的只有我们四个人吗？

我的目光落到了女儿的笔记本电脑上，她将屏幕上方的摄像头用纸贴了起来，年轻人可能比我们想的还要多疑。

早餐过后，我们要去见沃夫冈·黑克尔。我们喜欢叫他“沃夫尔”，他是慕尼黑工业大学的物理学教授和德意志博物馆的总干事，同时他也是个独特的巴伐利亚怪咖，尤其热衷于手工制作和修理。我当然也把手机试验的事告诉了他，他知道有人监听我们。他在火车站接我们的时候，手里拿着一盒草莓。他那巴伐利亚式的真挚热情是具有感染力的，对我来说，沃夫冈体现了“笔电加皮裤”[①]的精髓。

① 译者注：笔记本电脑加皮裤。巴伐利亚地区男性传统民族服饰包括背带皮裤，所以“笔电加皮裤”可以理解为“现代与传统”。

我们步行前往大跳蚤市场，途中经过了真力时文化厅（Zenith-Kulturhalle）。沃夫冈是这儿的大名人，商贩们都热情地向他问好。一个大厅里摆放着旧家具、旧物件和一箱箱装得满满的收藏品。老收音机、面包机、牙医专用工具……沃夫冈在一处架子上发现了一台 20 世纪 60 年代的便携式磁带录音机，电池槽有些松动了，但这台机器肯定还能用。

“这在当年可是上等货，这种东西耐用得很。现在才卖几个子儿呀！”沃夫冈自然要把它带回家。

我妻子对我眨眨眼：“你可别学他！”

正当我们从一个摊位逛到另一个摊位的时候，在远方的图宾根，希斯公司的工作人员也知道了一切：我们的对话、照片、准确的地点。在之后的记录中，这个上午会变成简明扼要的文字：“我们通过图像识别出陪同人员为沃夫冈 · 黑克尔博士，慕尼黑德意志博物馆总干事。”我的朋友“沃夫冈”突然变成了“陪同人员”，而我则被冠上了“朗 · 尤”的代号。其余内容是这样的：

12:36 至 13:06 对话（附录音段落）

谈话要点：

朗 · 尤寻找旧娃娃眼珠。

商贩没有合适的，于是他请求商贩，如有新进的合适货品，留下若干让陪同人员沃夫冈 · 黑克尔博士去取。

后来，当我通读完整的记录时，我几乎感觉自己是个罪犯：记录详细的时间表，还有我们行动档案中精确列出的位置信息，使用的都是刑事调查员在追查“可疑的目标人物”时用的词汇。大白天在跳蚤市场里无伤大雅的闲逛，用上了这些词汇之后，就变成了一种破坏性活动。一切都显得极为可疑，我能感觉到一种冷酷的怀疑。我在找的不是毒品或武器，只是玻璃做的娃娃眼珠，是一件艺术品上需要的部件！

就连这天上午我用手机拍下的照片也在事后的记录里出现了——这大概被称为证据材料。这种准确性是人类无法做到的，因为我在记录中读到了自己都已经忘却的对话段落。在窃听的数字世界里，是不存在“遗忘”的。一举手、一投足和每一场对话都被保存下来，能够在多年之后重新出现在我们面前。

这天上午的晚些时候，沃夫冈邀请我们去他家做客。他向我的女儿们展示了他收藏的黑胶唱片，旋响了他自己修好的旧八音盒，还骄傲地打开了一只老古董晶体管收音机——他用爱意将它唤醒。我们享用着自己烘焙的糕点，开怀大笑，而我裤袋里的手机也一直在那儿。

我的自我试验结束了。“我们有足够的数据了。”希斯的工作人员金在电话那头说。当我关掉这部间谍手机时，我意识到，我也随身带着自己的手机，也许它也同样监听着一切。我无法排除这种可能性；如果真是那样，我不知道“另一边的人”是谁。

这场用手机做的自我试验动摇了我的想法。我没有什么好隐藏的，但这个“自我”终究还是要靠隐私和那些小秘密才能活下去。然而，现代科技的奇迹之作堕落成了“告密者”，我们还随时将它们带在身边。即使我理性地知道等待我的是什么，我还是对这场窃听试验对我情绪的影响感到惊讶。我感到自己像是个数字“犹大”，一个背叛者，入侵到我朋友的私人领域，并由此为“另一边的人”打通道路。朋友的信任被滥用了，就因为我带着手机，就因为我发送邮件或是电子通信簿上写着我最爱之人的名字。从原则上来说，我们每个人都在填充一个匿名的数据搜集器，它会知道越来越多的细节，知道那人的偏好和秘密——这是一个全新的、从未有过的特性。

数字革命来势汹汹，新事物不仅是经过改进的机器和我们使用的应用软件，我们自己也面临着被革命大潮淹没的危险。还需要多长时间，我们就会改变自己的行为，不再敢说出某些想法，只因为它可能被记入我们的档案？电脑已经开始为我们编程，编写我们的行为和想法，而我们没有发现自己是如何臣服于机器的：我们用大拇指写短信、点击词语、在屏幕上滑动，完全按照机器的要求来做。我们绕开堵塞的路段，因为我们跟随着导航仪的指示；我们带上雨伞，因为软件预报会有坏天气；我们祝福朋友生日快乐，是在手机提醒我们之后；我们在谷歌上搜索新结识的人，错误地认为电子档案会告诉我们真相；我们对着手机说话，却忘记了手机会保存、分析和评估我们的话语。多亏了经过优化的算法和高效的软件，“另一边的人”也理解我们的所思所想。

的确，情报局的“信息收集癖”太过火了，但这并不是问题的核心。秘密情报机构从来都热衷于窃听和获取信息，但在我们的整个人类历史上，它们还从来没有像今天这样能够依靠这样强大的设备。在经济上，我们也经历着一个历史性的过渡时期：我们和我们的生活都变成了产品，变成了有利可图的生意，而我们的数字图像越来越多地决定着我们的存在。数据知道我们的偏好和购买习惯，懂得我们的日常安排，并且挤进了我们的朋友圈。那个数字的自我比我们更加了解自己，我们早已忘却的事情，它牢牢记得。还需要多长时间，我们就会变得更相信数字的头像，而不是有血有肉的人？还需要多久，机器就能剥夺人的能力？

已经太晚了吗？当我们沉迷于新事物带来的舒适之中，我们就会失去自主的能力，忘记我们的先辈为何而奋斗。到那时，“自由”和“自主”这样的词语就会失去其含义；不用多久，只要我们的手机没有信号，我们就会感到不自由。

现在我们必须为何而奋斗[1]

每天都会有新的消息进入公众的视野：电话、邮件、短信，甚至连电脑游戏也已经被或将要被窃听了。大量的信息被搜集起来，情报机构和互联网巨头入侵了我们的生活。谁知道还会发生什么呢？

保护我们私人空间的围墙已经渗了水。霉斑赫然在目，但修葺的尝试惨淡收场：无间谍协议、代表团访问华盛顿、委员会到访联邦议院，[2]各种讲话和倡议都毫无作用，问题仍在不断蔓延，出现了越来越多的深色斑点，遍布各个角落。

民主的广厦受到了侵蚀，腐坏的源头却无法消除。银行数据、购物倾向、位置信息这些数据源源不断地从我们这里流向他们那里。最令人诧异和恐惧的是我们的悠闲散漫：我们知道他们保存了我们最隐私的东西，并对它进行评估，但我们无动于衷，继续摆个舒服的姿势谈天说地。这是为什么呢？

① 本文部分段落曾作为杂文发表于《法兰克福汇报》，2014 年 3 月 17 日。

② 译者注：2013 年，发生了德国总理默克尔电话遭到美国窃听的事件之后，德国尝试与美国签订“无间谍协议”，而后默克尔提出在欧盟全面推广“无间谍协议”。“窃听事件”之后，德方派出高级情报官员访问华盛顿。同一事件中，美国国家安全局的调查委员会在柏林的德国联邦议会举行了听证会。

也许是缺少一个看得见的受害者，缺少一个丢了工作或是被无辜投入大牢的人。与盖世太保不同的是，我们不会成为罪恶的见证者，不会看见我们的邻居在清晨被人从床上拖起来抓走。没有囚犯，没有刑讯逼供的受害者，没有伤员，所以我们都得出了那个致命的结论：数字猛兽多么可爱，它只是在闹着玩罢了！

脱口秀节目、报刊社评、专家论坛和激情洋溢的呼吁都无法改变社会的意识。而日常的数字化体验又是如此便捷实用：用来找餐厅的软件、网上商店的一键下单功能，还有振动着提醒你收到了新消息的智能手机。

伊曼努尔·康德在定义“启蒙”时，指出其答案是人类的独立思考——“Sapere aude”（敢于运用理智）；同时，他告诫人们要警惕安逸的毒害：“懒惰和胆怯是何以有如此大量的人，当大自然早已把他们从外界的引导之下释放出来以后，却仍愿意终身处于不成熟状态之中，以及别人轻而易举地就俨然以他们的监护人自居的原因。”康德的思想至今仍有余响，但在渐渐临近的数字时代，这种不成熟的状态产生了自主选择的、彻底的无能。

为了理解我们将面对的未来，我们就必须理解多种平行发展的协同力量。

首先就是巨大的科技进步。如今的移动电话拥有的存储容量，和我上大学那会儿的整个计算机中心一样大，我们的台式机性能要比冷战时期最高级的超级电脑高百万倍。集成技术结合纳米感应器取得了突飞猛进的发展，打开了全新的维度，而所有设备间的联网又加大了这场进步的声势。这一切既令人心驰神往又让人摸不着头脑，即使业内人士也是如此，而这场发展才刚刚起步。如果细致地考量这些概念，就会发现，我们思考的方式和方法正发生着本质性的变化。

写到这里，请允许我带你绕路前往信息科技的世界看一看。早先的程语言有些愚蠢，还按照祈使句式的程式来运行：一方下令，一方听从；一边是“主人”，一边是“奴隶”。代码是线性的、闭合的，被困在我们现实之外的一个封闭区域中。那里存在着几乎类似于君主制的基础结构：中心位置是中央处理器（CPU），身边围绕着它的“臣下”，即其他的电路。但接着，微型处理器和互联网来了，颠覆了信息科学领域内“中央集权”的世界图景。大型计算机被形形色色的智能而且能够交流的新设备取代了。如今的软件是由许许多多平行运作的串流和事件组成的，而它们又能引发其他事件。当你在互联网中开始一项简单的搜索任务时，就在后台引发了一连串如烟花般次第绽放的流程：数据库和分类列表（比如为真实对象绘制的制作方案）被远程下载下来，其他系统的解决方法被调取出来，加载的脚本被卸载，数据被发往世界各地。你可想过，你只是简单地想找个莱茵地区酸炖肉的菜谱，却引发了跨越大洲的进程？

你可能没法想象，人们有多“信任”如今的编程。人们将许多零件组装到一起，却并不知道那一个个软件片段的内部究竟是怎样运行的。如今的操作系统大多包括了超过5000万行的计算机代码。现代软件系统的行为变得如此复杂，以至于深度测试变得越来越困难了。我们的现实世界由“面向对象的”代码描绘出来，而现代的软件——对较年长的程序员来说需要适应——是极度开放和灵活的。

在这些程序的世界图景中生活着无数的对象——带有特点的虚拟参与者，它们解决任务、改变状态，并与其他的对象交流。软件行业的范例和思维模式发生了改变，这早就已经影响到了我们的现实世界。大约30年前，我去听艾伦·凯的一场讲座，他是面向对象式编程的先驱。在讲座中，他的愿景听起来十分大胆和抽象：“一切都是对象！”而现在，我们已经在为“物联网”欢呼了。电脑、手机、载人汽车、载货汽车、集装箱、飞机、涡轮机、发电厂、包装、电表、恒温器、窗户、门、钥匙、汽车轮胎、发动机、除草剂、咖啡机、备用发电机、显示器、扬声器、电视机、运动鞋、牙刷……一切都与数字的“神经系统”相连。资料显示，IT企业思科在2012年就已经在全球范围内连接起了87亿个对象。仅仅一年之后，数量就已经超过了百亿；到21世纪10年代末应该会有超过500亿的对象。思科公司由此推断，届时我们星球上全部对象中的2.7%将会彼此相连。单是反馈对象状态的传感器数量就会有爆炸式的增长。

咖啡机、牙刷、铣床、发动机组、供暖系统、X光透视设备，所有这些机器都会将自己的状态发送出去，而计算机系统在不知不觉中就已经开始获取关于我们本身、我们的家、我们的行为和经历的信息，并将之作为对象。我们就像一台机器，被量化，分类到一个个类别中，沦为一份数字档案。

我们这是加入了一场令人着迷的游戏。对程序员来说，面向对象的进程首先是一场扣人心弦的经历，因为他能从中获得最大的自由和权力。只要我们接受数字思维的游戏规则，允许理性的简化和抽象，我们就能够以全新的方式设计和构建我们的世界。为了使我们能通过数字世界的筛选、符合量化的标准，恰恰是细小的个体区别、诠释、巧合、情绪和偏好这些让我们有人情味的东西，被忽略了。我们默认了人被简化成可测量的特定对象，这就相当于，人本身变成了数字对象。这就是我们签订的“魔鬼协议”：我们牺牲自己的一部分来获取力量。

人们在这点上走了多远，你做个简单的测试就能知道。你智能手机上的谷歌应用软件有语音识别功能，请你对系统提出以下问题：

“路德维希·凡·贝多芬活了几岁？”

系统听懂了这个问题，回答道：“他活了56岁。”

“他在哪里出生？”

“他是在波恩出生的。”

显然，第二个答案也是正确的，但是你有没有发现什么问题？你的第二个问题是：“他在哪里出生？”系统显然是进行了总结，知道这个“他”指的就是那位大作曲家。贝多芬在这个智能搜索引擎的分类中已经成为一个带有年龄、出生地等特点的对象。这个例子表明，如今的人工智能已经在何种程度上得到了运用。在这些系统中，所有的一切都被简化为一个对象，而它是一幢建筑还是一个人，则无关紧要。我也用自己的名字做了这个测试，谷歌也乖乖地给出了答案。

所有这些模式都是由经济利益驱动的，而经济利益对于上文提到过的协同发展就是第二个驱动力。

经济从这一转变中获得了极大的利益，因为透明、量化和便于比较的数字世界使完美的商业模式成为可能。谁掌握了规则，就能够变得比其他所有人都强大，因为对那些没有掌握规则的人来说，他们很快就将失去存在的权利了。“The winner takes it all！”（胜者为王！）数字的思维方式将我们的世界简化成量化的对象，而经济理念会给每个对象贴上价格标签。经济与数字思维之间的联盟不受任何限制，因为一切都能成为商业模式。“爱并非偶然”，一个网上婚恋平台的广告词是这样说的。如果人变成可以计算的对象，那么，这些对象也可以被分类和配对：“数字化包办婚姻——我就是这么认识你妈妈的，但后来程序升级了，我们就分开了……”

在协同发展的领域之中，第三种因素在某种程度上有些宗教性质——我指的是“传教”的思想：说服、逼迫、折磨其他人，直到他接受你的“神”。让他产生依赖！除了十字架之外，征服者们只用三项创新就为他们的权力打上了烙印：火药、指南针和铁质装备。仅仅是这些微弱可笑的技术优势使他们征服了整个世界，从一条经线到另一条经线。1494年的《托尔德西里亚斯条约》将世界分成了两半。一条位于佛得角群岛以西370西班牙里（约1770千米）的“线”，将尚未被人们熟知的世界划分开来。早在麦哲伦的船队第一次环航我们的星球之前，战利品就已经被瓜分了：在教皇赐福划下的界限以西发现的一切，都属于西班牙，而东面的所有土地和民族都归葡萄牙。

现在，指南针变成了搜索引擎，火药和武器装备变成了智能对象、感应器和设备。而且这一次，欧洲人将要体会到外族人的旗帜插入自己的领土是什么感受。目前，美国和中国那看不见的大帆船如疾风般穿过数字的汪洋，一夜之间就占据了整片大陆。谷歌、亚马逊、华为、腾讯、苹果、脸书、微软，它们都占据了互联网中的重要位置。谁不臣服于数字强权，谁就会受到被隔绝的惩罚。

我们几乎每天都会听到消息：又有新的“殖民地”被收入囊中，比如谷歌收购了制造恒温器的小企业Nest。在内行人看来，这样的收购是符合逻辑的：接下来，数据巨擘谷歌、亚马逊之辈就会去敲你的门，为你更换灯具开关，旋动你的暖气转钮；他们会带着五花八门的应用软件、节能的智能平板，以及偷听你说话的小助手们住进你的家。而你本人会敞开大门将它们迎进来，就像那些被蒙在鼓里的当地人欢迎葡萄牙水手那样。当时，当地人友好接待陌生人的行为，还有他们的坦率和占有意识的缺乏，都使船上的史官非常惊讶。女人们赤身裸体地走来走去，因为她们“没什么好隐藏的”。新的“水晶球”上写着这样的句子：“因为它让你的生活如此舒适。”又一次，许多人认为，他们没什么好隐藏的。

让我们大胆地做个中期总结：你的电子书销售商亚马逊是美国的，你的百货商场易贝、音乐商店iTunes、视频网站YouTube和网飞也是美国的。

你的操作系统源于美国，正如你选择餐厅时的顾问谷歌和你的消息供应商谷歌新闻一样。你靠谷歌街景的地图辨别方向，而且在不久之后，应用软件就将控制你的灯具开关、你的家电操作、你玩的游戏、你看的电影、你的行事日历、你的通讯录、你的社会关系网……这一切都是“美国控制”。

我们还处于这场全球性接管的开端，但在“泄密者”爱德华·斯诺登揭发了美国秘密情报机构的窃听行径之后，我们每个人都该清楚地看到美国的权力野心了。但德国有什么、欧洲有什么能拿来应对呢？什么都没有！对于美国窃听丑闻，欧洲的反应在哪里？我们的基本权利受到公然侵害，能让人感觉得到的反抗在哪里？美国的傲慢被这么“耸一耸肩”就接受了。而无知的人们天真地将希望寄托于与美国签订《无间谍协议》。看看美国的立法就会知道，为什么这份协议永远也签不成。卡斯帕尔·鲍登曾是微软的隐私条款专家，他仔细研读了《外国情报监视法案》（缩写为 FISA），就此为欧盟撰写一份简报：按照美国法律，探听非美国公民的私人信息是法律允许的——对搜集非美国公民信息的行径来说，《外国情报监视法案》中的规定就是一份免罪状。

说白了就是：参照这项法案，欧盟公民是没有隐私的。欧盟与美国之间的《安全港协议》本该构成在云端计算中保护数据安全的基石，但它只是浪费了印上这份协议的纸张——它与《外国情报监视法案》相违背。在 2015 年秋季哈佛大学的“德美大会”上，我向在场的美国中央情报局前局长迈克尔·海登提问：我们能否至少达成共识，欧洲人也与美国公民享有同样的信息安全？海登是个友善的人，声音温和，他一秒也没犹豫，解释说，他会首先考虑美国的利益。由此，秘密情报机构窃听和监视“其他公民”的行为合法化了。

简单来说，即使斯诺登没有揭发，在详细分析美国现行的法律状况之后，每个欧盟信息安全保护者心中都该拉响警报，但没有任何一个责任官员去完成自己的使命。2013 年，德国联邦总理宣告："在德国土地上就要遵循德国法律。"但实际上，这是在承认，在解决国际问题时，国内政治似乎无能为力；而另一边，谷歌、脸书之类公司的总裁们受到了国宾般的接待。

为了将我们从对数字强权的依附中解放出来，需要一场广泛参与的社会运动，无论发起者是国家还是大型企业。

此外，还有另一种更根本的可能性——国民意识的转变。

在为大型企业和秘密情报机构助力的另一面，互联网还有一种被隐藏的潜力——它能够帮助国民发展。这其中蕴含着发展民主的大好机会；而且在一些领域中，人们已经看到了这条道路指引的方向。如果我们将自己从"沉默的消费者"这样的角色桎梏中解放出来，发展并聚合我们的创造力，任何企业都将无力抗衡。迄今为止，经济思维一直使少数人成为科技进步的获益者，而开源思维就是对它的直接攻击。在软件行业，一种分享文化逐渐建立起来：无数的开放式应用软件、程序和操作系统如同雨后春笋一般拔地而起。讽刺的是，美国在这一方面也是先行者。

在新的"共享经济"概念中，赢利不是第一位的，最重要的是分享。"众筹"（即众人筹资）和"众包"（即将任务外包给一组用户）都在快速发展。每个人都能加入并协同实现新想法的网络平台隐藏着巨大的机遇，在这里，共同的福利才是核心焦点；在这里，人民——我们每个人都尽自己所能。网络的团结作用让大型企业望尘莫及。越来越多的年轻人实践着"使用代替拥有"的原则，拒绝传统的消费观念。在过去几年中，年轻人购买新车的数量明显减少，因为"汽车共享"改变了市场。新产品不再将利益最大化作为首要条件，取而代之的是可持续性和薪资平等。而在媒体上，免费学习平台、修理咖啡馆（Repair Café）和换物市集在不知不觉中已经欣欣向荣地发展起来。

从产品到消费者的经济流向开始反转，这使工业为消息灵通的客户们提供服务。整个社会一直以来的经济基础在许多地方都显现出了细小的裂痕。市场法则与引人注目的科技进步相结合，并不一定意味着生活状况的改善。历史教导我们：蒸汽机和兴起的工业化引向的首先是一条崎岖的道路，是为建立新的稳定秩序和社会市场经济而进行的抗议和斗争。

今天，我们又迎来了挑战：要为科技的未来找到稳妥的解决方案。从中也许真的会诞生一种“新经济”，互联网也许会成为一个民主世界的助产士，而不是为贪婪的超资本主义助纣为虐。对于一个充满了怀疑和刺探的系统，对于全球金融体系的独立，这条路可能是一种答案。长远来说，信任、坦诚和平等才是更文明、在经济上可能更有利的一条路。

现在的路线则会导致政治和经济越来越不稳定。它可能会导致数字军备竞赛，让我们沦为一个充满防火墙和监控的世界的囚徒、一场全球性网络大战中的受害者。我在写这本书的时候，用 WannaCry[①] 这款破坏程序进行的网络攻击已经涉及 150 个国家的 20 多万台电脑。相较于将要来临的一切，这场攻击还只是热身。在网络时代，医院、电力及水力供应、交通系统和所有的生产领域全都有了新的弱点，这引发了全球范围的安保狂潮。这就形成了一个相互作用、不断增强的循环：建立数字防御产业导致更加精密的数字入侵武器被研发出来。

我们回忆一下：在冷战期间，核武器竞赛达到了令人发指的规模，直到爆炸式增长的开支最终结束了这场攀比。如今有一项全球范围内的共识：原子弹并非现实的选项。从今天的视角来看，我们本可以免去这场核军备

① 译者注：直译“想哭”，又译“魔窟”病毒。

竞赛；如果能早些意识到彼此之间的军备较量只会引向一条死路，那么，所有国家原本都可以从中获益。因此，我们也许应该让那些聪明的经济学家先算一算，长期来看，数字世界里的多疑会造成多大的开支。

让我们花一点时间，看一眼反乌托邦式的未来：完全联网意味着对公民进行完全监控的可能性。许多国家已经在考虑开展“国民信用评分”，每位公民都会受到评分系统的考量。完成“社会期待行为”，如献血、义工服务或公益活动，个人的分数就上升；发表不当言论、言而无信、违反交通规则或是“虚情假意”坑害朋友都会导致扣分。高分会使人的信贷变得容易，雇用程序得到简化，还能买到减价的机票。

如今，银行已经通过各种数据来衡量我们的信誉，航空公司也有“禁飞”黑名单。“国民信用评分”可能扩展到生活的各个领域，可能会成为强权者和专制者手中的有力工具。在这种不断优化的逻辑下，保险公司会记录我们的医疗活动，汽车生产商会评估我们的驾驶风格，国家政体的保护人会评判我们的政治倾向，他们全都能为自己的行为找到充分的理由。在意识到自己始终处于监视之下后，我们便会渐渐改变自己的行为：为了符合标准，我们被迫去适应预先给出的电子形象。

2013 年底，聚集在尤丽 · 策和伊利亚 · 特罗亚诺夫身边的一群作家撰写了一份题为《在数字时代捍卫民主》(*Die Demokratie verteidigen im digitalen Zeitalter*)的宣言。来自 80 个国家的 562 位作家签名支持了这份宣言，全球 30 份报刊进行了刊载。(我的名字也在最早签名人之列。)一群著名学者，其中也包括苏黎世联邦理工学院计算社会科学学院的教授德尔克 · 赫尔宾，他于 2015 年底写了一份《数字宣言》警告人们防范数据独裁。然而，这些呼吁和倡议没能引起太大的改变。通过秘密情报机构进行大规模监视，以及出于商业目的而刺探我们最私密的活动，这些行径都在无耻地继续着。擎起民主的支柱——人的尊严，成了牺牲品。

如果我们的思想和对话始终受到监视，我们真的想要生活在这样一个未来吗？我们真的要允许一场审判将我们所有人都变成嫌疑人吗？在一个为“安全”服务而摧毁自由的体系之中，个人的自由在哪里呢？我们的认知必须改变，这就是我们现在要为之奋斗的！

第七章

恐惧

如何应对危言耸听和威胁？

麦片吃完了[1]

在几个星期前订房间的时候，没有人提醒过我，但抵达汉堡之后，出租车司机惊呼道："内政部长正在你住的酒店里开会呢！"

我们这一路非常混乱：路障、警车的蓝光、改道、拥堵、安全检查，汉堡的半个中心城区都被封锁。我们到达酒店时已经迟了许久。警察和安保人员沿着外阿尔斯特湖的岸边，在酒店入口和后街巡逻。好大的排场啊！

酒店前台的工作人员为由此带来的不便向我们道歉。在酒店大堂里、走廊上、电梯中，到处都站着身穿灰色西装、身材魁梧、目光警觉的先生。他们佩戴着绿色的徽章，上面写着"人员安全"。他们都很友好，我们开了几句玩笑。"是的，尤格施瓦先生，你在这儿很安全。"

从我七楼的房间里望出去，可以看见外阿尔斯特湖。11 月的汉堡，天气寒冷、潮湿又晦暗。城市的剪影被笼罩在一层薄薄的雾里。酒店的宣传单上写着："作为本店的客人，您将以新的视角观赏我们美丽的城市。"我俯看着庞大的安保队伍：佩戴着军事装备的警察身穿深蓝色连体制服，佩戴着头盔和对讲机，穿便服的工作人员耳朵里都有必备的耳机，骑警队在一

① 首次发表于德国《日报》(*Die Tageszeitung*)，2012 年 10 月 21 日。

旁待命，豪华礼宾车上闪着蓝色的灯。为什么要在市中心安排这么一场会议呢？各州的内政部长也可以在一艘船上开会啊，那样的话更容易确保安全吧？也许他们中的哪个人晕船——谁知道呢？

我得去电视台录影棚了。乘出租车去吗？还是不了，酒店附近不允许出租车停靠。安保人员有礼有节，还为此致歉。我对他们透露了可以在城外开会的主意。他们点点头。是的，他们也觉得这么大的排场有些夸张了。我们理解彼此的想法。于是，我决定步行出去，以便在外面那“不安全”的地方拦到一辆出租车——雨下得越来越大了。

在电视节目里，我们谈论了我的书《原来如此！》（*Ach so!*）。那本书里写的都是日常问题的答案：为什么苹果会从树上掉下来？为什么女性会感到脚冷？

当我回到酒店（我是步行返回的），警察还问我：“您要去哪儿？”

“回我的酒店。真是遗憾，内政部长们也住在那儿。”

我不得不把房卡拿给他看。接着，这位年轻的警官认出了我：“您是不是电视上的那位？”

我们说到了封锁街道的荒唐，说到了整件事巨大的花费。“政治家是国家的公仆，”我说，“他们该为我们这些国民服务，但这儿好像反过来了。一座城市的市民、出租车司机和警察都在为部长们服务。”

他笑了起来，他坦率的眼神与佩戴着装备的制服一点也不相称。整个晚上他都得在这儿坚守岗位，在寒冷的、11 月的雨中。“您瞧，”他说，“我考完了毕业考试，结果却落得这样的下场！”

我们作为两个普通的市民，开诚布公地聊着，职位和头衔都不重要。他喜欢我的节目，对科学话题很感兴趣；对于恐怖主义引起的过度恐慌，我们的观点也很相近。我们互道“晚安”后分别了，我在脑中想象，要是带着这样的想法，为了对抗莫须有的恐怖袭击挨冻一整晚，该有多么艰难。

《晚间新闻》播报了纳米比亚的一个可疑包裹，说是飞往德国的飞机上有一颗炸弹。我不是什么安全专家，但坦白说，我并不相信这些耸人听闻的新闻。这一切都太巧合了：在我入住的酒店恰巧也住着内政部长，偏偏在这时候又爆出，德国将成为恐怖袭击的下一个目标。这听着就像刻意安排的。

我睡不着，因为我意识到，我住的这间酒店可能会成为恐怖分子的靶子。一样要搞暗杀，不如就选这里：这么多的警力简直标志着威胁，根本不能让人安心，而是完全起了反作用。夜晚的外阿尔斯特湖上，一艘船正在巡逻；空荡荡的街道边，站着挨冻的警察们。

我给妻子打电话，孩子们都好好的。我儿子要毕业了，还去做了就业咨询。可别去当警察，我心想，不然就要白白挨冻了。我突然想到，我们的对话肯定被监听了。警察出动的时候，一切都会受到检查；一个晚安之吻可能与安全无关，但也重要得很。

挂了电话之后，我感到很孤单。我打开电视，但很快又把它关了，转而望向窗外。

做科学研究的时候，我们得证实现象的存在，只要现象没有按照预期发生，就缺乏最终的证据。比方说，我们每一个人都能自己验证重力原则，但在恐怖主义的世界显然有着别的规则：安全机关找到了传说中的炸弹——或是说风险增大，就要从我们市民这儿拿到更多的钱。这事有些荒唐。人们把这种事叫作“自欺欺人”。我们这些民众没有人能够证实，这一切是不是真的。我不喜欢这种危言耸听的行为，作为自然科学学者，我学会的是量化地比较风险。我在一场交通事故中死去的可能性，比我在德国成为恐怖袭击受害者的可能性要大得多。不，我不害怕，即使汉堡的所有警察都站在我的床边，我也会保持清醒的头脑：这里发生的一切都是在做戏。我就这样睡着了。

第二天傍晚，我在一间影院为我的书开朗读会。我讲述了为什么苹果会从树上落下，以及为什么成见会影响我们，还说到在自动售货机不收钱的时候，把硬币在投币口反复摩擦是没有用的。汉堡的听众们都很开放，而且非常真诚。这个傍晚伴随着许多笑声，随后我又得回到外阿尔斯特湖边看守严密的酒店里。

我起床之后，那个可疑的包裹甚至上了日报的头版。我对这些记者同僚毫不审慎的态度非常恼火：他们为什么要参与到毫无缘由的安保恐慌中去呢？为什么不能严格地追问，而是简单地相信别人告诉我们的东西呢？

我又要在联邦刑警、国务秘书、司机和安保人员中间吃早餐了。服务生将我引向一张桌子，偏偏就在联邦内政部长的旁边。他穿着笔挺的衬衫，一个人坐着读报纸。我们简短地打了个招呼，我问他，为什么不能在郊区开这些会。“这就是会议主办方的事了。”他说。

我点了一杯卡布奇诺，起身去取自助餐。此时，我突然觉得自己格格不入。我质疑他们对恐怖袭击的态度，拒绝夸张的安保形式，认为导致整个中心城区封锁的会议一无是处，却还坐在为安保政治辩护的人们中间。

自助台上的麦片和水果沙拉被吃完了。这也难怪，这些干体力活的人员都吃得很健康。

和我们的内政部长坐得这么近，让我很不舒服，我努力让自己转移注意力。于是，我开始读报纸上关于可疑包裹的报道。通过透视检查，从中发现了电池、电线与一只点火器及一只运行的计时器连接在一起。部长也在看同一份报纸，我疑惑，他是不是早就知道了这一切。也许他感到很自豪，因为他的名字被频繁提起，他站在了聚光灯下。

离开餐厅时，我注意到，安保人员的眼神变了，之前的怀疑解除了。

他们显然知道了：我是不会造成危险的。但是拜托——我可不是和他们一伙的！在退房时，我发现自己到底只是个普通市民。还是没有出租车，我带着箱子再一次走到封锁线另一边的“非安全区”，花 20 分钟才打到车。

司机来自阿富汗，他抱怨说，西方媒体总是歪曲他家乡的形象。“英国人和美国人是和塔利班一伙的，”他激动地说道，“在阿富汗有无数矿产和铀，他们就是想把这些都抢去。恐怖主义和袭击，这全都是扯谎！”

正如预料中那样，机场的安保措施加强了，有许多穿着安保背心、端着枪械的人。我的前方停着一辆空的婴儿车——可能也有“安全问题”吧。飞机上发了点心，终于有麦片吃了。

务必佩戴护目镜

我们唯一需要恐惧的，是恐惧本身。

——富兰克林 · 德拉诺 · 罗斯福

2015 年德国发生了日食。报纸上充斥着各种警示：“切勿直视太阳！”“务必佩戴护目镜！”据说能源供应企业也有些心慌：“我们现在要面临停电的威胁了吗？”还在上学的孩子都无法离开家门，家长们忧心忡忡。媒体里过分夸张的警告让日食的到来像是大难临头，真是让人叹惋。

我们拍了一小段视频，给那些没法买到专用眼镜的人提供另一种选择：背对太阳站立，然后将手机的前置摄像头朝向天空，这样就能顺利地观察到这一天象了。这段视频上传了短短几个小时后，媒体就有了反应。学科编辑发消息问我：“手机摄像头不会被烧坏吗？”这种担心是多余的；显然，我们的媒体还没从以讹传讹、危言耸听的旋涡里转出来。

以断电为例。由日食引发的头条新闻中，有一些标题是这样的：《我们将面临双重能源断供吗？》《灯会熄灭吗？》《能源过渡计划面临考验》《德国会受断电威胁吗？》。如今，德国已经有了许多能供应电力的太阳能光伏电站，配置的额定功率在 3.6 万兆瓦以上。太阳变暗之后，供给的电量减小，按照那些警告者的说法，这部分能量供应中断将会损坏电网。

但是，供能中断不是突然发生的，而是在一个较长的时间段内慢慢发生的。日食的天象景观从日食开始到结束要持续两个多小时，即使在最暗的时刻，太阳被遮住的面积也只有大约 77%。这意味着，在日食期间，太阳仍以四分之一的强度散发着光和热。而且，这种起伏变化是可以精确计算出来的。发生的一切都可以预见得到，因此可以制订计划，在日食期间打开备用电源。说到底，太阳每天都会落山，由此引起的能源供应变化已经有了常规的应对手段。

总结：媒体对停电的焦虑是毫无道理的。

再来说手机摄像头。的确，聚焦的太阳光可能引起灼伤——谁小时候没有做过那个放大镜实验呢?

但是，你看看，手机摄像头有多小。无论是什么型号，它的直径也不过几毫米。我手机上的那块透镜面积大约是 1 平方毫米。太阳赠予我们的能量大约是每平方米 1000 瓦；或者说，每平方毫米 0.001 瓦。换句话说，落在手机小镜片上的光输出量只有微不足道的 0.001 瓦，这不足以造成任何损坏。除了这些简单的物理学思考，我们还可以这样来说明：手机摄像头原本就没有任何的密封措施，是暴露在阳光照射中的；如果这样就会损坏的话，那生产商可要头疼了，因为手机摄像头可能要被批量取消了。

总结：担心手机摄像头被毁坏也是毫无根据的。

理性的思辨能够解除一个人具体的担忧，但恐惧并没有因此被战胜。恐惧、风险和责任互相牵制，有待进一步探究。

几十年前我在美国第一次观察到的现象，如今可能在我们这里也成了一种固定的想法。那是 20 世纪 70 年代，在纽约的一家百货公司看到一块牌子上写着“小心地滑！”时，我摇了摇头。我问我的美国朋友，人们为什么要竖这些牌子，难道大家看不见地板是湿的吗？他的回答很简短："为了保险和赔偿金啊！"如果有人摔倒而没有警告标志，他就能要求百货公司支付高昂的赔偿金。

如今，这在美国已经成了人们热衷的"运动"。我们可能还记得最著名的案例：史黛拉·里贝克状告麦当劳，要求补偿，并最终收获 64 万美元——她自己把这家快餐店的热咖啡洒在了身上。有了前车之鉴，商家、生产方和公共机构出于对此类指控的恐惧，自此便竖起了荒唐的警示牌。"切勿将衣物穿在身上熨烫！"某款熨斗的说明书里就是这么写的。儿童推车的生产商甚至警告："折叠车身前先将孩子抱离！"

谁都不愿意承担责任，如果发生了什么，那么"胆大的"就是罪人。

只要说出"安全"这个词，似乎就没有可以争辩的理由了。安全至上的想法推动着我们群体性的怯懦。老师不敢在日食期间让学生下课，因为可能会有某个孩子出于好奇而直视变暗的太阳。那样的话，最终是谁的过错呢？恐惧导致了学生们被关在昏暗的教室里，学校在过度的恐慌情绪面前败下阵来。

从恐惧、风险和责任的三角中诞生了一门生意。人们为预防水族箱碎裂签下保险，虽然家中根本没有鱼缸；汽车租赁时支付高价就能够在车祸时免除自付部分；就连说走就走的旅行，也有了旅行取消保险。保险业者从我们不敢承担责任的怯懦中获利。当我在印度的一家宾馆注意到那里没有灭火器时，我找到了前台。经理的回答是："您别担心，我们有保险！"人们想让我们相信，火灾保险对火灾管用，而事故保险能让汽车变得更安全。理智健全的人会规避令人恐惧的事物，于是我们购买昂贵的全方位保险套餐，好让自己能睡个安稳觉。

但是，我们为什么会落入这个陷阱呢？我们不理智地处理自己的恐惧情绪，这与我们被扭曲了的感知有关。丹尼尔·卡尼曼和阿摩司·特沃斯基是耶路撒冷希伯来大学的心理学家，他们在 20 世纪 80 年代做了一系列实验，内容是获利、损失及与之相连的风险感知。[①] 对我们来说，损失比“毫无获利”要严重多了。说到底，人根本不怕一无所获，但特别恐惧失去些什么。两位心理学家发现，我们没有理性地行动，而是以可能性为导向；我们愿意冒险的程度更多地取决于是有利益的诱惑还是有损失的威胁。面对可能的利益，我们大多会偏向于更为稳妥的选项，即使从数据来说，愿意冒的风险越大获益也越多，我们还是如此。完全就跟民谚中说的一样：“手里的麻雀好过屋顶的鸽子。”相反，面对可能的损失，我们会选择较为冒险的方案，虽然最终我们也有可能什么也不失去。

与之非常相似的还有“感觉上”的安全和统计学上的真实风险之间的矛盾，这也是保险公司乐于利用的一种情况。我们凭感觉，而他们在计算。任何微小的剩余风险，在我们的感知中都会占据不成比例的巨大空间，我们花费大笔的金钱，填补这些“安全漏洞”，误以为能获得百分之百的安全。我们就这样落入了陷阱。

恐惧之树的果实是多种多样的。饮食也成了“风险”：盐会导致高血压，脂肪导致心肌梗死，烤肉是致癌的，就连我爱吃的薯条（含有丙烯酰胺）也变成了威胁。几乎没有哪一天不出现新的警示，说我们的食物中含有防腐剂、亚硝酸铵、致敏物质、饱和脂肪酸、胆固醇、有害细菌或是多环芳香烃。恐惧不断滋生：从前，吃最讲究的是口味；如今，没有什么比“健康”更重要。

人们用“健康食品痴迷症”[②] 来描述那种几近病态地追求“健康饮食”

① Daniel Kahneman, Amos Tversky. Risiko nach Maß. Psychologie der Entscheidungspräferenzen, in: Spektrum der Wissenschaft, 03.1982.

② 译者注：又译“完美食欲症”或“健康饮食症”。

的行为。害怕吃错东西导致了极端的规避模式：人们不再食用牛奶、小麦粉、砂糖、肉类、含有乳糖或麸质的产品。在报刊中，“麸质”和“乳糖”这样的词汇在 2015 年的出现频率是 2005 年的 10 倍。

我们以麸质为例。大约有 1% 的人患有乳糜泻，这是一种经医学验证的麸质不耐症。患者终生不能食用麸质，因为即使是小量的麸质也会对这一人群构成风险。但让我们看看超市里有多少无麸质产品，这揭示了一个值得注意的差别：现在，决定购买无麸质产品的人是从医学角度有必要这样做的人的 10 倍。专业人士甚至要劝说人们放弃无麸质饮食，除非患有乳糜泻。

虽然这些“无”系列产品要昂贵得多，而且对健康的人是毫无意义的，购买它们的人还是不断增多。“无”更健康，这是广告业的信条，而各家公司也通过这一信条赚了许多钱。

我们的电视节目 *Quarks & Co* 做过一个试验：我们在步行街上访问路人，让他们在“有”和“无”的食品中做出选择，受访者必须回答哪种食品在他们看来更健康。18% 的人选择了无麸质的品种。而在另一个问题中，我们凭空捏造了一个物质，命名为“Mui”，每 8 个人中就有 1 个人说：“不含 Mui 的更好。”由于害怕吃错食物，我们甚至放弃了根本不存在的物质。

恐惧是一名糟糕的“顾问”，正如我们所见，它会导致我们做出非理性的行为和错误的决定。在西方世界引起最大恐惧的事件发生在 2001 年 9 月 11 日。被劫持的飞机撞向高楼，那画面令人震惊，并且深深地烙印在我们的记忆里。在此之前，我们从来没有亲眼见证过类似的袭击事件，电视里的现场直播让全世界的人们都感同身受。一夜之间，对恐怖主义的恐惧就滋长了出来。

一些人惶惶不安，以至于他们在接下来的几个月都不再乘坐飞机，改用汽车出行；尤其是美国人。风险研究专家格尔德·吉格伦泽因此调查了州际公路上的事故数量。[1] 根据美国交通部的数据，他发现，在那场恐怖袭击之后的 12 个月内，交通事故致死的数量有明显的升高。显然，随着车流的增加，交通事故致死的案例也更频繁了。吉格伦泽的结论是："总的来说，大约有 1600 名美国人为了规避乘坐飞机的风险而在公路上丧生。这一死亡率是那 4 架飞机上死亡乘客总数（256 人）的 6 倍。" [2]

恐怖分子的阴险逻辑结出了果实，通过这场袭击引起的恐慌，他们动摇了我们的社会。恐惧和不安让我们做出错误的决定，而这些不理性的行为导致的后果相当于第二次恐怖袭击。杀死我们的不是威胁，而是对威胁的恐惧。2016 年降临节，在柏林布赖特沙伊德广场发生的恐怖袭击夺去了 12 条人命，这是德国遭遇的第一场伊斯兰极端分子针对平民的较大规模袭击。在去圣诞市场的路上被车撞到的概率，要比成为空袭遇难者的概率大得多。

即使是这样，人们还是不断采取新的越来越昂贵的安保措施。只要抽出这些花费的一小部分，我们每年就能在德国拯救约 5000 人的性命。根据一项调研，单是在德国，有抗生素耐药性的病菌每年就能杀死约 1.5 万人。大约三分之一，也就是约 5000 例发生在医院内的病毒感染，本可以通过贯彻标准的卫生措施杀死病菌来避免。

谁又知道呢？通过自杀结束生命的人数几乎是谋杀、殴打和身体伤害致死总数的 15 倍。也许，投入更多的心理学家和神经科医生，比招募更多警察更理智些。

我们混乱的恐惧情绪导致恐惧支配了一切。我们总是收到"提醒"，比如

---

① Gerd Gigerenzer. Dread Risk, September11, and Fatal Traffic Accidents, in: Psychological Science, 15 (4), 2004, S. 286—287.

② Gerd Gigerenzer. Risk Savvy. How to Make Good Decisions, New York: Peguin Books, 2013.

机场广播：“安全提示：请勿让行李离开您的视线。”无论是机场、食品包装、保险条款或是杀毒软件中，大大小小的地方都重复着这些安全咒语。各个党派的政客们在拉拢选民的时候，都在描述夸张的恐怖景象：他们谈论对欧洲分裂的恐惧，说起对外来影响的担忧，并警告我们经济有衰退的危险。媒体为了博取关注度，互相较量着夸大的手段，又进一步加剧了这些恐惧。一家大型的德国医疗保险公司做了一项典型性调研：2400 名市民说出了他们在政治、经济和私人领域最大的担忧。对恐怖主义的恐惧以 73% 的比例居于首位，这一数字创造了历史新高，即使其风险与其他威胁生命的因素相比几乎可以忽略不计。记者托比亚斯·约希海姆一针见血地指出：“谁要是能冷静地用数学揭示恐怖主义作为‘纸老虎’的真面目，那他就是在帮助挫败恐怖分子的阴谋。他们想要让我们害怕得发疯，让我们在对安全的渴望中亲手放弃几百年奋斗得来的自由。那些强调恐怖分子能力有限的人，并不是在嘲笑恐怖主义的受害者；他是在用誓言向他们致敬：我们的恐惧是那些凶手永远也得不到的。”

我们的恐惧过了头，因为至少在现在，我们生活在最和平的历史阶段。德国人民从未有过如此美好的生活：孩童死亡率极低，我们的医疗体系非常发达，营养摄取也是前所未有的好，我们还享受着欧洲最长的一段和平时期。请问问题在哪里呢？但即使没有问题，恐惧依然存在，风险研究者和统计学者都无法用他们的事实理论将之驱逐；单有理性似乎还不足以对抗恐惧。

恐惧——无论有没有根据——长久以来也发挥着一种凝聚作用。恐惧存在于我们的基因里，是我们进化的一部分，因为我们的祖先是许多猛兽的盘中餐。恐惧将我们联结在一起，它帮助我们找寻群体的自我认知，它就像是社会的黏合剂。也许，在科技进步将要瓦解社会关联的时代，对未来的恐惧也表达了我们对群体的需求。

事实证明，认为科技进步能将我们从恐惧中解放出来是一种谬论。因为无法预知的未来本身成了一块屏幕，投影出我们不祥的预感和被扭曲的恐惧景象。因此，探讨如何合理利用恐惧，使之成为我们的工具，也许会有所助益；毕竟恐惧向来都是一种有利可图的商业模式。

十五六世纪，在欧洲出售赎罪券的人从人们对炼狱之火的恐惧中获利。人们可以凭借赎罪券洗脱罪孽以及由此造成的炼狱之火的折磨。将灵魂救赎与金融服务联系在一起，这可真是笔完美的生意。教会出售赎罪券，以此填补财政的窟窿。来自美第奇家族的教皇利奥十世将利润丰厚的赎罪券生意推广开来，以此支持圣伯多禄大殿的建造。多明我会僧侣约翰·特泽尔有一句名言："箱里钱币叮当响，炼狱灵魂上天堂。"这门生意变得越来越荒唐，人们起了疑心，形成了反抗活动。马丁·路德用他的《九十五条论纲》宣告了革命的开始，终结了赎罪券的买卖。准确地说，他只是改变了商业模式。他宣告，每个基督徒都能通过真切的悔意为自己的罪过获得原谅，而不是通过赎罪券。

如今，人们恐惧的不再是地狱和净化之火，而是移民、人口增长、失业、气候变暖和数字化，而这些也将人们引向了新的商业模式。安保和军备行业、制药公司、能源供应企业和食品生产商从中获得的利益，与媒体公司及互联网集团一样多。他们将恐惧像一只圣体匣那样捧在面前，以此获利。

当我们看穿其中的玄机，我们就能完成启蒙，而启蒙所追求的就是将人类从原始恐惧中解放出来。美国总统富兰克林·德拉诺·罗斯福在 1934 年的第一次就职典礼上告诉忧心忡忡的民众："The only thing we have to fear is fear itself."（我们唯一需要恐惧的，是恐惧本身。）

第八章

知识

教育和文化史

我们所不知道的那些事[①]

我在克吕尼修道院学校上学的第一天（我站在修女左边）（来自朗伽·尤格施瓦的私人档案）

① 部分想法源于我在杜塞尔多夫所做的演讲《给北威州最好的学校（关于学校的新思考）》。

我上学第一天就受到了惊吓。1964年夏季一个阳光明媚的日子里，我和我的双胞胎兄弟皮埃尔一起被送到了班加罗尔城以北的克吕尼修道院学校。破败的教学楼有些泛黄，屋顶是波纹白铁皮，看上去一点也不吸引人。我们这些学生在中庭里排队，整整齐齐地站成几列。女校长出来欢迎了我们，在她讲话的时候，我观察到，我的母亲也和别的家长一起站在旁边，似乎对校长的讲话无动于衷，却莫名有些紧张。

这是一所必须穿校服的公立学校，浅蓝色的衬衫和灰色的短裤。动员讲话结束之后，我们这些孩子就各自进入了分配的教室。稍晚些时候，我从窗户向外张望，我看到母亲开车离开了，一种无法抑制的孤独感向我袭来。我的兄弟坐在另一条凳子上，他沉默着，我可以从他的表情上看出，他也感到非常压抑。

简陋的教室无法带来任何慰藉。脏兮兮的墙上挂着字母和数字板，它们是上课时将要使用的教具。讲台上方是一幅粗制滥造的浅蓝色圣母画像，画里的圣母伸出手臂，朝向我们。空气里的味道也令人不好受，那是汗水、写字板和潮湿粉笔的味道。在那天，我第一次在人生中感觉受到了囚禁。

学校对我来说就像个囚笼：我不能自由地活动，当外面的乌鸦在树上飞来跳去的时候，我却得乖乖地坐着。我为什么不能像其他时候那样，任凭我的好奇心肆意奔跑呢？女班主任警告我们要保持安静，她竖起食指放在嘴前，发出响亮的嘘声。平时到处乱跑、肆意喊叫的二十几个孩子现在都沉默地坐在教室里听女老师说话。她的脸蛋平滑又年轻，和我们这些小孩子不同的是，她不用穿制服，而是穿着一条有花朵图案的彩色裙子。我立即注意到，她的牙上有缺口。在她的门牙正中有一条小小的裂缝，说话有些漏风。我还记得，我在学习发音的时候从来不知道，是不是该把那咝咝的声音包括在内。在最初的几堂课里，我们就只是听着女老师的教导和指示，等着她把词汇告诉我们；她有权决定谁能发言而谁不能说话。对每个向往自由的灵魂来说，这都是令人沮丧的经历——自己的思想怎么能屈服于另一个人的肆意专断呢？后来，当女校长走进教室之后，我的无力感就更强了。她是位穿着白色长袍、戴着白色头巾的修女，光是她与众不同的模样就使她散发出令人害怕的威严。在她的胸口前，白色的底子上绣着黑色的十字，似乎在警示着某种更高权力的存在。我们这些学生必须全体起立，齐声说："早上好，修女！"女班主任谦卑地退到后面，把舞台留给一身白衣的修女，这种屈服的姿态表明了这所学校严格的等级制度。在后来的日子里，我还常常见到这种以屈从的姿态突出权力的行为，比如说在各部官员或助理阿谀奉承他们的部长或领导时。

修女要我们祷告。我的父母充满爱意地悉心教育我们，但这之中没有丝毫宗教的虔诚。现在，我却不得不双手合十，乖乖地跟着念祷告词。在上学的第一天，我充满自由和开放的童年世界就破碎了。权威、安静、纪律、野心和恐惧将在漫长的学校岁月里伴随我，而这其中没有任何一样能够唤起并激发我的好奇心。直到今天我还没弄明白，为什么在学数学兴致正高的一个小时后一定要翻开德语书。在预定的时间框架内学习会扼杀所有的热情，因为热情需要自由空间。

祷告之后，修女离开教室时，我们又得全体起立，说一句响亮的"再见，修女！"修女将权杖重新交回班主任的手中。开始上课了，但每当我想到这一天，我就会首先想起那些指示、规则和流程，它们从这天开始便一直影响着我的校园生活。

铃声突然响起。涌出教室的学生们一下就用喧闹和喊叫填满了教学楼，这把我吓了一跳。在静默的教室里积累起来的能量在操场上释放出来，如同一场由喊叫和追逐打闹组成的雷阵雨。一些学生情绪激动地跑过尘土飞扬的操场，推搡着他们的同学或是毫无缘由地朝天空大喊。几分钟之后铃声再次响起，这些无法抑制的活力便熄灭了，我和其他的所有人一样，重新回到了课桌前。

我们做的第一个练习是在写字板上写字母，与其说是字母“A”倒不如说是“Ääh”，因为南印度教的字母表是“Ääh、Bii、Cii、Diih……”。写字台自然而然地激发了我画画的灵感，但是女老师手中的湿海绵溺杀了这最后的自由。在学校里，所有人都必须做一样的事，无论是数数还是写字，就连翻书也要是同一本书的同一页。在几年的时间里，他们用这种毫无意义的同步将我和我的同学们驱赶着，以同样的步调通过了数学、语言或历史的知识大陆。没有哪个成年人会以这样的方式，在一个不知变通的组织里读一本书或是解一道计算题，我们却要求孩子们在学校里服文化的基本“劳役”。

在那一天，我唯一的慰藉就坐在我的斜前方：莉莉！她梳着两根长长的麻花辫，辫子的尾端被一个红色蝴蝶结扎起，她的黑头发闪着珍珠一样的光彩。莉莉朝我绽开一个坦诚的微笑，这个暖心的举动使我忘却了周遭怪异的校内世界。莉莉是我的救命稻草。在灾难发生的时候，比如在飞机坠毁或船只沉没之后，人们常常能观察到，那些偶然聚到一起的幸存者之间都有着特别强烈的羁绊。极端状况似乎将幸存者们紧密联系到一起，有些甚至结了婚。也许正是外界条件的禁锢使莉莉成了我的支柱。多年之后，我母亲还会讲起，那天回家之后，我只告诉了她一件事，那就是“莉莉是个漂亮女孩”。

由于我的父母搬过许多次家，所以我常常转学。每次转学都意味着要补上陌生的教学内容，迅速地学习外语。虽然教学体系不同，但基本结构是不变的。无论在哪里，纪律、合群、听话和勤奋都是最重要的，而且每所学校都要求自己的学生在考试的时候机械地将学到的知识背诵出来。无论在哪里，成绩都会被打分、被比较，伤害幼小心灵对自我价值的认知。在我最好的朋友中，有一些人留级了，有的甚至离开了学校，而我感受到了他们的痛苦。最有创造力的玩伴被淘汰了，就因为他们不能适应严格的体系。

强行要求的一致性并不是适合培育创造力的土壤，我能够为此举出许多例子：一天，我儿子从小学回到家里，给我看了他画的一张画，我在画纸边读到了老师的评语："天是蓝的！"而我儿子选了紫色。

多少年轻人随着校园生活的结束永远地合上了数学书或物理书，这难道不可怕吗？在变革的时代里，我们怎么能这样随意地对待人类对学习的自然兴趣呢？让我感到可怕的不是你和我只学到了那一丁点知识，而是我们可能已经错过了许多知识。因为我们在学校的体系中虽然学习着，但并没有真正理解和内化这些知识。

距离我上学第一天大约过去了 50 年之后，我受邀前往杜塞尔多夫，在一场校长代表大会上做主题演讲。我讲的是知识传播的新途径。礼堂里座无虚席，大约汇集了 2500 名学校校长。在简短的开场白之后，我请所有在场的人将自己的名字以及学校写在一张纸上。接着，我告诉惊讶的听众，我们现在要考一场试。说到底，这些校长也在校园里坐了将近 20 年，也上过大学的课，我很想知道现在还剩下些什么。我的问题都很简单，而且与日常生活有着直接的关联。

我的第一个问题是：

一面镜子要有多大才能从中看到自己的全身？这与距离有关吗？请将你的答案写在纸上。

在短暂的思考之后，我说出了第二个问题：

为什么冬天寒冷而夏天炎热？

接着我提出第三个问题：

一颗小小的种子是如何长成大树的？树身上的那些材料是从哪里来的？

在短短几秒之内，会场的气氛就跌到了冰点。随后，当我让人把写了答案的纸片收上来的时候，会场里发出了窃窃私语的声音。我承认这个做法有点标新立异，但我就是想用这种不同寻常的方式让参与者们重新体会到自己当学生时的感受。那时，老师将学生的作业本收起来，常常是好几个星期之后，又将这些写满了红色评语的本子发回去。

“各位有什么感受？”我问会场里的人们，“你现在经历的这种感觉挺叫人郁闷的，对吧？但这是你的学生几乎每天都要经历的。你不觉得，我们应该改变了吗？”

这场测验揭露了令人惊讶的事实：教师们答这些题的成绩和学生们一样差，这些受过高等教育的人和那些没有高学历文凭的人相比，也没有好到哪儿去；而较年轻和较年长人群之间的比较也没有显示出明显的知识差别。在回答简单的日常生活问题时，我们所有人都会失败。虽然“光合作用”的概念在课堂上讲过许多次，但我们缺少真正的理解。

一棵树主要从空气中汲取它的“建筑材料”。木头里的碳源于空气中的二氧化碳，这点对绝大多数人来说，即使上过生物课也考过试，还是与季节区别的原因一样陌生。季节间的差别是由于地轴的倾斜：朝向太阳的半球是夏季，而在另外的半球上，倾斜的地轴使阳光更加倾斜地射入，导致了较低的温度。因此，我们地球的背阳面就是冬季。由于地轴的倾角在绕太阳公转时是不变的，所以半年之后又会迎来冬夏的更替。

关于镜子的问题也说明，我们在学校学到的知识留下的其实很少。你也肯定背过物理学的成像原理，“入射角等于反射角”之类的。但运用到现实生活的过程中，学校的体系就失败了，即使我们每晚刷牙都会看着浴室里的镜子也无济于事。要看到自己的全身，镜子必须至少是你身高的一半。（我知道，你们中的一些人现在会产生怀疑，也许会声称，这也与距离有关。你要是怀疑，就自己试一试吧，在那之后，你肯定一辈子都会记得牢牢的。）

所以，我们的学校教育为什么会在这些简单的问题上失败呢？以我之见，一个原因在于学习导向与成绩导向之间的微小差别。

“成绩导向”主要是为了在学校里获得尽可能高的分数。人们带着好好毕业的目标去学习，以此获得接受更高等教育的机会。学习的内容被短期存放在临时记忆中，在考试后就很快被遗忘了。标准的考试形式仅仅以知识的复现为目标，而不是真正的理解。重要的是，分数说了算。

相反，“学习导向”将教育看作是丰富生活的过程，看重将学到的知识运用到生活中去。有一位伟大的老师曾经问我的女儿：“看看窗外，你都能从哪里看到数学？”这种完全不同的态度使我们成为发现者，能够激发每个孩子本就拥有的天然好奇心。

我自己也还记得一位非同凡响的老师，他全身心投入，激发了我们对电路的兴趣。有一次，我问他，为什么在用某些电容器的时候就要注意极性呢？他的回答非常简短：“试试放错极性吧！”没过多久就发出了一声巨响，零件爆炸了，碎片散布在教室各处。他微笑着看着我：“现在你懂了吧？记得打扫卫生哦！”他的课发挥了作用，因为他鼓励我自己去发现、去尝试。

多年后，在一次校庆活动中，曾经的学生要写一段简短的贺词，从那些贺词里就能看出这位老师的影响力有多大。十几个人不约而同地提到了这位老师，并赞扬他不同寻常的教育方法；一些人从来没有中断过与他的联系，多年后仍十分看重他给出的建议。这位老师是位可敬的朋友，而不是一个审判官。

教育极其重要，现在也许比以往任何时候都更重要。然而，当我们的世界飞速进入 21 世纪的时候，我们的教育体系仍沿用 19 世纪的模式。我们依然无视学习研究中的基本认知；依然要求一致性，而不是激发个体的创造力。人们建立起国家教育标准，每个星期都有新的比较测试被设计出来，但是，如果我们不改变自己对学校的看法，考试就是毫无用处的。一所为了培养勤勤恳恳的公务员而存在的机构，是无法迎接未来的挑战的。

虽说有了明确的提示和国际上的比较，我们还是没能把教育变得更好。令人遗憾的是，在德国，一名学生的社会出身与他的教育简历之间仍存在关联。光是对中学分级的担忧，就已经让上小学的孩子、家长和教师都如临大敌了。[①] 但我们何时才能意识到这种早期的分类有多危险呢？教育显然没有被摆放到它在一个变革的世界中应处的位置，我们破旧的教学楼就是一个悲伤的证据，德国学校修缮所需的费用在 2016 年已经达到了 340 亿欧元。但实际的行动太少了，我们一直让孩子们忍受不密封的窗户、坏掉的暖气和墙

① 译者注：简单来说，按照德国教育系统，小学毕业后可就读实科中学、综合中学或文理中学。实科中学倾向于专科职业学习，而文理中学主要为大学学习做准备，综合中学介于两者之间。

上的霉斑。

在选举前夕，政治家们都乐于谈起教育的话题，但之后又心安理得地将之抛在脑后，或是在永远结束不了的辩论中争论这是联邦政府还是各州政府的责任。与此同时，大西洋的另一边早就诞生了其他传播知识的方式。

2004 年夏天，28 岁的萨尔曼 · 可汗帮助了他生活在新奥尔良、数学成绩很差的表妹娜蒂亚。萨尔曼 · 可汗前不久在麻省理工学院取得了计算机科学和电子技术的硕士学位，已经在波士顿的对冲基金公司沃尔资本管理开始了工作，他为自己的表妹设计了一个小小的网站。这样一来，即使远在 2000 千米之外，娜蒂亚也能享受到萨尔曼的辅导了。萨尔曼有着极高的教学天赋，借助于一个简单的消息程序，他就制作出了一些在线小课程，其中包括知识讲解和留给娜蒂亚的作业。他从容不迫地教她分数运算，引导她找出最小公约数，为她解释约分的技巧和质因数分解的秘密。

当娜蒂亚的成绩明显提高之后，她的弟弟阿尔曼和阿里也开始学习表哥的线上辅导课。萨尔曼 · 可汗升级了他的网站，他购买了一个平板电脑，将屏幕当作一块活动的黑板，为不断增加的学生解说数学题的步骤。2006 年 11 月 16 日，他发布了第一个视频。当他意识到，越来越多的中学生和大学生在看他的课程后，他辞去了工作，创造了一个在线辅导的新世界。如今，全世界有 1000 万名学生在使用他免费的辅导课程，他们可以在网站上点击超过 3000 个视频；可汗和他的团队还在不断开发这个学习平台。包含作业和测试的个性化学习计划使自主独立的学习成为可能。与一人说教、众人听讲的传统上课方式不同，每个人的学习速度都能被顾及。可汗证明了，通过这些辅导，学生的成绩有了明显的改善，尤其是学习较差的学生。

课程表上固定的时间框架被打破了，每个人都能自己决定，他这一天是不是要在解答数学题上多花一些时间，是不是晚些时候再上历史课。学习计划虽然是预先给出的，但每个学生都能找到自己的方式。通过小测验，学习者能够不断获得反馈，了解自己的知识水平。教室里的同步学习变成了个性化的学习。如今，这个平台已经在一些学校中投入使用。教师的任务也由此改变了：一般来说，他要投入大量时间传授教学内容，但现在，他能够更多地关注每个学生。教师从知识的传授者变成了陪伴者。

可汗学院算得上是世界范围内最成功的免费在线学习平台。不只有像比尔·盖茨这样的富翁，还有许多的企业和个人都慷慨地赞助这所在线学校。随着由程序员、教师和数据分析员组成的团队不断壮大，每一堂课都能得到评估和优化。这种活跃的交流是教育系统的一场革命，因为在大多数学校中不仅缺少师生间的对话，教师们也很少能从同事那里得到专业而批判性的反馈。教师的这种孤立已经开始渐渐消退。

现在，越来越多类似的学习平台涌现出来：2012 年，哈佛大学和麻省理工学院建立了在线平台 edX。这是一个“慕课”（MOOC）平台（即大规模开放在线课堂）。人们将课程视频、阅读材料及论坛结合起来，学习者能够在平台上互相交流学到的知识。在 edX 平台成立的第一年，就有 15.5 万名学生注册，比麻省理工学院在 150 年历史中招收的学生的总和还多。其他著名学府也逐渐加入这个平台：伯克利大学、代尔夫特理工大学、巴黎索邦大学、苏黎世联邦理工学院以及亚琛工业大学。

edX 提供 1300 多门课程，来自巴西、美国、印度或韩国的学生在虚拟教室中互相交流，组成学习小组，并通过在线视频会议讨论教学内容。在这所人类历史上最大的虚拟大学中，人们在课堂中可以师从各领域最优秀的专家。网络教育是全球性的，单是一门关于遗传学、宏观经济学，或是关于伦敦 1854 年霍乱传染病历史的课程，就有来自各个大洲数以万计的学生参加。尤其是对于发展中国家来说，edX 这样的平台是一个大好机遇，因为通过它，较为贫困的学生也能满足自己的求知欲。眼下，有越来越多的虚拟大学应运而生，比如 Coursera、优达学城（Udacity）、NovoEd 等。

维基百科取代了曾经典型的参考书，成为世界最大的免费百科全书。在线课堂和在线大学在全球打开了教育的大门，它们也有着与维基百科同样的潜力。

当然，任何屏幕都取代不了班级同学间的社会交往，如果要推倒教学楼，让学生们将来只在虚拟教室中分开上课，是非常荒唐的。但我们的学校也该改变了。一名教师，如果全世界都能够听到他讲课，那么他就离开了教室这个被保护起来的空间，他的教育会受到考验，因为在外面的世界里存在着竞争。线上课程和无数的辅导视频让有才能的人脱颖而出：一些在线课程的讲师非常优秀，即使他们可能还是学士；也有一些中小学生能够简明地向自己的同学解释数学或物理知识，他们新鲜而不同寻常的讲授方式引人入胜。网络为优秀的教师提供了一个机遇，因为他们的影响力辐射圈能够由此急剧扩大。

在闲暇时间里，我有时也会在网上听听大学的公开课，某些教授的魅力真是让人着迷。有一次，我听了斯坦福大学的计算机课程，讲课的是迈赫兰 · 萨哈米。我从来没有上过如此生动的编程方法课程，我惊讶于迈赫兰竟然能这样轻松而清晰地解释那些艰深晦涩的内容。迈赫兰还会时不时将糖果抛向他的学生们。我给他写了邮件，请他也发一发虚拟的糖，因为坐在讲堂外的学生比讲堂里的多得多。他的回复立刻就来了：这是一颗虚拟糖！

学校并不是唯一能够学习的地方，博物馆、科技中心、微观装配实验室、修理咖啡馆也有着很大的潜能。从 2007 年开始，每两年就会在汉诺威举行所谓的“点子世博会”（IdeenExpo），在9天的时间里，汉诺威展览中心会变身为欧洲最大的教室。在这场针对自然科学与技术的青年盛会上，学生和老师能够对各种职业领域获得生动的认知。展会上有无数互动站点、竞赛、展品、工坊、知识秀、讨论和科学演讲角，大学、协会、企业和中小学彼此协作，共同办好这个项目。我从一开始就积极地支持着这项非同凡响的学习倡议，并且亲身体会到了年轻人对知识的渴望。对教师来说，这项活动能带来无数的灵感，因为他们都惊讶地看到，学生们在课堂之外尝试新事物、吸收新内容时是多么愉快、多么专注。五年级学生第一次组装电路，或者写下第一个电脑程序，或者一边玩耍一边为机器人编好程序，在这些过程中，他们体验到了用自己的双手进行创造的兴奋。在这里，一切都是可以亲身尝试的，从锻造门把手到使用3D打印机。我一再问自己，为什么这类全面的动手项目现在没有了呢？而“点子世博会”获得的反响印证了这类非传统的学习途径是大家需要的，2017年的“点子世博会”在短短9天内就接待了36万名观众。

人们完全有理由为这样的项目疯狂，而学校体系内显示出的倾向则令人担忧：我们的教育应当自由地独立于经济利益之外，但是，像谷歌、微软或苹果这样的集团企业已经用笔记本电脑和软件占领了教室。2012年就有这样的消息：有公司向在线平台Coursera支付费用以换取优秀结业生的信息。所以说，我们对教育的理解可能会从评判性的、独自的教授变成对未来员工的训练和招募。

按照我的看法，公立学校应当培养出有能力、有批判性的国民，而不是顺从的员工。教育领域明显的资金缺乏为其他的利益群体提供了可乘之机。中小学校无奈地依附于资助它们的金融组织，而高校机构也越来越多地依赖来自相关行业的第三方资金。1995年到2012年，第三方资助在高校资金中所占比例从13.6%上升到了29.2%，其中大约五分之一来自经济企业。[1]通过“基金会教席”这种形式，越来越多的企业代表进入了高校委员会，而大学与企业签署合作协议又增强了这种依赖。在选择研究项目时，高校会更多地顾及是否对第三方有用。

由于经济思想主导的排名和绩点，以及不断增多的私立高校，高等学府的批判精神似乎在减弱。虽然我们的高校现在主要还是由公众资助，但无论如何，它们最主要的角色不能改变，它们要成为滋养的土壤，而滋养的对象包括批判性的社会讨论。

教育不只是将能力占为己有，它让我们成熟，并且丰富我们的人生。因此，每一所学校的目标都应当是培养出自主、自省且自信的年轻人。尤其是在变革的时代中，学习将陪伴我们终生。我们的未来会由我们社会的学习能力来决定，这在历史上是前所未有的。在我们之前，没有哪一代人拥有像我们一样崭新且激动人心的途径，有了这些途径，我们就能进一步拓展我们的知识视野。我们必须告别曾经的那些学校形式了，因为我们已经置身于一场全球性的教育革命之中。

---

① Michael Hartmann, Horst Hippler. Werden die Hochschulen zu Sklaven der Wirtschaft?, in: Die Zeit, 26.03.2015.

我们追求的是，理解更多[①]

我的孩子们这一代属于“数字原住民”，他们是伴随着现代数字世界提供的一切便捷和惬意成长起来的。他们有互联网，有导航仪，有随时待机的智能手机，还有那奇怪的想法：每个问题都能在网上找到适用的应用软件。他们是“拇指一代”，用拇指对着屏幕提问或联系朋友。他们的世界是Skype、YouTube、Spotify、脸书、瓦次普和维基百科的世界，而他们中的大多数没有意识到，这个世界还非常年轻，还不足20岁。我们还记得：Skype是2003年出现的，脸书的时代始于2004年，一年之后陈士骏和他的伙伴们建立了YouTube，而音乐服务提供商Spotify在2006年才上线。没有什么像科技领域这样带来显著的进步，深刻影响这一代人。新的代替旧的，就像老电脑因为不能兼容新的软件被淘汰。我们的过去是不是也与未来不兼容了呢?

当我的女儿在跳蚤市场上买了一台旧唱片机之后，她意识到，我们的世界经历了多大的变化。今天，人们只要轻轻一点就能播放下一首

① 部分想法也出现在德累斯顿国家艺术收藏馆数学物理沙龙开幕仪式上的演讲之中。

乐曲，而她看到，曾经有一个时代，人们要将唱片从唱片袋里取出来、清理干净、放上唱片机，而后才能小心翼翼地开始播放。播放时的沙沙声和呲呲声、小心护理脆弱的唱针、无法快速切换曲目，这些都引起了她的思考，但不知怎么，她喜欢上了这种听音乐的烦琐方式，喜欢上了这缓慢的过程。

在下载、上传和遥控的时代，我们的文化发生了本质性的改变。我们每个人都能感觉到过去的意识是怎样倏忽即逝的。我上学时用的计算尺和石质写字板，在如今这代学生看来就像是一个谜，同样成谜的还有这样的事实：在这世界上某些地区直到不久前还没有可靠的地图。认知来自一个长期的、令人兴奋的、时而艰难的过程。看一看我们的过去就能知道，我们之前几代人提出的问题和寻找的答案，也是今天的我们仍在提出和寻找的。

走进博物馆和档案馆的时候，我们开始了时间之旅，其终点就是我们的过去。我想通过德累斯顿茨温格宫中数学和物理沙龙的几件展品向你展示，过去、现在与未来是怎样联系在一起的。

光彩熠熠的星盘、环形球仪、华美的天球仪和精妙绝伦的老黄铜钟在为我们讲述它们的，也是我们的历史。这一系列展品中蕴藏着充沛的创造力和对细节的热爱，谁要是自己研究研究，就会发现它们的精妙。它们对我们讲述着我们先辈对知识的热烈追求，讲述着一个地球还被当作宇宙中心的时代、一个求知者们刚刚开始丈量世界的时代。

自 1560 年起，选帝侯奥古斯特及其继任者们就将科学器具、天文仪器以及大量的精密机械收藏到珍品陈列室中。后来，奥古斯特二世于 1728 年将这些藏品置于茨温格宫中，组成了名为“王室数学和物理仪器陈列室”的独立博物馆。这给了我们难得的能够准确追溯当时这些领域的发展状况的机会。选帝侯 1587 年去世之后，进行了第一次藏品盘点。当时清点了上万件展品，其中有 450 件科学仪器。

在这些物件中，有一件格外吸引我：现存最古老的天球仪之一。它制作于 13 世纪，很有可能来自马拉盖天文台，今天的伊朗北部。天球仪上有 48 幅星座图和约 1000 颗星星，在黄铜制成的表面上写有“穆罕默德”，他是天文学家穆亚德 · 乌尔迪的儿子。乌尔迪当时钻研出了一种数字模型，能够比当时同行的托勒密体系更加精确地计算行星运行。令人惊讶的是，乌尔迪虽然从一个地心说的模型出发，他的解析却取得了本质性的突破。从数学角度看，他的计算符合尼古拉 · 哥白尼的学说，而这一学说是哥白尼在 1543 年通过他的《天体运行论》掀起“哥白尼革命”才引入的。

看看星星吧！在用希腊－拉丁语命名的星座，如“Orion”（猎户座）、“Cygnus”（天鹅座）、“Ursa Major”（大熊座）和“Aquila”（天鹰座）中间，闪耀着用阿拉伯语命名的星星，如“Aldebaran”（金牛座 α）、“Algol”（英仙座 β）、“Altair”（天鹰座 α）、“Deneb”（天鹅座 α）和“Rigel”（猎户座 β）。这些古老星图和天球传递出的信息赋予了我们希望，它们该是我们的榜样，因为在我们头顶的天空中，多种文明和平地共同闪耀着。

在离乌尔迪的天球仪不远的地方有一个地球仪，它是由来自班贝格的约翰 · 舍恩纳于 1515 年制作的。它展现的是我们的地球，或者更准确地说，是那时人们所知道的地球。4 年之后，斐迪南 · 麦哲伦带着 5 艘装备精良的船只，组成船队从塞维利亚驶向了大海。他要去寻找通往马鲁古群岛的航路，也成为第一个抵达太平洋的欧洲人和第一个环航地球的人。约翰 · 舍恩纳的地球仪对这些历史性的发现之旅还一无所知；太平洋还无人涉足，美洲西海岸也同样不为人知。我们通过观察这些地球仪参与到伟大的发现之中，每一个物件都标志了我们认知之路上的一个重要阶段。

若阿内斯·普雷托里亚斯的地球仪制成于1568年的纽伦堡，在那上面，本初子午线穿过了马德拉。我们能够体会到，力量的中心是怎样转移的：1718年，巴黎成了世界的中心，而到了1738年，零度经线最终穿过了格林尼治。

对世界的丈量影响着各民族间更替的权力地位。这些科学仪器不仅把光明带到了黑暗的世界，还帮助一些国家成功崛起，并使它们获得了财富和名望。正如葡萄牙与西班牙曾经凭借指南针成为世界霸主，如今，世界的重心要通过数字世界的服务器农场和平台再次转移了。这些古老物品传递的核心信息是非常根本的：我们今天的世界秩序仍是由变革主导的，再强大的帝国也有毁灭之日，也要让位给他人。

在隔壁展厅，一只柱塞真空泵讲述了另一段历史：奥托·冯·居里克，古城马德堡的四位市长之一，深度钻研了新的真空泵技术。1649年，他发明了柱塞真空泵，并由此成为真空技术的奠基人。我们所有人都知道他的马德堡半球实验，那是1654年在雷根斯堡，他当着斐迪南三世皇帝的面在帝国议会做的，观众们都惊讶不已。他的实验还有着深远的哲学影响。

在虔诚的欧洲，人们害怕虚无，害怕空洞。亚里士多德和柏拉图学派也拒绝相信“无”的存在。这种原则性的拒绝反映在“自然界厌恶真空”（Horror vacui）这一概念中。“无”是不可能也不允许存在的，因为上帝无所不在。这种拒绝也在罗马数字系统中显示出来，因为它没有表示零的符号；阿拉伯数字为欧洲添上了这个符号。星星之间的空间也不可能是空的，按照人们的想象，那里充满了神秘的“以太”。

而现在竟然有人胆敢将一个封闭空间抽成真空，居里克由此历史性地破除了禁忌。正如我们所知，是外界的气压将真空的半球压到了一起。居里克用他大胆的实验证明了气压的存在，并推翻了“自然界厌恶真空”的假说。17 世纪中期，在伦敦和巴黎那些新建的科学学院里，用真空泵进行实验和演示是主要的保留项目。

这类本质性的问题似乎至今仍令我们不安：当大型回旋加速器在欧洲核子研究组织运行，人们开始恐惧黑洞的产生。

错失的机会

在全球竞争中哪里才是创新根据地已经不是什么新问题了。从今天的角度来看，奥托 · 冯 · 居里克发明了真空泵，那么，研究并梳理出理想气体状态方程，也就是找出一种气体的压力、体积与温度之间的固定关系，就近在咫尺了。从技术上说，用当时的仪器是有可能做到的，并且差一点就能做到了。但最终还是爱尔兰人罗伯特 · 波义耳于 1662 年认识到了这一基本关系，并且至今以“波义耳 – 马略特定律”的名字为每个物理学学生所熟知。为什么不是那个来自萨克森[①]的男人呢？在萨克森，人们拥有当时非常先进的仪器，但纵使有无比强大的设备，却缺乏展开进一步研究的意愿；于是，推动认知之轮向前滚动的力量不足。从这里，我们就能看到时至今日仍至关重要的一项因素：所在地的支持。伦敦的皇家学会和巴黎的法国科学院——两者都是国家的学术机构，它们培养出了许多智慧的头脑。在那里，可观的国家资助能够建立更好的科学管理机制。太阳王路易十四本人，与他杰出的财政大臣柯尔贝尔

① 译者注：马德堡属萨克森地区，“萨克森的男人”指奥托 · 冯 · 居里克。

一起，出席了1666年法兰西科学院的成立典礼。国家的推动和明确的优先地位，使当时尚且稚嫩的科学在法国赢得了地位和权威；而德国在这一时期分裂成了多个小邦国。

好的科学需要仪器、工艺、悉心设计新设备的手工匠人，它也需要创造性的思维、开放交流的氛围，以及得到保障的发展自由。年轻的皇家学会有这样一句座右铭：“Nullius in verba.”（不随他人之言。）科学关联要通过实验来发现，而不是通过附和。这正是当时的德国与法英两国的差距所在。当时，气体原理没有任何一条是在德国被梳理出来的。

300多年之后，国家将要跃入互联网的新世界，国家的理解和支持却再次缺位。德国的责任人无视“信息高速公路”。（当被问及如何看待“信息高速公路”时，当时的联邦总理赫尔穆特·科尔回答道：“除联邦政府外，建造高速公路主要是由各州负责的！”）我记得，1994年在波恩的一场记者招待会上，我和其他的科学记者一起要求当时的教育与研究部部长支持网络建设：“您用电子邮件吧，这至少是（给大众）发出了一种信号！”部长摇摇头。

相反，美国的政治家们早就认识到了互联网的潜力：副总统艾伯特·戈尔干劲十足地推动“信息高速公路”的建设。他还是参议员时，就已经提出要修订《高速运算法案》（*High Performance Computing Act*）以及后来的多项倡议；他组织会议，将重要的参与者们聚到一起。1994年1月11日，他在加利福尼亚大学的一场演讲中说：“我们梦想着……有一条‘信息高速公路’，它能救人性命，能创造就业岗位，并且使每个美国人，无论老少，都有机会接受最好的教育。”

在看第二眼的时候，数学物理沙龙里的科学艺术品才会发挥出它们的魔力：在黄铜和黄金的繁复装饰之下隐藏着深深的渴望，理解我们周遭世界的渴望。你回想一下我一开始提到过的约翰·舍恩纳的地球仪。在 1515 年时，地球上大洲的轮廓只是零星地为人所知，或根本无人知晓。在这一点上，当年与今天有着触动人心的相似之处。如今，我们向宇宙发射太空望远镜，提出与当年同样的问题：物质的性质是怎样的？宇宙的结构如何？我们在这个世界中又扮演着什么样的角色？

这些物件一步步地改变了我们的世界，将之改造成我们眼前的模样。就连我女儿手机里的应用软件也与过去那些雕花的黄铜仪器有着千丝万缕的联系。过去的认知几乎赋予了现在的我们上帝般的视角，因为我们在观察这些历史器械和历史发现时，会知道它们在何处汇聚成了我们的现在。这唤起了我们心中的期望，让我们也想要更好地理解那个将要到来的世界。

我们会怀念书本吗？①

作家马克·艾尔斯贝格在他的小说《断电》（*Blackout*）中描写了一场大规模电力中断事故在欧洲造成的灾难性影响。坦白说，我在读完这本书后有考虑过，我们家是不是该弄个小型的应急发电机。这部科技惊悚小说用一个扣人心弦的故事，展现了我们如今对电力、电话和网络的依赖。这种依赖太强，以至于这种基础设施中断运行就会影响到我们所有人的生存。因此，我们立即就能意识到，为了应对断电的情况，我们有必要准备好应急计划和备选方案。

正如这本小说让每个外行人都看到了工业社会的脆弱，那么也该有一本书来写写我们面临流失的文化财产。面对文化财产的逐渐消失以及由此造成的文化“断电”，我们准备好了吗？

20 世纪 60 年代中期，埃及建起了阿斯旺水坝。水坝的建造威胁到了阿布辛贝神庙，这座见证了法老拉美西斯二世至高权力的石质建筑可能会被淹没。水坝是进步的保证，不能因为几千年前的石像就停建。当时全世界都

① 为辞别公爵夫人安娜·阿玛利亚图书馆（Herzogin-Anna-Amalia-Bibliothek）馆长米夏埃尔·克诺赫所写。

大为震惊，联合国教科文组织也发出通知，希望保留神庙的阳光奇观[①]；许多国家都支持这一倡议。结果我们都知道：神庙被迁移了。多家国际工程事务所和建筑公司，比如来自埃森的豪赫蒂夫公司（Hochtief）等，都参与了迁移工程，神庙被分成1036块，挪动到比原本高65米的地方后重新被建造起来。这场壮观的迁移工程引起了全世界的关注。保存人类历史的遗迹对这个世界来说是有价值的。当时阿布辛贝神庙的具体“搬迁费用”大约是8000万美元，差不多相当于如今的6.2亿美元。当这座被挽救下来的神庙再次开放时，所有人都有一种得偿所愿的感觉，甚至还感觉到了骄傲。虽然我当时只有9岁，但我清楚地记得我父母的兴奋之情，他们关注了这一事件的所有细节。

2004年，重建烧毁的公爵夫人安娜·阿玛利亚图书馆使我们国家有了类似的感觉。只可惜，我们需要经历过灾难才能看见文化财产的价值，才能意识到我们的社会对于先辈留下的珍宝是多么草率大意。档案文献发霉了，图书馆关闭了，保存文化财产的资金枯竭了。

数十年不恰当的保存方法、将特定种类的纸张错误地置于一处、保存和维护过往珍宝的工作价值被低估，都使文物维护变得更加艰难。我们快节奏的世界越来越多地受到经济标准的控制，而我们的文化遗产缺少合适的商业模式。档案馆和图书馆不是什么利润中心，毕竟用大开本的古书或卷轴是赚不到钱的。

数字化为我们提供的可能性也许能对此有所助益的结论是错误的。数字作品与物质文献不同，它不是独一无二的，而是可以一对一复制的——这正是数字魔法的神奇之处。人们能够随心所欲地复制它，没有哪一

① 译者注：这里的奇观指每年在拉美西斯二世的生日和奠基日那天，阳光会照射进神庙最深处，且只照射在拉美西斯二世的神像身上。

份是“原稿”。

如今，图书馆的馆藏也变得数字化了，对用户们来说，鼠标一点就能进入独特的文化宝库，这着实令人愉悦。但数字化的过程需要金钱，商业公司利用国家办事处的囊中羞涩为自己谋利。越来越多的文化财产以数字化的形式转移到了外国的服务器农场上，比如爱尔兰或美国。

现在原稿还在我们手中，但这还能维持多久？有些人会有这样的错误想法：一部作品经过数字化之后，精心维护和保存原稿就成了多余的事情。但我们要想到的是，中世纪的手写书可能在全世界就只有这么一份。它们的结构、纸张的性质、书页的纹理、插图的具体填色、无数的精巧细节都牢牢地与原稿联系在一起，任何数字复印件都无法取代这独一无二的作品。

与在屏幕上不同，原稿上被删除的东西并不会真的消失，橡皮擦总会留下蛛丝马迹。在陈旧的手稿中，能够看到作者是如何重新考量、删除和修改段落的，能看到作曲家尝试了哪些节拍才最终写出满意的乐章；这总是令我十分感动。看着这些古老手稿，我们在事后见证了创意诞生的过程，看到了结出成果的路径；在数字世界，我们看到的只是最终产品而已。

然而，我们渐渐习惯了以非物质、非现实的方式接触我们的文化，阅读、听音乐或是观赏画作都是如此。但电子书是没有个性的，没有被折过的页角、段落旁手写的评注、溅上的咖啡渍，也没有从书页里窸窸窣窣地掉出来的度假海滩上的沙子。随着时间的推移，我们这些消费者被动地习惯于只为不留丝毫痕迹的、非实物的文化消费付款。这样的一种文化是易逝的，它受限于时间，只存在于此地和此时，永远时新，但也全都归于遗忘。“包月套餐”文化在经济上可能是有意义的，它也在本质上改变了我们。受人敬仰的老式机构图书馆恰恰将非营利性放在中心位置，那么对它投资的回报在哪里呢？传播知识，而不是贩卖知识——在数字经济的时代，这简直就是不识时务！我们需要为公众图书馆辩护，因为是它们组成了一个更好的社会的“操作系统”。

若干年后，我们就会看到，父母不再将书传给孩子，毕竟那些账户都是不可转让的。这样一来，我们就会失去造就了自我的那些东西——我们的独特性。死亡将会变成数字化的删除过程，不留一点橡皮擦擦除的痕迹。

虽然数字化使人为之疯狂，但我们是独一无二的，每个人都是不可复制的。这大概也能解释我们对孤品的兴趣：在拍卖的时候，原稿总是拍出高价，其所有者也不断更替。因为即使有完美的复制技术，真品也只此一件。在魏玛，人们登上歌德故居的老楼梯，心中知道，至少有一次，他们与天才站在了同一台阶上。

伦敦大英博物馆前馆长尼尔·麦格雷戈在几年前开展了一个有趣的项目：100 件文物中的世界史。在这一项目中，麦格雷戈通过大英博物馆中选出的物品讲述人类历史：尼尼微的泥板、印有亚历山大大帝头像的硬币、查尔斯·达尔文使用过的“小猎犬”号帆船上的航海计时器、莱比锡的宗教改革一百周年纪念传单——这还只是随意举出的一些例子。

所有这些原件都向我们讲述着历史，并且使我们能够想象出一个昨日的世界，拼出一幅世界历史的马赛克画。但是，对于早期人类历史我们知之甚少：我们的历史有 95% 都没有记录，只有少数石质物件在时间长河中沉淀下来。

因此，文字形式的文化财产有其特殊之处：它是一扇最清晰的窗户，通过这扇窗我们可以回望过往。这份文化遗产是财富，也是一种义务：它是文化的接力棒，从一代人手中传到另一代人手中；只有这样，这根接力棒才能传承下去，我们的文化才能保有其活力。但我们对待这根接力棒的态度不够严肃。数十年来，专业人士一直呼吁人们行动起来。无数的档案馆和图书馆，以及其中浩如烟海的历史馆藏都已经受到了威胁。单是德国的图书馆中就有 6000 万册印制图书受到了损坏，其中有三分之一甚至是严重损毁。

过往就这样离我们而去，我们眼睁睁地看着，却没有真正行动起来。有一回，我拜访当时的魏玛图书馆馆长米夏埃尔·克诺赫，他向我展示了一本哥白尼的初版书。这部作品印制于 1543 年，是人类历史的一座里程碑。2004 年图书馆发生火灾，它被抢救出来，带着明显的烧灼痕迹躺在一只小小的灰色纸箱里，等待着有人能进行处理。

如果上千册的大开本古籍、印刷品和历史信件在短时间内统统消失，会怎么样呢？如果社会记忆丢失了如此重要的一部分，我们的社会将如何反应呢？我们会为这一损失哭泣，将这种“失忆”描述成历史性的灾难吗？没有“过去”的文化存在吗？

文化的“断电”与电力供应的突然中断相比，较为微妙，但它导致的结果会使我们的社会无所依存。是这些连通过去的重要桥梁建立了我们的世界观，将社会团结到一起。有生命力的过去就如同一艘巨大帆船底下装着的压舱物，它隐藏于海平面之下，却保证了在风吹船帆的时候，船只能够稳定航行。在风平浪静时也许感觉不到，但当风起云涌之时，无视过去的文明会暴露在飓风暴雨之中，自然的力量会将之颠覆。

文化财产不是“有了挺好，没有也无妨”的东西，也不是绚丽的饰品，不能像一只提包那样付钱买来搭配新的晚礼服。我们的社会正站在时代的岔路口，一边是昨日，一边是明朝。所以，能为我们指明方向的路牌就更为重要了。这正是文化财产扮演的角色，它是我们社会的文化稳定剂。我们应当着手应对文化“断电”的威胁。我们必须保住这些财富，将珍贵的接力棒好好地传递给下一代人。

第九章

交流

什么是真实？

沉重的玫瑰——图像的未来[1]

摄影师爱德华·史泰钦在第一次世界大战爆发前，在法国拍摄了最后一张照片《沉重的玫瑰》（*Heavy Roses*），1914 年摄于法国的乌朗吉斯。死亡无声无息地带走娇美的花朵，这也是世界在此后的战争中将要经历的。

这张照片让人想起一幅油画。史泰钦在拍摄的时候也真的在考虑要成为画家，但在战后，他全身心地投入了艺术摄影的新世界。

世界上第一批照片的诞生是一个繁复的过程。摄影师需要沉重的三脚架和装好胶卷的照相机；除此之外，其他因素限制着拍摄对象的选择，比如感光乳胶的感光性不足、曝光时间太长或是胶片的限制。拍出的照片永远只能展现我们所看见的世界的一小段。由于曝光时间长，移动的物体会变得模糊不清，所以，最先出现的照片拍的主要是景物或是僵硬的人像，被拍摄的对象必须在拍摄过程中保持静止。当时摄影的许多特点还令人联想到绘画，其实，“fotografie”（摄影）这个词源自希腊语，意思差不

① 本文部分基于 2016 年世界影像博览会（Photokina）开幕活动上的主题发言（发言词由加比埃尔·弗丁格翻译）。

多是“用光作画”。

机器比我们看见的更多

摄影技术是不断发展的。照相机变得越来越小，新的电子图像感应器要求的光线条件也越来越低。拍出的照片越来越逼真，机器甚至让我们看见了此前肉眼无法看见的世界。它进入微观世界，向我们展示细菌的世界，或是用极短的曝光时间将一些景象瞬间记录下来。下落的水滴，在冲击地面的瞬间溅起一顶水做的王冠，这是有了高速摄影之后才看得到的景象。照相机让我们睁开眼看到一个新世界，而在那个世界中我们本是盲人。

红外线照相机的发展使黑夜变成了白天，也为我们展现了夜晚的天空：哈勃太空望远镜的超深空摄影在宇宙的深处经过总长 20 天的曝光时间之后，拍下了上千个缤纷闪耀的星系。那是人类从未看到过的宇宙深处。遥远的辐射来自宇宙的早期阶段，照亮了我们对世界诞生的设想。如今，机器看见的已经比我们更多了。我们无法检验它的成果，并且必须相信它，就像一个盲人听别人描述这个世界。

如果说照相机到 20 世纪末还只是特殊场合的一个陪伴者，或职业摄影师手中的工具，那么在 21 世纪初，小型相机大规模植入智能手机就成了摄影概念的一个转折点。摄影工具成了我们所有人的贴身伴侣。有专家估计，在 2016 年拍摄的照片数量达 1.3 万亿张，其中大多数是用智能手机拍摄的。1.3 万亿张照片意味着每分钟 240 万张，而且不分昼夜。人类历史上从未有这样多的内容以图像的形式固定下来。随着物联网和自动感应器的兴起，视觉数据在未来几年中必将呈爆炸式增长。这也就意味着，涌现在我们眼前的图像要远远多于我们的感官所能处理的数量，生产与接收的发展曲线第一次发散开来。

自拍狂遍及全世界。我们经历了前所未有的履历视觉化现象，一切都被记录下来：餐厅里上的菜、新衣服、旅行、音乐会、恋爱关系。无论何时，只要有什么东西让我们有点兴趣，我们就按下快门，把它发送给全世界。借鉴一句勒内·笛卡儿的名言，“我拍故我在”。我们就这样用我们的视觉履历填满社交网站，与世界分享。我们拍摄照片，是为了满足数字自我，而在试着捕捉场景的时候，我们摧毁了真实体验的魔力。

比较一下罗马圣彼得广场上信众们在见证两个重要事件——2005 年为教皇守灵和 2013 年宣布一名新任大祭司——时的行为，就能看到在 2005 年时，几乎所有在场的人都还注视着祭坛。2007 年，第一批智能手机进入市场，不到 6 年后，观众们在新任教会首脑出现的瞬间都举起了智能手机和平板电脑，就好像那是新时代的圣饼。俗话是这么说的：“无图无大事。”是图像确定了我们的存在，如果缺少它，我们就没有存在过。或者像格劳乔·马克思在那部令人难忘的电影《鸭羹》（*Duck Soup*）中说的：“你相信谁，我还是你的眼睛。”

我们用数字图像处理技术美化现实图像，操纵我们的感知。对现实的描绘变成了对想象的构建；完整的住宅和街景都能在电脑中生成，这加强了我们对理想世界的渴望。

图像改变观者

我们突然想要长成“阿凡达”的样子：女歌手拉平了皱纹，政治家修正了牙齿，新闻播音员改变了发色，因为视觉印象是很重要的。比较一下20世纪70年代政治竞选广告和今天的拉票活动，其中的改变显而易见。

拍照从未如此简单，“摄影师”也从未如此之多。在图片新闻行业发生了一个转变：如今，提供图片和视频的不再是摄影记者，而是恰巧经过事发地的路人。新闻媒体越来越频繁地使用这样的资源，这与行业及时代范例的改换有关：信息流的方向改变了。解读和归类发生的事件，这原本是传统媒体的任务；图片一开始也只是新闻的补充。但由于图片的迅速流传，照片本身成了新闻，我们常常对事情的前因后果缺乏准确的认知。一场袭击事件或一场空难的图片，事件发生后立即在网络上出现，不带任何背景信息或解读就来到了我们眼前。虽然我们能看到图像，但我们无法知道真正发生了什么，我们加入到了通过图像妄加揣摩和猜测的队伍。

我们的父辈和祖父辈会在婚礼、家庭聚会、旅行或仕途走向高峰时拍照，他们为这些事件赋予特殊的意义。我们也能在老照片中找到这种特殊的气息。想一想全家福，它可能正代替一个被我们深爱却不在我们身边的人存在着；我们有时甚至会抚摩它，把它抱在胸前，就好像它通人性似的。这些图像似乎没有受到时代进步的侵袭，它们获得观看者的注意，保留着一个特殊时刻的精髓，将目光引向它迷人的细节。或者，就像法国哲学家罗兰·巴特说的：“无论照片给你看什么，也不管它用什么方式给你看，照片本身都是不可见的，我们看的不是照片。”①

然而，我们的后辈该怎么从手中的十几张照片中寻觅最爱之人的视觉遗产呢？老照片是对少量精选时刻的记录，为我们讲述着完整的人生故事。我们该拿上百张早餐粥的照片怎么办？在这点上也有解决办法：数字助手会

① 罗兰·巴特：《明室：摄影纵横谈》，苏尔坎普出版社，1989年版。
译者注：中文版由文化艺术出版社2003年出版。

搜索相册，并向我们展示它的选择。但每个被允许访问的人也自然而然地能够看到我们的履历，看到我们的购买习惯、朋友圈、政治想法和情感关系。想一想：一旦你允许别人浏览你的相册，你也允许了他们读取关于你的信息。当电脑程序解码了图像内容之后，它的私有性就不复存在了。但是，算法真的能够理解照片中感动我们的是什么吗？

机器解读图像

从一张图片上识别出车流量，以预测出道路堵塞的可能性和严重程度，是非常有用的。现代技术已经能在飞机上识别出有健康问题的人，又或者是对公众构成威胁、受警方通缉的人。最新的脸部识别程序能够在 10 秒内识别出一名凶犯，这与传统的侦查手段相比是质的飞跃。在有着无限图像的美丽新世界里，重要的不再是某张照片不同寻常的视角或绝美的光线。图片经由机器分析，就能找出相关信息，比如号码牌、姓名、人数或地点；这些过滤出来的信息能够被保存、转移、调取，并与其他信息结合。所以，对大型企业来说，重要的不是图片本身，而是从经济角度对它的解读。这样一来，他们就能更准确地预测并影响我们的行为了。

我们必须“直视”这一事实：越来越多的照片由机器而非人类拍摄、检查和分析。在未来，冰冷的机器会用它们的电子眼盯住我们；智能程序将读取环境感应器的数据，展开定位，提取出模式、结构或行动，并以巨大的数据库为基础进行分析。

机器观察着我们

很快，我们的城市和房屋就会装备有智能眼，传感器将影响我们日常生活的方方面面，进入我们的私人领域。我们应当清楚，一条本质性的原则到那时将发生转变：不再是我们拍摄图像，而是我们被拍成图像，并从图像中被识别出来。当这场由视觉数据分析组成的风暴将矛头指向我们时，审判我们的就将是这些图像了。

它不呼吸！声音的未来

在我说出目的地之后，出租车司机摇了摇头：“这些活动就是给疯子们办的！”那是 1979 年 11 月的一个阴天，我和朋友们正一起乘车穿过梅斯的中心城区。梅斯是法国东北部一座被忽视的、逐渐老去的城市，一路上都是破败的建筑外立面和寒碜的高楼。从某些建筑上还可以看出往日的光彩，那是煤炭和钢铁行业还欣欣向荣的时期。但那个时代已经过去了，在矿井和轧钢厂停产之后，这些建筑就如同被人抛下的尸体。

虽然梅斯距离我的家乡卢森堡只有一个小时的车程，但梅斯完全是另一副模样。色彩和声音——街道上的声音、行人的动作、信号灯的颜色——全都不同。国际当代音乐大会（Rencontres Internationales de Musique Contemporaine）是现代音乐的节日，也是作曲家、音乐爱好者、音乐出版人、先锋音乐迷和专业评论家必须参加的盛会。在大会那几天，梅斯变成了一座节庆之城。当时的我刚刚 20 岁，作为物理学学生，听到那些怪才作曲家谱写的怪异曲调，觉得与量子力学那难以理解的世界很搭。不知怎么，那种极端的新颖、那种离开安稳领域去追寻未知的勇气深深吸引了我。一连好几天都有音乐表演、会议和活动，有些非常怪异，有些又超出了我的欣赏水平，但只要有着红色丝绒座椅的梅斯戏剧院灯光一暗，就绝不会无聊。

在一个作品中，毛里西奥·卡赫尔想要用排水槽捕捉火的声音，差点把剧院点着。过了好长时间，观众们才发现，舞台上着火并不是表演的一部分；许多人以为疯狂地打着手势、大声叫喊着的艺术家也是艺术作品的一部分。好几分钟之后，看得入迷的观众才意识到情况的严重性。对差点烧起来的火灾不做任何反应，从中可以看出这些新兴艺术是多么开放而混乱——什么事都有可能发生。真是虚惊一场！

女高音歌唱家卡西·贝伯里安，在首演她前夫卢西亚诺·贝里奥的一部作品时，累得上气不接下气。这种残忍几乎让我生气：原来也可以用乐谱报复前妻啊！艺术会试探底线，有些艺术简直登峰造极。传奇作曲家约翰·凯奇承诺要在火车站餐厅做一场日场演出，观众纷纷涌来。凯奇开始将大厅中间的餐桌推向后方，观众们都认为，大师是需要施展艺术才华的空间，于是纷纷自告奋勇提供帮助；出版人、记者还有我们这些普通的音乐会观众全都撸起了袖管，将桌子搬到墙边，而凯奇也友善地眨着眼，一起推桌子。几分钟之后，大厅布置好了——无论是什么表演，中间的位置都足够了，人们满怀期望地等待着。凯奇慢慢地走向那些摆好的桌子，又将它们重新推回大厅中央。一张桌子，又一张桌子，人们大笑起来。这天早晨，我们所有人都积极地参与了约翰·凯奇一部作品的首演；《吱吱呀呀推桌子》成了一件当代艺术作品。

即使梅斯在这些日子里并不提供那些讨人喜欢的音乐，每场演唱会也都是惊喜。有时会在废铜烂铁上敲敲打打，或者是整支交响乐团都投身于一份几乎无法演奏的总谱。有时，观众们会狂热地鼓掌，但有时，又是口哨声充满了房间，我几乎无法分辨自己听到的音乐与观众的反应之间有什么联系。一些艺术家鞠躬的时候极其谦逊；而另一些，比如卡尔海因茨·施托克豪森，观众们勉强忍受着他们的高傲。

IRCAM（Institut de Recherche et Coordination Acoustique/Musique）是一家音乐与声学研究机构，几年之前在巴黎成立，其全称为“声乐 / 音乐研究与合作机构”。虽说它的总部就紧邻著名的蓬皮杜中心，但还是被大多数拜访巴黎的人忽视了。诚然，为了避开街道上的噪声，这所机构是设置在地下的。人们在那里试验数字电声合成器，用精确的数学计算设计并模拟出不同的声音；调频合成方法就是在这里开发出来的，并且影响了后来流行音乐中的键盘声音。

他们的表演令人印象深刻：电脑程序能够模拟出敲钟、打鼓或抚弦的声音，从那闪着信号灯的机器里传出单簧管或钢琴的声音，几乎与真实乐器发出的声音无法区分；演示接近尾声时，他们向观众展示了一种人造声音，一种深沉的男低音，音调不断提高，渐渐穿越了所有音区，最后在最高音区发出响亮的女高音。这就好像声音在改变性别，从男性变成女性，从低沉到高亢。观众们屏住了呼吸。惟妙惟肖地模仿人类的声音令人惊奇，这种几乎超越了生理极限的声音真的是电脑程序和微处理器完成的吗？最精妙的细节，比如颤音、音色、音质，都由在场的 IRCAM 工作人员通过按钮和调节器控制着，就好像艺术被封在了这台机器里。

为了证明它的能力，莫扎特《魔笛》中的《夜后咏叹调》响起了。这首曲子是女高音歌唱家的试金石，因为在密集的花腔之后，大多数女歌唱家都只能唱到 F3 的音高。但程序不会有这个问题：机器的演出完美无缺，有着闻所未闻的纯净与准确。如果是在幕布后面表演，没有人会想到完成表演的是一台机器。合成模拟几乎超越了一切。

那天下午，对爱好音乐的观众来说，一个全新的时代开始了。合成音乐达到了新的质量水准，人类与机器已经无法被区分。有了这台机器，难以演奏的乐谱也可以顺利演奏了。在演出结束后，大厅里的人们展开了深入的讨论，关于艺术领域将要迎来的改变，关于表演者的诠释，也关于音乐创作的新可能。以后会不会出现高难度的乐谱，人类凭借自己有限的技巧无法完成，对机器来说却易如反掌？既然电脑基本上已经能够模拟所有的乐器，从短笛到中音提琴，那么整支交响乐队的乐器会不会都被这样的机器替代呢？既然现在的机器已经能准确地按照作曲者的设想，完美地再现出音乐作品，那么我们会亲身经历人类演奏的终结吗？

我也加入到人们的讨论中去，我说："从电脑里传出的声音虽然完美，但我觉得它缺了些什么——它不呼吸！"

没有想到我的这句话在大厅里引起了剧烈的反响。在雷鸣般的掌声之后是疯狂的争辩。一些观众喊叫起来，指责大吃一惊的技术人员；而另一些观众几乎就要动起手来，想要摧毁这台"魔鬼机器"。

"你们这些科学怪人！你们这些罪犯！"一个女人喊道，随即以夸张的姿势走出了大厅。

我的一句"它不呼吸"出乎意料地点燃了一只隐藏的火药桶。离开大厅的时候，一位年长的先生拍拍我的肩膀："你说得有理，年轻人，说得对……艺术失去了本体。太可怕了！"

40 年之后，人工合成的声音告诉我们前往高速公路的线路，数字语音助手向我们推荐海鲜餐厅，就连电话热线上迷人的年轻女性也是一台会说话的机器。它们也都不呼吸，但我们会听它们说话，遵循它们的建议。

电波中，我们聆听着流行歌手的声音，也能接受他们的歌声经过软件的调整和修改。[①]每个跑调的音都能调高或调低，而且现在，音高修正技术已经成为音乐行业的标配。展现给我们听众的似乎是唱功完美的艺术家，他们的声音特征得到了优化，而我们几乎无法区分那是他们的真实水平还是经过修正的。在制作时，使用修正软件也能节省许多时间和花费，因为软件能够立即进行修正，无须多次重复采录后，再将录制段落拼接（编排）成流畅的完整作品。许多艺术家都对美化修正只字不提，但在极少的情况下，比如偶像布兰妮·斯皮尔斯，会有未经修饰的录音带泄露出来，暴露出歌手的弱点。如今，我们已经习惯了这种混音，正如我们习惯了超市里过甜的草莓酸奶，那种味道已经与偏酸的天然产品毫无共同之处了。

新的人工声音还将变得更加精妙。通过使用自我学习的神经网络，电脑“学会”了说话。[②]我们每个人都明白，具体的发音是一项特殊的挑战：注意一下“Sprechen”这个词中的两个字母“e”，第一个“e”发音像“ä”，第二个则更像“ehhh”。也就是说，根据所在位置的不同，同样的一个字母发音也有变化。在小时候，我们必须读很多书，才能将这些微小的区别内化。

神经网络的工作原理和一个正在学习的孩子非常相似：人们先将真实的语音范例“投喂”给系统，电脑就跟着例子说话；一开始听着像是毫无意义的胡言乱语，但在过程中，如果有哪个发音碰巧是正确的，那么电脑就会得到“奖励”，软件会对神经网络做出相应的调试。系统以这样的方式学习，随着时间的推移，算法不断细化与上下文相关的发音。这一领域

① 比如 Auto-Tune，美国女歌手雪儿标志性的“机器人音”一开始就是用这款软件调试的。

② 数字神经网络在第五章“数字魔法的魔力”中有详细叙述。

的先锋之一是神经科学家特伦斯 · J. 塞杰瑙斯基，他在 20 世纪 80 年代末就已经用他的 NetTalk 系统在这一方向上做了尝试。[①] 我有幸在一场讲座中遇见了他，特伦斯展示了学习过程，我还记得一开始的胡言乱语是如何渐渐变成单词的。令人惊讶的是：这听起来真的与一个孩子的学习过程极其相似。当时，电脑的性能还很有限，但如今，这种方法已经得到了进一步的改善。谷歌 DeepMind 公司的 WaveNet 系统同样基于一个数字神经网络，并且学习了英语文本的发音。[②] 此外，WaveNet 还在学习汉语普通话，汉语的发音更加困难，基于普通话中的四个声调发出的元音会赋予词语完全不同的含义。

在一项有 500 人参加的双盲试验中，受试人需要为 WaveNet 人工声音的逼真程度打分：分数从 1 分（不逼真）到 5 分（非常逼真）。结果：电脑获得的分数是 4.21 分（英语）和 4.08 分（汉语）。人类的发音不总是完美的，获得的分数并不比电脑高出多少，分别是 4.55 分（英语）和 4.21 分（汉语）。人们见证了一场几乎有些可怕的学习过程：电脑发出了神秘的呼吸和吞咽声，就像一个人类那样。在梅斯那次经历的 40 年后，它到底还是呼吸了！

自我学习的神经系统就像一个神奇的黑箱，其能力并不仅限于学习发音。在另一场试验中，科学家用古典钢琴音乐来“投喂”系统。从根本上说，这一过程与学习说话是类似的：声学信号被模式化，被系统习得。

① Terrence J. Sejnowski, Charles R. Rosenberg. NETtalk: A Parallel Network That Learnsto Read Aloud (Technical Report JHU/EEC-86/01.), Baltimore: Johns Hopkins University, 1986.

② Google DeepMind. WaveNet: A Generative Model for Raw Audio, London, 2016.
Adi Robertson. Google's DeepMind AI fakes some of the most realistic human voices yet, in: The Verge, 09.11.2016.

试验的结果出乎预料。在一场讲座上，我考验了一下我的听众：两段音乐都是钢琴曲。一段是我的两个女儿四手联弹门德尔松的作品，而接下来则是一段听着有些相似的 WaveNet 的作品。我将这两段音乐都重复播放了几遍，然后让听众投票：哪段是机器演奏的？听众的意见很不一致，两边的票数都差不多。显然，至少对外行人来说，人与机器之间的区别越来越难以分辨了。这意味着艺术的终结吗？不久之后，我们就只能听到动听的合成乐曲了吗？

我不这么认为，因为在其他领域，我们已经经历了某种形式的思想回潮。在食品方面，过去的数十年中发生了引人注目的转变：我们的食物被加入了各种合成香料、添加剂和防腐剂之后，有机食品重新成为潮流。今天，越来越多的人希望吃到不含任何添加剂、未经化学处理的食物。虽然化学已经能够完美地模仿出香草香味，但我们还是对真品更为动心，向往着天然的香草荚。

音乐人越来越频繁地举办“不插电”的演唱会，而乐迷们也热爱这些“不加防腐剂”的“真实”声音。对完美技术的追求让我们认识到了人类独特性的深层意义，也意识到了人类的弱点。机器告诉我们，是什么真正成就了人类。音乐之所以能触动我们，正是因为它由人所作，为人所作。

贝多芬在《庄严弥撒》（*Missa Solemnis*）的题词中写道：“由心生，也愿，至心上。”

我们未来的导航仪可能也会在说话时呼吸，而这种人造的声音也会在日常生活中陪伴着我们。但无论冰冷的机器多聪明，它们可能永远无法找到我们心灵的入口。

说谎的媒体！信息的未来

媒体总是影响着社会以及我们的自我意识。“公民”（Citoyen）、“自由思想家”（Freigeist）或是“世界公民”（Weltbürger），这些人物都是在媒体变革时代出现的，因为每一种新的信息技术都深刻地影响着我们的文化。统治与自由、个体与群体、娱乐与信息，这些概念之间的关系在不断地变化。如果从历史角度观察这些变革，就会发现，我们如今在推特和脸书的时代经历的反应模式，与当年非常相似。

古登堡在15世纪发明了活字印刷，由此为大众媒体的诞生打下了基础。他的第一版《圣经》只有180册；他去世后不到半个世纪，就已经有1120座印刷工坊遍布在260座欧洲城市之中。在纽伦堡、斯特拉斯堡、巴黎和威尼斯都诞生了较大的印刷工坊，到了1500年，已有4万种书籍以每版超过千万册的数量在流通。[①] 印刷技术的飞速发展引发了质的改变：人们学会了阅读，不再依附于那些识字者对他们的指示。新的能力为独立的理解开辟了空间，瓦解了教会及强权者的“教育垄断”。路德

① Christine Schulz-Reiss. Wer war das? Forscher und Erfinder 1, Hörbuch, eingesprochen von Ranga Yogeshwar, Hamburg: Hörcompany, 2008.

翻译的《圣经》使用了通俗易懂的语言，在宗教改革运动中发挥了杠杆的作用；在他的《九十五条论纲》印制之后，教会才被推翻。

在各个领域都可以看到，随着印刷书的出现，语言发生了怎样的改变，因为用拉丁语写的书越来越少了。威尼斯成为意大利的图书印刷中心，所有的内容都被印刷出来：医学论文、音乐曲谱、算术书、词典、草药学、算命书，还有许许多多的消遣读物。[①]

皮埃特罗·阿雷蒂诺通过印刷技术成为一位巨匠。在他1535年撰写的《对话录》(*Ragionamenti*)中，罗马的妓女讲述着权贵的道德败坏。读过《对话录》的人都会惊讶于他描写情色场景时的直接，所有姿态都得到细致的展现。他将自己称为“王子的人质”(Flagello dei principi)，他写作喜剧、悲剧和书信，卖书让他过上了富裕的生活。他的画家朋友提香将他的容貌永恒地留在了画中，有幅画上可以看到他戴着一条金链子，那是法兰西国王赠给这位“媒体大亨”的礼物。

威尼斯的出版人甚至为阿拉伯－土耳其市场印刷《古兰经》，但奥斯曼帝国的神职人员禁止人们使用这些“异教徒”生产的经书。[②]

在第一批印刷书出现后不久，对新媒体控制权的竞争就开始了。一个由优先权和许可证组成的体系诞生了，这些证件按照《印刷法》发放；《贸易法》则保证了在威尼斯之外印刷的作品能够进入威尼斯。这种分配体系保证了不会有某个出版人过分强势。到了16世纪，罗马也参与了进来。人们担心在宗教革命与反宗教革命的环境下，不准确的《圣经》经文会流传

---

① Margarethe Rehm. Information und Kommunikation in Geschichte und Gegenwart. Handbuch der Bibliothekswissenschaft, Berlin: Humboldt-Universität Berlin, 2003.

② 参见：乌迪内大学教授安吉拉•诺沃于2010年10月21日在多伦多第46届伊拉斯谟年度演讲上发表的演讲“意大利文艺复兴时期的图书贸易：结构与规定”。

开来，于是颁发了“独家印刷权”；教皇甚至用革除教籍来威胁威尼斯的印刷匠人。新的书籍和印刷品对强权者构成了威胁。1580 年至 1596 年，威尼斯的印刷工坊消失了三分之二，罗马成了印刷业的领头羊。而在那之后，罗马的“畅销书榜”上只能看到宗教裁判所许可的书籍。

即使在今天，我们还是能体会到，批判性的报道在一些国家受到压制；“无国界记者”每年更新的世界地图也记录了新闻自由还远远没有在世界范围内成为共识。在新兴的图书印刷经历审查之后，一些国家还是封锁消息，威胁和软禁那些“不讨人喜欢”的记者或作者。德国从纳粹统治和大规模政治宣传的苦涩经历中吸取了教训，“新闻自由”在《基本法》的第五条中被确立：

每个人都有权，以语言、文字和图片的形式自由地表达和传播自己的观点，并能够从公开资源不受阻碍地获取信息。保障新闻出版自由和广播、电视、电影的报道自由。对此不得进行内容审查。

虽然这一条款已经成了理所当然的事情，我们也不该忘记，对自由言论的保护是不到 100 年前才开始的。直到今天，我们仍一再见证这样的事件：记者遭到公开敌对，或是某些人通过委员会和董事会人选施加政治影响。然而，最大的威胁存在于媒体的结构变革之中。

电视与广播平台到 20 世纪 80 年代时仍由公共广播电视台垄断着。但随着双元广播电视体系的引入，这种模式发生了改变。1984 年 1 月 1 日，商业性电视台德国卫星一台（SAT.1）开播，卢森堡广播电视台（RTL）紧随其后，于次日开播。现在，各州媒体主管机构登记在案的私立电视频道已有 400 多个。其中包括综合频道、专题频道、新闻频道、电视购物频道和付费电视频道。德国已经成为世界上媒体竞争最激烈的国家之一，而公共电视台受到的商业影响也是显而易见的。

作为电视记者，我近距离地见证了收视率如何成为唯一的衡量标准，并且越来越深刻地影响着电视节目。由于商业竞争，德国公共广播联盟（ARD）和德国电视二台（ZDF）的覆盖范围缩小了，一些责任人心生恐惧，认为自己的电视台可能会失去影响力，甚至有朝一日公共电视体系本身的生存也将成为问题。于是，节目模式改变了：有趣但不叫座的节目被挤出了傍晚的黄金时段。对注意力的争夺也渐渐导致了内容的单一。科学类节目在黄金时段不见踪影；文化类节目和纪录片即使得到播出，也都安排在较晚的时段。虽说记者的使命本该是帮助人们认清方向，但一位电视台台长的座右铭是这么说的："我们以观众为导向。"

"电视展现的理想是一个再平常不过的普通人……观众看到自己的局限得到美化，并为举国公认的权威所支持。"去世了的作家和哲学家翁贝托·艾柯早在 1961 年就在《迈克·邦焦尔诺现象学》里这样写道。[①]

频道数量的不断增长导致了它们相互蚕食，我们就见证了一场为争夺观众注意力而起的怪异厮杀。就像在菜市场上那样，竞争越激烈，商贩们的叫卖声越响亮。看着许多电视节目风格上的改变和它们使用的语言，我能感受到这种压力有多大：在高速公路上开长途时，我不得不听"最实时的"路况报道。但我想问："实时"有比较级别吗？一些报道中使用的语言充满了戏剧性的夸张词汇，即使是一名无害的蝴蝶研究者似乎也过着非常危险的

---

① Umberto Eco. Platon im Striptease-Lokal, München: DTV Verlag, 1993.

译者注：即翁贝托·艾柯所著《小记事》(*Diario Minimo*)，德语版书名直译为《脱衣舞馆里的柏拉图》。中文版译名《误读》，由新星出版社 2006 年出版。《迈克·邦焦尔诺现象学》是书中的一篇。

生活。我们早就习惯了寻找“超级大明星”和“超级天才”，习惯将足球比赛当作一场带着伪宗教气息的盛典来描写。金色的奖杯和着庄严的合唱被交到运动员手中，就好像那是一只金色的神龛。过度夸张和过度烘托气氛的潮流是一种呼救，是一句“请别换台”，因为只有这样才能挽回那些离开的观众。我用遥控器随意换台的时候，瞥见一位记者同事站在一个简易实验装置边上，说：“广告后再见——我们将见识到核电站的核心熔毁！”

大型的娱乐电视节目已经突变成纯粹的商业行为，遵循成本和收视率的法则。如今，摄影棚、智力问答规则和主持人都已经各自标准化了，似乎可以任意替换。反正，准备好的竞猜团队也从一场智力问答直接赶往下一场智力问答。虽然有繁复的灯光效果、花哨的音效和隔音地毯，这些形式还是会淹没在同化的泥沼中。电视领域曾经的秩序体系已经瓦解，周六傍晚的大秀也随着《想挑战吗？》(*Wetten, dass...?*)[①]的结束而死亡了。原本的娱乐变成了消遣时间，原本的特殊时刻变成了五彩的大宗商品。“伟大的电视”在媒体浪潮中败下阵来，在充满无数博客和 YouTube 频道的碎片世界中瓦解了。电视帝国，连同它的那些国王和公主，连同它的仪式和规则，连同片头曲和场间休息一起覆灭了。

被认为严肃认真的新闻业也无法逃脱这样的发展方向：轰动性的事件意味着收视率，于是，我们便看到了热点、专题、特别报道扎堆的现象。有时候并没有值得报道的事，我们看到的新闻只是在重复之前的节目。政治类脱口秀越来越接近娱乐论坛，单是从受邀嘉宾的选择上，就可以看出制作人真正看重的是什么。他们就是在演出一场意大利即兴喜剧[②]，坏人的边上坐着

① 译者注：1981 年开播的德国电视综艺节目，获得巨大成功，于 2014 年停播。

② 译者注：意大利即兴喜剧（Commedia dell’arte）的一大特点是各个角色有固定的性格特点与作用。

好人，鲁莽的小丑边上坐着小心谨慎的人。有人负责专门用简单的语言解释各种事物，接着便是煽动情绪的火焰。他们会争吵，却很少讨论，观众无法真正从中获得真知灼见，几乎从来看不到哪位嘉宾会吸取对手的论点，坦然地审视自己的态度，并且从某一事物上发现新的角度。争辩的双方在修辞上小打小闹地过着招，如果这战火有熄灭的危险，就插播一条煽动性短片将之重新点燃。节目之后主角们离开角斗场，几天之后重新开始新一轮交战。

话题的选择以时下人们关注的潮流为准，在某几个星期里，所有的节目都在讲同一个主题。话题就像是一种神经性传染病传播开来，占据了头版和对话。在这一过程中，媒体间的相互参照造成了重要性的假象，因为当所有人都在谈论某事的时候，它一定是重要的。然而，与社会息息相关的现实话题常常遭到忽视，而且，要让公众知道这些话题的重要性非常困难，这类话题就越发不受关注了。

德国联邦议院前议长沃尔夫冈·蒂尔泽说得非常准确：“脱口秀节目是德国越来越歇斯底里的政治沟通方式的一部分。它们关注最新的事实，这是正确且可以理解的；但它们也关注极端，通过标题和主持人的话语煽动恐惧、消极的预期和不安。这是在加重而不是减轻不安与恐惧，这是在加剧而不是对抗民粹主义。”

2016 年对 141 档政治脱口秀节目的调查显示，像气候变暖或能源过渡计划这样的话题没有在任何一期中得到讨论。

然而，我们低估了它对我们的影响力。一家英国的市场调研企业展开了一项调查，他们询问了来自 33 个国家的 2.5 万人，由此比较国民感觉中的真实与该国的实际情况有怎样的差距。比如，德国人估计在他们国家生活的移民数量是实际数字的两倍，而他们估计自己国家中体重超标的人数明显过低。他们还被问到 14 岁以下的孩童及青少年所占人口比例，给出的答案也是真实数字的两倍。我们的感觉与现实并不相符。

虽然媒体中的争论总是在指责各个时期当时的状况，我们之前的几代人也像我们一样看不清现实，但我们还是遇到了一个全新的现象：互联网和社交网络的兴起颠覆了一直以来的媒体结构。给大众看的媒体成了由大众组成的媒体。在今天，我们每个人都能通过数字网络连通上百万人。可广泛使用的媒体迅速普及开来，许多人手中都掌握着“发射器”，媒体内容供应的垄断地位就这样瓦解了。与此同时，建立起来的规则和价值也纷纷垮塌。我们看到，既存的机构和等级受到了质疑和拒绝。像“无良媒体”等名词，或是将“精英”“全球化”“文化”等概念用作贬义，都见证了这种变革。

对事实的信任消失了，因为体系本身受到了质疑。几个月前，我与一位警察局局长谈论了这个现象。她的回应令人惊讶：“如果我们看看统计数据，就会明白，严重暴力犯罪率下降了，但就连相关的政治负责人也不相信我们，还声称这些数字是伪造的，说我们在撒谎！”

“独立性”受到质询，这不仅针对专家、记者、政治家，科学家也是一样。有关权力分配和专业分工的社会共识是以相互信任为基础的，一个社会中复杂而零散的流程只有这样才能被处理得井井有条。虽然，无论哪个时代都有批判和对立观点，但现在，专家被宣判成“腐朽精英”，被放在“人民”的对立面。

我们可以从两位总统的故事中看出这样的过渡有多戏剧化。德国联邦总统克里斯蒂安·武尔夫遭到媒体的围猎，卸下了总统职务，后来得到了法院的无罪判决。媒体犯了错，但它们的力量仍能决定人的命运。而另一位美国总统，唐纳德·特朗普，则似乎扭转了这种情况。他的私人推特信息能够决定报刊的头条，而他的出现则展现出既存的大众媒体是多么无力。历史上第一次有总统在新闻发布会上痛斥在场的记者："这全都是假新闻，全都是假新闻。"[1]当一位总统被媒体扼杀时，另一位则在指责新闻出版。特朗普似乎对记者们的武器完全免疫，他和他的追随者似乎也对如潮水般的负面新闻不甚关心。

眼下，媒体、政治和社会之间的权力结构被改写了。波兰社会学家和哲学家齐格蒙·鲍曼将这一历史转型阶段描述为"流动的现代性"（liquid modernity）："社会媒体没有提高我们的对话能力，因为避免矛盾是如此简单的事……大多数人利用社会媒体，不是为了加强协作，不是为了扩展视野，而是完全相反，为了躲藏在只听得到自己回声、只看得到自己镜像的舒适圈内。"

历史上第一次社会共识不再被需要，因为在数字平台的无尽空间中，没有人再需要为位置争夺了。针对各种话题的激烈辩论曾影响政治和文化，曾是民主最生动的体现。而现在，这片舞台碎裂成了一间间隔音室，每个人都在各自的房间里强化自己认定的真相，而对别人的论点充耳不闻；给大众看的媒体成了由大众组成的媒体。所以，社会碎片化的危险并不是专制暴君和嗜权者引起的，而是我们一直向往的那种自由造成的结果。我们争取到"每个人都有权，以语言、文字和图片的形式自由地表达和传播自己的观点"的基本权利，在数字化大众媒体的背景之下，可能是"希腊人送来的礼物"——一匹特洛伊木马。

在这个不断流动的数字世界中，谁才是我们能够信任的呢？可持续论坛的运营者、社交网站的访问者都无法被信任，这就是问题所在。我们从哪里得到的信息不是商业诱饵？正当广告业渗透网络的时候，传统的新

① 参见：唐纳德·特朗普 2017 年 2 月 16 日的新闻发布会。

闻业却分崩离析了，因为它已经没有了维持运营的资金。细致的调查和审核、制作和推广都需要人力和巨大的花销，却没有合适的商业模式。哪个用户愿意在多彩的网上世界充满了免费信息的时候，去为独立的好新闻付钱呢？

报刊行业渐渐瓦解，因为许多报刊的广告收入大幅度下滑。较大的出版社用新的数字化商业模式确保自己的生存，在这一过程中，他们放弃了传统的广告业务，建立起商业平台、招聘求职网站、不动产售卖网站或是信息汇总网站，这些网站的算法能反映出用户的个人兴趣；然而，往日的核心业务在日渐萎缩。这看上去像是一种悖论，但独立的新闻业正是在数字信息社会中衰落了。

这意味着新闻业彻底出局了吗？我不这么认为，因为没有哪个社会、哪种经济、哪种政治能够在缺少可靠信息及批判性思想的情况下存在。民主需要这样的论坛，即使它可能让这一方或那一方感到不适。也许，我们还需要时间才能懂得独立新闻出版的全部价值。

其中甚至还存在着一个机遇：新闻业有机会变得更好。它可能不再将公众的注意力作为最高的准绳，不再随波逐流地涌向所有的轰动狂潮。也许它会成为喧嚣世界中一个冷静的角落，为我们呈现经过仔细考察的内容，而不是肤浅的“头条”。这种崭新的新闻业将在一个复杂的世界中帮助我们辨清方向，并且成为它一直追求的模样——启蒙的最佳工具。

第十章

进化

从发光的鱼和机器人说起

第二自然

自然逐渐发生改变，而人类让它们朝着对自己有利的方向发展。

——查尔斯·达尔文

即使你不是那种定期去教堂的人，你也一定知道《赞美主》（*Lobe den Herrn*）。它的词作者是神学家约阿希姆·尼安德，他生活在17世纪的杜塞尔多夫附近。有一座山谷是以他的名字命名的，但偏偏就是这座山谷在近200年后被写进了进化论的历史。一直到1856年，杜塞尔多夫附近的尼安德河谷都以其浪漫的岩洞景观而著称。在上百万年的时间长河中，这里诞生了一条约50米宽的石灰岩峡谷，这个有着瀑布、洞穴和悬崖的生态区与世隔绝，发展出了丰富多样的物种。在19世纪，这座迷人的山谷算得上是德国自然奇观之一，乡绅与艺术家都为这里的动植物而倾倒。[①]

随着工业化的进程，19世纪中叶开始了对石灰岩的开凿，虽然遭到激

① Stefan Maurer, Ingmar Zechlin. Neanderlandsteig, Rother Wanderführer, Oberhaching: Bergverlag Rother, 2017, S. 21ff.

Johann Heinrich Bongard. Wanderung zur Neandershöhle—Eine topographische Skizze der Gegend von Erkrath an der Düssel, Düsseldorf: Arnz, 1835.

烈反对，但部分山谷还是被毁坏了。1856 年夏季，两名意大利工人偶然发现了 16 块骨骼碎片，其中有一块较大的头盖骨。一开始，人们猜测那是熊的遗骸，但是，来自雷姆沙伊德的教师兼自然研究者约翰 · 卡尔 · 福尔罗特，他为采石场场主提供咨询服务，则认为这些骨头属于一种原始人，这在当时是一项非常大胆的假设。其他专家质疑福尔罗特的理论，就连柏林著名的病理学家鲁道夫 · 菲尔绍，也坚定地排除了那是史前人类遗骸的可能性。

在这些骸骨被发现 3 年之后，达尔文那本划时代的作品《物种起源》问世了。他犹豫了 20 年，才将“进化论”发表出来。在导言中，他几乎在向读者道歉：“我希望读者能原谅我作这些琐碎的陈述，我之所以说明这些，是为了表明我并没有轻率地下结论。”

人类从猴子进化而来，这在教会圈子里引起了轩然大波；牛津的主教指责达尔文是异端分子。激烈的争论随着时间的推移渐渐冷却，因为在遗传理论上的新发现、染色体研究和晚些时候的基因解码都巩固了进化论的理论基础。

1996 年，进化基因学家斯万特 · 帕博在慕尼黑的分子生物学学院里，第一次解码了尼安德特人的 DNA。正如我们今天所知，物种在进化的过程中会分出不同的支系。我们智人（Homo sapiens）并不是尼安德特人（Homo neanderthalensis）的直系后裔，而是一个旁支。在细致的基因分析中，科学家们顺利地进行了一场分子时间旅行，这样一来，他们就能将各个人种群体的进化按照时间顺序排列了。

如今我们认为，每个人大约只有 50 次基因的随机突变，也就是碱基对的改变，它们是在父母的生殖细胞中诞生的，每一代都会加入 50 个基因的改变。基于这一点，以每 25 年出现新一代作为前提条件，就可以相当准确地算出早期出现分支的时间段了。在这里，改变的数字就起到了分子钟的作用。于是可以证明，在大约 2000 代之前，也就是约 5 万年前，现代人从非洲迁徙出来，渐渐将居住在欧洲的尼安德特人排挤掉了。也许存在一个混居的阶段，因为基因研究发现，在我们的基因组中有尼安德特人的 DNA 痕迹，所以两个人种必定交配过。[①]

史前基因学的另一个发现是：8000 年前，从中东地区迁徙出去的移民，使欧洲这里由狩猎者和采集者组成的社会发生了改变。根据现在能够得到的证据，这场新石器时代的变革并不是基于一场缓慢的文化变迁，而是当时迁徙导致的直接结果。后来，这些人在欧洲定居下来，并开始开垦农田和饲养牲畜。如果没有迁徙的移民，我们欧洲人可能至今仍是蒙昧的狩猎者和采集者。

自 2009 年开始，科隆大学的 70 位男女科学家组成了一支研究小组，专攻 806 号特别研究领域[②]，即解剖学意义上的现代人从非洲分布到欧洲的具体过程。“我们的欧洲之路”（Our way to Europe）这一项目在民族主义的背景下明确地传递着一条信息：从基因角度来看，各个民族混杂交融，都不能被界定为独立的人群。这些研究要查明的是人与人之间有多少亲缘关系。

自然进化仍是一个漫长的过程，因为自然选择需要经历许多代的努力，旧的特征才能被新的取代。但是，一个影响深远的新变化从 20 世纪开始了：人类开始积极而系统性地介入生物学进程。虽然人类很早就开始种植植物、饲养动物，但那都依靠自然的进程，正如达尔文强调的：“人类实际上并没有改变任何东西，而只是无意中将有机生物置于新的生长条件下，而后自然

① Quarks & Co. Wie viel Neandertaler steckt in uns?, WDR Fernsehen, 07.12.2010.

② 译者注：“特别研究领域”（Sonderforschungsbereich）是一项长期的基础科研项目，下分许多分科项目，受德国科学基金会资助。

发挥影响，导致改变。”[①]

而现在，植物及其他有机物在我们有目的的干涉下发生了改变。通过基因学的方法，遗传物质中被加入了个别基因。这样一来就可以将棉花中的抗除草剂基因，加入黄豆或玉米中，使这些植物对除草剂免疫，由此简化除草过程。喷洒除草剂后，杂草被杀灭，而有免疫力的农作物则不会受到损害。如今，世界范围内种植了超过 1 亿公顷抗除草剂作物[②]，你身上穿的 T 恤衫可能也是用转基因棉花制成的。像胰岛素这样的药品，或是特殊的癌症药物，同样也是从转基因的有机物中提取的。光是在德国，目前就有约 110 种通过基因学方法生产的有效成分，它们被允许添加到约 150 种药品中。[③]

几年前，我曾经拜访了美国巴港的杰克逊实验室。这里的研究员有针对性地改变小白鼠的基因，进行专门实验。研究员们将老鼠作为实验对象已经有很长时间了，因为它们的遗传物质大约有 95% 与人类一致。老鼠也会得癌症，对毒药起反应，对特定的物质过敏——和我们一样。通过将人类基因植入老鼠的遗传物质会诞生一种转基因动物，可用于药物试验。眼下，杰克逊实验室里可以分出 9000 种被改变了基因的老鼠。来自世界各地的肿瘤学家、神经生物学家和免疫学家在这种动物身上试验他们的疗法，为之后的药物开发助力。

在我拜访实验室时，他们带着穿上防护服的我通过了一间长长的大厅，那里放着上千只笼子。有一些被叫作“敲除鼠”（Knockout Mouse），它们的某个基因被敲除了。比如说，我在一只笼子里看到了特别肥的老鼠，它们的

① 查尔斯 · 达尔文：《物种起源》，约翰 · 默里出版公司，1859 年版。

② GM crops. A story in numbers, in: Nature 497, 02.05.2013, S. 22—23.

③ VfA, Verband forschender Arzneimittelhersteller. Liste zugelassener gentechnisch hergestellter Medikamente und Impfstoffe in Deutschland, 12.2012.

体重几乎是同类的三倍。人们从它们身上敲除了一个特定的肥胖基因，也称瘦素（Leptin）。[①] 随后，它们的身体便不再产生控制食欲的激素瘦素，于是这些老鼠便不断进食，变得肥胖而迟钝。类似的"敲除鼠"有几千种：一些患有糖尿病或关节炎，一些对特定的病毒免疫，或是由于基因的改变罹患了某种癌症，而那些无毛鼠则是被关闭了自身的免疫系统。在恒温的无菌盒子里，这些动物正等待着踏上一段医学实验室里的旅程。我还记得自己的心情多么矛盾：一方面这种人为的操纵控制使我心情压抑；另一方面，在与当地的工作人员讨论过之后，我明白我和我的孩子们将会是这些研究的最终受益者。动物实验是一个颇具争议的领域，不存在简单的支持或是反对。[②] 我认识了许多科学家，他们虽然进行了多年的研究，但仍在与自己的愧疚感做斗争。

但在 2004 年，我经历了完全不同的情况，那是在美国科学促进会（AAAS）的年会上。美国科学促进会是世界最大的科学协会，著名的专业杂志《科学》（*Science*）就是由它出版的。韩国兽医黄禹锡做了开幕演讲，他告诉惊讶的听众，他成为世界上首位成功用人类体细胞克隆了胚胎，并从中获取了干细胞的科学家。在演讲中，他特别感谢了那些据称自愿捐献卵子的女性。

这个消息就如同一颗炸弹。上百名记者发布了相应的报道，第二天，全球的大型报刊和电视台纷纷报道了韩国的克隆实验。

演讲一结束，我就跑向演讲台，请黄禹锡给我看看他的笔记，令我意

---

① Y. Zhang et al. Positional cloning of the mouse obese gene and its human homologue, in: Nature 372 (6505), 12.1994, S. 425—432.

② Ranga Yogeshwar. Animal testing TV or not TV?, in: Nature, Vol. 470, S. 457—459, 24.02.2011.

外的是，他把演讲稿给了我（见附录一）。我立即注意到：整篇讲稿都是在电脑上输入的，但偏偏有一个段落，就是他谈论道德观点的那段，是他手写的。这让我觉得有些奇怪。公布这个消息的时机本就令人生疑：美国科学促进会通过黄禹锡的演讲一鸣惊人，对于一场大会的开幕，我想象不出有什么比这更好的公关手段了。

在接下来的几个星期里，我与同事们一起研究了黄禹锡在《科学》期刊上发表的文章；尤其令我们讶异的是，据说有伦理委员会批准并参与了这场引起争议的实验。当时，德国对干细胞实验的辩论正激烈，这样的实验在德国是完全无法想象的。

我和来自 *Quarks & Co* 编辑团队的女同事伊尔卡一起飞往韩国，以便在当地拍摄照片。黄禹锡在国立首尔大学内的实验室给我们留下了深刻的印象。这里的一切都和我在其他大学里见识过的科研实验室不同：设施极其现代化，应有尽有；显然，这里有许多资金可用。我们穿上防护服，在工作人员的带领下参观了不同的区域。参观过程中，工作人员向我们展示了新生的克隆小猪，它们被放在无菌的孵化箱里，保温的红外线灯照着它们——一幅诡异的画面。在一张桌子上，五六名工作人员正从子宫里提取卵细胞，而这些子宫来自屠宰场的母猪。在其他的实验室里，有工作人员用显微镜去除卵子的核。

生殖性克隆可分为三个阶段。第一步，从动物或人类身上取体细胞；在克隆羊多利的实验中，取下的是乳房细胞。第二步，将该细胞的细胞核取出，其中含有遗传物质；再将细胞核放入之前去核的卵细胞中。克隆细胞在营养液中游动着，并且受到电刺激，它便开始像一只受精卵一样开始分裂。第三步，在胚胎发育早期，也称囊胚期，将其植入代孕母亲的子宫内。这样产生的后代在基因上与细胞核的提供者一致，多利就是它“细胞核母亲”的复制。在现实中，每一步都会遇到棘手的难题，所以克隆并非说起来那样简单。举例来说，克隆羊多利就来自277次实验中唯一成功的那次。因此，黄禹锡用人类干细胞做的实验同样需要多次尝试，他在发表的文章中称有185个捐献细胞。

“你想看看猪是怎么克隆的吗？”黄禹锡用尖尖的声音向我们打招呼。接着，我们便飞驰着离开了首尔市中心，到达了一家不起眼的养猪场。在路上，伊尔卡总是时不时无奈地看看我。黄禹锡的傲慢和控制欲让我们无法忽视，对他来说，一切都不够快。在此之前，我从未遇见过这样的科学家。抵达饲养场之后，一只母猪被麻醉了，黄禹锡将从实验室带来的囊胚植入这位代孕妈妈的体内。他做这件事的方式方法都让人觉得有些粗暴。“Pali, Pali!”[①] 他喊着，“快点，快点！”在风一般迅速地完成了植入之后，他向我们展示了旁边猪栏里的几头克隆猪。这些动物都还很年轻，但它们显得老态。我还是少年的时候，曾在农夫那里帮工，可以看出动物的年龄。在这里哼哼的几头很奇怪，像是年轻的猪爷爷和猪奶奶。要定义克隆动物的年龄本就不是容易的事，因为植入的遗传物质在诞生出新生命之前就是“老”的。克隆羊多利就不得不在短短6年后，由于严重的肺部疾病而被执行了安乐死。而绵羊的自然寿命要高得多，是12至20年。

返回首尔之后，我们打听了情况，想弄清据称参与了克隆实验的伦理委员会是怎么回事。但我们的问题总是被搪塞过去，机构内的工作人员没有一个能说得上话的。我和伊尔卡越来越绝望，于是联系了韩国生物伦理委员会会长宋尚勇。他在第二天接待了我们，经过细致的交流，我们发现，他本人或是国家伦理委员会的成员都没有为黄的实验提供过咨询。我请会长为我

① 译者注：“快点”的韩语发音。

们出具一份正式的文书，因为我们很肯定，声称伦理委员会介入克隆实验这一消息，一定是杜撰出来的。

回到德国后，我联系了《自然》杂志的主编菲利普·坎贝尔。我们在各种场合中见过好多次了，我坦诚地对他说：“菲利普，这件事肯定有问题。”2004 年 5 月 10 日，我把宋先生的书面意见用邮件发给了他。在几个月后，这间“纸牌屋”倒塌了。多位科学家检查了各个方面的细节，最终证明这场韩国的克隆实验是现代科研史上最大的造假丑闻之一。2005 年 11 月，黄禹锡辞去了所有的职务，他和他的几名同事受到了违规处罚。一场轰动的审判将这位明星学者判处了两年有期徒刑，缓期 3 年执行。在审判过程中，人们发现他大部分的成果都是伪造的，他甚至通过俄罗斯黑手党从永冻土中弄来了猛犸象的组织用于实验。

现在，黄禹锡在一家私人出资的研究机构继续他的工作，为那些富有的客户提供克隆宠物狗的服务。“秀岩生物科技（Sooam Biotech）延长你与（已逝）爱犬的关系……我们不只克隆狗，我们还治愈你破碎的心。”这家公司的网站上是这么写的。

如今，越来越多的动物被克隆，但抱着批判态度的记者们很难进入由私人出资的实验室。我从内部人士那里得知，一些富翁投资了许多钱，来克隆优秀的赛马或骆驼。

到克隆实验出现的时候，达尔文研究出来的进化论已经走向了新的方向。举个例子来说，我们已经可以买到基因受到人为控制的发光鱼了。在世纪之交时，新加坡国立大学的科学家们将一种发出绿色荧光的水母身上的对应基因转移到了斑马鱼身上。在紫外线的照射下，这些鱼会发出绿色的光。在那之后的几年，调色盘上又多了黄色和红色。人们原本想要通过荧光的改变来检验水质，但他们很快就看到了商机。现在，从“电光绿”到

“银河紫”，有六种颜色的发光鱼可供购买。发光鱼生产商（Glofish）网站上的广告语是“天生光彩！”（Born Brilliant!）人们可以从网上订购这种被制造出来的生物。眼下，饲养和买卖这种鱼在欧盟境内是明令禁止的，但并不是所有人都遵守这一禁令。随着时间的推移，我们渐渐习惯了这些创意。瑞士作家马丁·苏特的小说《象》很值得一读，书中讲述了一只粉红色发光小象的故事。[1]

对生物体的介入影响着第二进化。现在，我们已经接受了体外人工授精（In-vitro-Fertilisation，简称 IVF）、胞浆精子注射（Intracytoplasmic sperm injection，简称 ICSI）和冰冻卵子。有 10% 至 15% 的欧洲夫妻想要孩子却没有孩子，对这些人来说现代科技就是福音。如今，世界范围内大约有 100 万个孩子是通过这些方法出生的，这个数字还在年年增长。光是在德国，每年就会有约 5 万名女性进行体外人工授精，另有 1.6 万女性冰冻了她们的卵子。在过去的 20 年中，接受剖宫产的人数翻倍了，在许多时候，怀孕本身就伴随着大量的分析和诊断，比如羊水检查。生育的风险和孩子的死亡率都大大降低了。

当达尔文发表那部跨时代的作品时，儿童死亡率还是约 25%，也就是每 4 个孩子中就有 1 个在生产过程中或 5 岁以前死亡。你只需仔细看看自己的家史，就很有可能会发现这样的悲伤例子。在工业国家，生育医学的发展极大降低了孩童的死亡率，现在已经降低到了 5‰。

一种新的方法将带来又一次划时代的改变：那就是 CRISPR/Cas 系统，也简称为 CRISPR。两位女科学家，埃马纽埃尔·卡彭蒂耶和詹妮弗·杜德纳，在几年前研究了细菌在受到病毒攻击后的免疫防御机制。与我们不同

① Martin Suter. Elefant, Zürich: Diogenes Verlag, 2016.

的是，这种简单的生物没有复杂的免疫系统。病毒将自己的遗传物质嵌入细菌的 DNA 中。我们可以把这个过程想象成将一个生词加入一篇已经存在的文本中。细菌会进行抵抗，甚至能够排除这个“词”。在这一过程中，它们利用一种切割蛋白（类似于一种剪刀），结合一种搜索蛋白，找出对应的位置，将这个“词”切割掉，由此使病毒变得无害。这与我写这本书用的文本编辑软件有着极其相似的工作原理。我可以简单地从大段的文本中搜索一个特定的词，将这个词剪切掉，并用另一个词来替换。这一生物化学的剪切过程简单得令人惊讶，而细菌就是用它来抵御病毒的。

两位参与者很快就意识到，通过 CRISPR 可以便捷且有针对性地改变基因段。当这两位女科学家于 2012 年在《科学》上发表这一发现时[①]，她们在学术圈里引发了一场全球性的地震。不久后，麻省理工学院的生物工程师张峰就发表了另一篇论文，展示了这一方法在其他生物身上的应用。

CRISPR 的妙处在于，它能够简便地进行基因修改，只需要找来一把标准化的“剪刀”。这种新方法在世界范围内引起的兴趣是巨大的。在短短几个月内，卡彭蒂耶、杜德纳和张三人的研究成果就传播到了世界各地的科研机构中。2016 年，该领域的相关论文达到了上千篇，这证明了 CRISPR 在基因研究领域是多么重要。当然了，许多企业也闻到了其中的巨大商机，纷纷投资相关项目。如同在淘金热时代那样，每家企业都试图圈出自己的地盘。现在，世界范围内有几百项专利申请。就连发现者和他们所在的单位也发生了激烈的争执：专利权应该属于谁？该如何分享 CRISPR 带来的成功？在学术圈里，所有人都认为诺贝尔奖定会花落这一科研领域。

现在，全新品种的超级植物成为可能，人们可以借助于 CRISPR 为植

① Martin Jinek. A Programmable Dual-RNA-Guided DNA Endonuclease in Adaptive Bacterial Immunity, in: Science 337, Issue 6096, 17.08.2012, S. 816—821.

株植入一种或多种基因，增强它的抵抗力，保护它不受疾病侵害，提高它的维生素含量，遏制特定的过敏原或是加速它的生长。在畜牧领域也是一样，因为在这里，人们也能够将希望应用的特征编写入生物的体内。这在之前还从来没有这么简便过。

当然了，人类也有了全新的选择：杜兴氏肌肉营养不良症是非常常见的肌肉遗传病，患病的几乎只有男孩。这种病是用神经学家纪尧姆·杜兴的名字命名的，他在 19 世纪研究了电刺激时肌肉的反应。患者在肌肉中缺乏肌肉细胞增强蛋白（Dystrophin），这会导致肌肉萎缩。无需多时，患者就不能再行走或登上台阶，他们的呼吸肌也会萎缩，以至于他们连咳出痰液这样的事都无法做到，而且心脏肌肉也会变得非常虚弱；这些人的寿命明显缩短。据估计，在德国有 1500 到 2000 名男童和成年男子受肌肉营养不良症的困扰。

为了能生成肌肉细胞增强蛋白，首先要在遗传物质中读取出对应的杜氏基因。但患者们的缺陷正在于此，这导致了读取过程的中断。使用 CRISPR 方法，能够首先将缺陷之处从遗传物质中去除，使身体能够再次生成肌肉细胞增强蛋白。用这个方法做的鼠类实验已经取得了成功，[①] 在许多其他的实验之后，CRISPR 也许有朝一日就能应用到人类的身上。这将是一场医学革命，因为科学界已知的遗传疾病中，有约 6000 种是基因缺陷引起的，其中 95% 都没有治疗的方法。

世界各地都建起了与 CRISPR 相关的创业公司，比如艾克索尼斯医疗（Exonics Therapeutics）、波士顿的爱迪塔斯医药（Editas Medicine），

① C. Long, J.R. McAnally, J.M. Shelton, A.A. Mireault, R. Bassel-Duby, E.N. Olsen. Prevention of muscular dystrophy in mice by CRISPR/Cas9-mediated editing of germline DNA, in: Science 345, 2014, S. 1184—1188.

谷歌公司和比尔·盖茨为后者投资了上百万美元。在爱迪塔斯的主页上热切地写着："在生命中，科学给我们惊喜的时候很少，曾经难以想象的事物突然变得可能的情况很少。但这就是一个这样的时刻！" 坦白说，我对操之过急的治愈宣言还是持谨慎态度：惊天动地的点子常常会让投资者一时头脑发热，让投机商兴风作浪。

比如在20年前，据说能操纵体内瘦素产生的防胖基因就曾掀起热潮。美国生物科技巨头安进（Amgen）当时为人造瘦素的专利骄傲地支付了2000万美元，并承诺不断加重的肥胖问题能够用他们的药剂来解决，然而这一承诺没能兑现。现在，我读到那些生物或基因科技行业信誓旦旦的消息时，都乖乖地保持谨慎，因为那后面常常隐藏着投资者激进的市场营销手段。相反，参与其中的科学家们的批判性预测很少能看到。

一种药品进入市场需要高达16亿美元的花销，因为在试管里的实验完成之后，还有多重高消耗的准入检验，以及3个临床试验阶段。[①] 在进入市场的过程中，首先测试安全性（第一阶段），接着在选出的病人身上进行测试（第二阶段），最后一个阶段就是新药的大规模测试。一种新药大约需要13年的时间才能从实验室走进药店，而且在10种药剂中只有1种能通过3个临床试验阶段的严酷考验。新型基因治疗方法实验耗费的时间和金钱更多，但学术界认为这一领域有很大的机会能够实现突破。

有朝一日，我们的遗传物质可以用CRISPR进行准确的编辑，这种可能性如果实现，就会成为医学上质的飞跃，进化的历史将被改写。那句时常被引用的"认识你自己"[②] 也将变成"改变你自己"。到时候，现代人就能直

① Bernard Munos. Lessons from 60 years of pharmaceutical innovation, in: Nature Reviews Drug Discovery 8, 12.2009, S. 959—968.

② 译者注：相传是刻在希腊德尔菲的阿波罗神庙中的三句箴言之一。

接介入进化过程。通过在生殖细胞中有针对性的基因操纵，遗传缺陷不会再一代又一代地传递下去。那样的话，医学不仅能干涉现在，更能介入未来。

在这样的过程中，“疾病”的定义很快就会变得模糊了：如果身材矮小或人的智力能由此改变，会怎么样呢？要是你知道，这样你的后代就能获得更好的机遇，你不会抓住这样的机会吗？驱使人进行这种优化的动机是什么？最终又会导致什么结果？

今天，我们就已经能从另一个领域中看到，这条路可能指引着怎样的方向。想象一下，小保罗是位活泼而友好的少年，此时正坐在五年级的教室里。比起课本，他对其他事情更感兴趣，在课堂上总是走神。老师已经警告过他许多次了，上个星期他还被换了座位，因为保罗总和同桌托马斯聊天。保罗不喜欢做作业，喜欢在外面玩，老师已经再三地在他的作业本上留下很长的评语。昨天拿到批改好的数学作业，保罗又拿了一个“差”。保罗的妈妈在 4 个星期前和班主任谈过，由于保罗在做计算的时候不能集中注意力，班主任感到很绝望。保罗的妈妈从一个熟人那里听说，他可能有注意力缺陷，也许是多动症。由于保罗不能好好上课的问题已经存在很久了，妈妈心里的警钟被敲响了。如果再这样下去，他这一学年的学业就完成不了了，之后要怎么办呢？“保罗在糟蹋自己的未来，必须做点什么了。”爸爸说。

5 个星期之后，保罗坐在教室里认真地学习，老师已经表扬他好多次了。保罗的成绩提高了，他的分数预示着大好前途；家里的压力也减轻了。从几个星期前开始，保罗每天早餐时吃半粒药片，里面只含有 5 毫克有效成分哌甲酯（Methylphenidat）。这药是妈妈带他去看的一位心理治疗师给他开的。橙色的药片包装盒放在厨房的柜子上，包装上写着“利他林”。

1993 年，德国共通过处方开出并消耗了 34 千克的哌甲酯。这种“灵丹妙药”获得了少有的成功。现在，单是德国的年消耗量就达到了可笑的 1.8 吨！这相当于 6000 万天的用量。因此，保罗并不是个例。每天都有超过 15 万的中小学生和大学生，为了集中注意力更好地学习而吞下这种药片。

现今，哌甲酯的销售已经成了一笔数十亿美元的大生意，专业人士指出，医师们总是在听说有行为问题时就草率地开出这种药剂。在一项由瑞士 3 所大学共同参与的调查中，有 6275 名大学生接受了访问。[①] 每 7 名学生中就有 1 名会在考试期间使用这种所谓的神经系统增强药。尤其是在化学、新闻和建筑专业，这类药物的消耗量很大。学生们给出的原因是：缓解紧张情绪和成绩压力。

为了能跟上进度，我们麻痹自己的大脑，却没有发现，那背后的力量正使我们与自然的生命进程割裂开来。我们将丰富多彩的生活降低成最经济有效的单一维度。谁要是认为，成绩、收益和利润就是达尔文对现代社会的期望，那就误解了这位科学家。在达尔文对进化的设想中，我们一直作为观察者目睹这个复杂而多彩的世界，看它如何遵循自己神奇的规则。而现在，我们在机械和技术上的惊人进步却使我们误入歧途，妄图让世界按照我们的规则去改变。进化 2.0 会消弭事物的自然进程吗？它的计划又是什么呢？

达尔文本人很早就意识到这样的计划是行不通的。在他的作品《物种起源》中，第三章的结尾处就有一个值得注意的重要认识：“以这样的方式在脑海中设想，去使任何一个物种比另一个物种占有优势，固然是好的，但是在具体的事例中，我们大概都不知道怎么做才能成功。这应使我们相信，

---

① Dmitry Petrounin. European Students use of smart drugs is said to rise, in: The New York Times, 06.06.2014.

我们对于生物之间的一切相互关系实在无知。这种信念是必要的，同样也是难以获得的。”

每一座原始森林和每一片海洋都会使我们深刻地感受到，我们对自然界的“相互关系实在无知”。自然是一场音乐会，多种多样的音乐交融在一起，叫人动容，令人屏息静听，使人从内心深处体会到与自然的联结。任何人造的东西都无法取代这个多彩的宇宙。虽然我们无法看透这种相互关系中的法则和规律，但有一点我们是知道的——我们也是它的一部分。

我不是机器人

We can only see a short distance ahead.

（我们只能看到前方的一小段路。）

——艾伦·图灵[1]

“我不是机器人。”有时候我得用鼠标点击确认这句话，比如在我要发送消息的时候。有时我必须输入隐藏在图片里的字母，以此证明我是有血有肉的活人。

可以说，我们这是遇到了虚拟的看门人，它们的任务是把恶意程序及其他的自动程序拦在外面。也就是说，这种所谓的 CAPTCHA 程序要辨别出访问网站的是人类还是机器。CAPTCHA 是个缩写，它的全称是“Completely Automated Public Turing Test To Tell Computers And Humans Apart”（全自动区分计算机和人类的公开图灵测试）。这个算法会让人类完成一项任务，而这项任务是自动软件完成不了的：有时候是要辨认出一串扭曲的字母，有时

① A.M. Turing. Computing Machinery and Intelligence, in: Mind 49, 1950, S. 433—460.

候要我们从拼接的图片中只选出含有猫或者狗的。这种测试的基本理念要追溯到天才的数学家艾伦·图灵那里，因此被称为“图灵测试”。[①] 对图灵来说，如果一个人在与机器交流的时候，不确定对方是不是人，那么机器就通过了测试。

图灵在 1950 年就提出了这个尖锐的问题：机器能思考吗？他坚信：“我们可以期待，机器最终将能在所有的纯智力领域与人抗衡。”他的话有道理，因为现在的电脑已经下起了象棋还有围棋，还击败了最优秀的人类棋手。机器人制造出汽车，并开始变得越来越独立。它们能感知周围的环境，对外界的刺激做出反应。机器人甚至能抚慰人心，伪装成小海豹的样子陪伴养老院里的老人们，这项日本发明现在也在德国投入了使用。“海豹宝宝”身上装备了许多感应器，能对光线、声音和抚摩做出反应。它们用摆动尾鳍的动作、声音和眨眼来与人互动。早就将自己封闭起来的老人会对这只“动物”做出反应，开始抚摩它，对它说话，这台机器在阿尔茨海默病患者看来可能是有生命的。

在亚力克斯 · 嘉兰的科幻电影《机械姬》（*Ex Machina*）里，主人公加勒遇见了妖冶美丽的女机器人艾娃。不知何时，加勒已经被漂亮女机器人的独特个性深深吸引，他要保护她不被重新编程，并为此损坏了原有的安全系统。最后，事实证明艾娃只是台冷酷的机器，为了安排自己的逃亡，利用了人类对她的喜爱。在这场反向的图灵测试中，人类失败了，而机器获得了主动权。

在这样的虚构故事里，人类和机器之间往往会有一条清晰的界限：人造世界和有机世界相互对抗。这类情节就和无聊的西部电影一样：印第安人

① A.M. Turing. Computing Machinery and Intelligence, in: Mind 49, 1950, S. 433—460.

对抗牛仔，黑人对抗白人。然而，如果这条界限模糊了，如果双方结合成一种混合体，成为两个世界的混合形式，又会怎么样呢？

百年前，当病人的心跳停止，医生就会开具死亡证明。按照当时的医学知识，心脏停止跳动就标志着死亡。但如今，在医院的重症监护室里，每天都会有这样心脏停搏的人重新活过来，戴着心脏起搏器继续生活下去。这种植入的机器——还有人工耳蜗和胰岛素泵——取代了病变的身体部位。仅仅在德国，每年就要使用约 18 万个人造髋关节和约 10 万台心脏起搏器。

装有光传感器的仿生眼发出的信号被传到大脑，有触觉的人造手能为截肢者找回指尖的触感。当一部分的研究和开发关注如何弥补受损的器官和肢体，并制造出智能假体的时候，另一个分支领域则在努力使我们能用思想操纵机器，而且已经有了第一批能够被患者的思想操纵的假肢。现在，只需要动动眼睛就能控制机器，而且人们正在寻找解读脑脉冲的新途径。像脸书这样的企业甚至想要由此取消键盘，并宣称，有朝一日我们只要通过脑中的想法就能编写文本和消息。

尤其引人注目的是由费城儿童医院的科学家们研发的人造子宫。生物袋（Biobag）是一个透明的塑料袋，里面装着羊水和羊胎。按照羊胎的发育程度，大约相当于人类在怀孕 23 周时发生了早产，它活了下来，并且在实验的 4 个星期里，它的成长没有任何异常。也许，正如医生们希望的那样，在将来的某天，这也能为人类的早产儿保证更大的生机。

除了人造子宫和电子机械植入组织之外，其他的科学家们还在研究人体器官的培育。在实验室里，已经能够借助干细胞培育出迷你的人体器官了，在小小的玻璃器皿中装着跳动的心肌细胞或是微型的胃。[①]2009 年，免疫学家和分子基因学家汉斯 · 克莱弗斯研发了一种革命性的方法，通过这个方法，人们能够用自体干细胞不受限制地制造出这样的“类器官”。现在，全球有超过 200 家实验室在培育迷你胃、微型肾和超小肝。

我 2006 年时在汉堡见过汉斯 · 克莱弗斯，他去领取欧洲科学科尔伯奖（Körber-Preis für die Europäische Wissenschaft），我们谈论了他的研究所包含的潜力。他讲述的事情令人惊讶：长久以来，生物学家们一直认为，干细胞会老化，不能任意地分裂，时间到了，分裂进程就会自然停止，我们体内的细胞就会死亡。他的实验室在乌特勒支大学，他和他的团队在那里用老鼠的干细胞进行实验，但即使是在 7 年之后，这些细胞仍在分裂，而这已经远远超出了啮齿类动物的预期寿命。由此打开了一幅激动人心的前景：有朝一日，医学也许能够不断为我们提供新鲜的体细胞和器官——我们将得到永生！“所以我们有可能 500 年后再见面对吗？”我问汉斯。他犹豫了一下：“从技术上也许可行，但你真的愿意这样吗？”

永生的梦想像一条红线贯穿我们人类的文明。至今最长寿的人是法国女性雅娜 · 卡尔芒。她于 1997 年去世，时年 122 岁。14 岁时，她在巴黎的一家画具店工作，曾经卖铅笔给凡 · 高。她亲眼看到，建筑工人们是怎么把埃菲尔铁塔造起来的，也经历了两次世界大战。所谓的“超级人瑞”——也就是那些超过百岁的人——的数量在逐渐增多。同样地，工业国家的总体预期寿命也在过去的数十年中不断延长。

扬 · 维格是纽约阿尔伯特 · 爱因斯坦医学院的一位基因学家，他共研究

---

① Kyle W. McCracken et al. Modelling human development and disease in pluripotent stem-cellderived gastric organoids, in: Nature 516/18, 25.12.2014.

了 38 个国家的预期寿命。尤其是 1940 年到 1980 年，人类的预期寿命有了戏剧性的提升，但自 20 世纪 80 年代以来，我们在最长寿命上并没有什么突破，根据数据，115 岁似乎成了一个“瓶颈”。但这反映出了医学取得的成功。如果若干年后，血管里的迷你机器人和人造器官能够供我们使用了，情况会变成什么样呢?

我们喜欢将这个事实抛在脑后：自然的衰老进程会使我们随着时间的推移变得蹒跚迟钝。在罗马帝国时期，人们的平均寿命还不到 30 岁，大多数人在年轻时就死去了。而我们能感觉到，我们老去的躯体是怎样渐渐到达保质期的。60 岁时，工业国家的人们已经掉了三分之一的牙齿；80 岁时，10 人之中的 4 人根本没有牙齿了。我们的骨头渐渐变得脆弱易折，血管变硬，肌肉消失，头发变灰、掉落，听力也不如往昔。即使我们合理膳食，参与体育运动，时间的利齿还是会咬住我们不放。医学家阿图 · 葛文德在他那本《最好的告别》里，以骇人的描写展现了这种缓慢的衰老过程。随着时间的推移，我们的身体逐渐垮塌，等着我和你的可不是什么美好的故事。但是，如果能停止这种进程，如果未来有一种药能使我们免于这样的衰老会如何?

我去过最诡异的地方是阿尔科公司，它位于美国亚利桑那州的斯科茨代尔。“The Alcor Life Extension Foundation”（阿尔科生命延续基金）这一行蓝色大字写在入口的牌子上。这家公司是不久前才从加利福尼亚搬到斯科茨代尔来的。我的联系人向我解释说，他们特意选择了这个地方，这里特别安全，从未发生过任何地震或其他自然灾害。按照阿尔科的长期规划，这样的条件是非常重要的，就像为放射性垃圾寻找最终归宿一样重要。阿尔科是一个基金会，它的目标是将死去的人冷冻起来，贮存在充满液体氮的大罐子里，好让他们在遥远的未来重新苏醒。阿尔科的成员们坚信，到那时医学将会变得足够发达，就能使保存起来的身体恢复生命。

在那天以及后面的几天中，“伊戈尔”——这是我和我的摄像师给我们的向导取的名字——给我灌输了永生之梦的逻辑。他说，今天死去的人，如果他能够求助于先进医学的话，原本是能活得更加长久的。心肌梗死、传染病、癌症，所有这些疾病和麻烦很可能在数十年后就不再致人死亡。“伊戈尔”说，阿尔科的流程很简单：向基因会支付大约 2 万美元，填写一系列的文件，死后就能被保存起来等待永生。人一死，到场的阿尔科团队就会用各种防冻剂和防腐物质冲洗死者体内的血管。据说，这些物质能够阻止体细胞的细胞膜被冰晶损坏。接着，进行零下 196 摄氏度的控温冷冻。浸没在大型冷冻罐的液体氮中后，被冷冻起来的身体接下来就要等待，等待在充满希望的未来能重新苏醒。

在解冻之前，用收取的资金所产生的利益来支付员工工资及定期补充液体氮的费用。“伊戈尔”向我们解释说，也可以选择较为便宜的种类。“只冻头如何？”这样的话，就将把头与躯干分离后再冷冻起来。越来越多的成员选择了这种方式。

我看着身边那些闪着光的钢罐：“所以说，这里就存放着一颗颗头颅和死掉的身体，对吗？”

“我们称他们为我们的病人。”“伊戈尔”答道。

傍晚，我与莎莉约好见面。这位年轻的妈妈住在一幢挺大的别墅里，她在客厅接受了我们的采访。她和她的丈夫决定在死后只“冷冻头颅”，但他们也可以几年之后再改订“全身冷冻”。莎莉说个不停，言语中充满了兴奋之情，正当她描述着，她和丈夫里克是如何决定走出这一步时，我想到的却是莎莉被割下的头颅漂浮在液氮罐中的景象。

我问她，她是如何设想那场景的。对莎莉来说这完全不是问题：未来的高科技医学会将她解冻的头颅放入一种特制的营养液中，接着智能机器人会将她的大脑与一台电脑连接起来。那之后，她就能够重新与外部世界交流了。

“那你的身体怎么办？”也没问题。到时候，先进的医学就能为她配上一具人造的仿真身体。是的，那样的话，她作为（只）有脑子的人就能从一本目录里挑选她的新身体了，可能没有小肚子，但胸部更大些。

我记得，我晚上在斯科茨代尔的宾馆里睡得很不安稳，梦里都是被割下的头颅和毫无生气、放空了血的身体，还有莎莉和她丈夫里克在争吵着，未来要选择哪一款身体。第二天，“伊戈尔”给我讲了一场审判的事：几年前，医生们发现一位来自加利福尼亚的数学家有一颗脑肿瘤，癌症会渐渐影响到他的大脑，可能会摧毁他的意识。这个人因此想要提早结束自己的生命，好将自己的头颅冰冻起来。但是，在他自杀之后必然会有警方的调查，这将阻止阿尔科团队迅速将他的头颅保存起来，所以他便郑重地将这事搬上了法庭。“他想自杀，是为了活得更久，你懂吗？”“伊戈尔”说。然而，加利福尼亚的法庭拒绝了此人的要求，所幸后来他的肿瘤停止了生长。

可惜我们没有得到看看大型冷冻罐的内部的准许。所以，我心中一直留有怀疑：“伊戈尔”和他的朋友们所说的那些故事是不是真的？虽然阿尔科骄傲地记录着，基金会如今有了超过千名成员，并且，已经有150名“病人”等待着复活。但谁知道呢，也许这一切都是场惊天骗局、一场盛大的表演，将上万美元从莎莉和里克这样坚信永生的人口袋里拿走。那样的话，阿尔科就是赎罪券2.0版。

但是，如果有朝一日永生真的在技术上成为可能，会怎样呢？像雷·库兹韦尔这样的预言家们相信，机器将在未来读取我们大脑中的信息，而我们到时就会作为虚拟的存在永远生活下去。[1]在他的书和演讲中，他都推断，随着电脑技术的进步，比如存储容量和计算能力的提升，“奇点”时刻将要到来。按照他的阐述，有一天，技术系统将会成为有着自己意识的超级生物体，而我们，或者说我们还剩下的部分，将会成为这台魔法机器的部件。库兹韦尔和其他超人类主义的代表们都期待着这个让人解脱的发展阶段，这个最终使人永生的阶段。而且，正如这本书的其他章节提及的那样，我们又一次证实了宗教与科技之间相似：科技的乌托邦也向我们承诺了一个天堂。

然而，除去所有技术上的可能性之外，还有一个原则性的问题：我们真的想要永生不死吗？我们有限的生命不正是自我之中重要的一部分吗？法国女哲学家西蒙娜·德·波伏娃，在她的小说《人都是要死的》里描写一个关于雷蒙·福斯卡的虚构故事。[2]福斯卡 1279 年出生，是意大利城市卡尔莫纳的王侯。一天，一名乞丐给了他一种灵丹妙药，这药能使人长生不老。福斯卡没有犹豫多久就服下了，变成了不死之人。他扩张自己的势力，但随着岁月的流逝，他的妻子和孩子都死去了。他被囚禁在孤寂之中经历了后来的种种：他作为发现者生活在美洲的印第安部落里，在查理五世的帝国里当上了谋臣，他亲身经历了法国大革命以及历史上的起起落落。他无法忍受这种死亡与失败的循环，因为他总是在失去自己爱的人，最后形单

① 雷·库兹韦尔：《奇点临近》，企鹅出版公司，2005 年版。
译者注：中文版由机械工业出版社 2011 年出版。

② 西蒙娜·德·波伏娃：《人都是要死的》，莱茵贝克罗沃尔特出版社，2004 年版。
译者注：中文版由外国文学出版社 1985 年出版。

影只。在半个世纪之后，他遇到了玛丽亚纳，并且爱上了这个女子。但当她得知他是不死之人的时候，她很震惊，因为她给他的是自己的一生，而对他来说，她只是永恒时间里的一小段故事。

波伏娃小说中传递的信息在今天也是有效的：死并不是件坏事，恰恰是生命的有限为我们的生活和行为赋予了意义。现代的计算机预言家们，他们中的一些人试图用毫无把握的实验打开永生的窗户。[①]他们所有天花乱坠的承诺，都是因为没有意识到：我们作为人类，生命有限，这有着解脱的意义。

有可能——纯粹是假设——在几百年之后，这本书落到了一位沉鱼落雁的女子手中。她名叫莎莉，在冰冷的液氮中沉睡数十年后，获得了新生。

亲爱的莎莉，如果你读到这条信息，那就意味着我想错了。但不用担心，我享受了自己有限的生命，而且是每一天！

① Jocelyn Kaiser. Young blood antiaging trial raises questions, in: Science, 01.08.2016.

第十一章

行动

稳定与变革

我们只有一个地球

一个点。这是“这里”。这是“家”。这是“我们”。

——卡尔·萨根

1990年2月14日是个特殊的日子。这一天，旅行者1号空间探测器来到了距离地球64亿千米的地方回望地球。它拍摄了太阳系的照片，这是我们的太阳和它周围的行星们拍的第一张“全家福”，这也是摄像管向地球发回的最后一批数据。由60张照片拼接成的图像中包括了木星、金星、土星、天王星和海王星。水星和火星在探测器的视线中距太阳太近，以至被太阳的光芒所掩盖。照相机的清晰度只有800×800像素，相当于如今中档的手机摄像头；探测器的图像感应器也只能提供黑白照片，但使用不同颜色的滤镜将图像重叠之后，诞生了有颜色的照片。

逆光时会出现反射和色散。大的行星比如木星和土星很容易辨识。在另一张模糊的合成图像上，仔细观察可以看出一个微小的点，大约只有一个像素点的十分之一。这样一个点也可能是一粒灰尘或是图像缺陷，但这个浅蓝的光点就是我们的地球，就是我们此刻身处的行星。宇宙中的一个点，一粒微小的尘埃，却也是我们的梦想和希望所在；是我们的孩子和父母出生的地方；是一些民族交战，同时又是另一些人彼此相拥、分享温暖的地方；是鸟儿啜饮晨露的地方，也是像凡·高这样的画家作画、像舒曼这样的作曲家谱曲的地方。唯一的一个小点聚起了一切，从残酷战争中的背信弃义，到母亲见到孩子的第一个微笑时的感动。这本书里讲到的一切，都只在这里上演，别无他处。

我们会不会继续存在下去，这对星辰与星系的运行毫无意义。在它们的永恒之中，我们的存在只是一瞬间。如果我们不复存在，没有谁会想念我们，也没有谁会为了阻止我们的覆灭而赶来援救。我们是孤独的——在巨大的虚无之中。

一些人认为，我们也许能够逃离，离开这颗被榨干了的星球，搬去另一个星系中的新家。然而，单是宇宙的体量就把这条路堵死了。当我们的祖先刚刚开始直立行走的时候，一些恒星的光就踏上了旅途，现在才被我们见到，而来自遥远恒星的暗淡光芒，它们在途中的时间比地球的年龄更长。是的，我们可以希望有友好的外星人来决定我们的命运，但这种希望只能是一个梦，我们是孤单的。我越是在周围寻找，就越清楚地认识到，这个小小的点是多么特别、多么独一无二。这个天体是完美的：不太热也不太冷。在35亿年前，我们的大气层还不具备生命存在的条件。但有毒的氨、二氧化碳、氮、甲烷和含硫气体在长时间的雷暴天气中被闪电击中，雾霭降下，大洋覆盖了渐渐冷却下来的行星。

在早期的地球海洋中，蓝菌们愉快地游荡着，它们是我们星球上最古老的生命形式，它们开始借助阳光将空气中的二氧化碳转化为氧气。这一切是如何完成的，对我们来说至今仍是个谜，但在这条生物链上，发展出了真菌和藻类、单细胞生物和线虫、昆虫和厚皮动物、猫科与雀科，还有人类。

这颗星球是一份礼物，是死寂的宇宙之中的一座生命孤岛。然而，我们的所作所为就像是拆圣诞礼物的小孩子：撕开包装，取出礼物，接着，把每一样东西都试一试，在失败之后，才开始读说明书。我们现在就处在这样的阶段。我们注意到，必须改变些什么了。因为长期下去，我们的行为将摧毁我们在宇宙中的家园。礼物已经被破坏：我们的肆意妄为摧毁了许多森林，改变了气候；由于我们的鲁莽，一些动植物永远回不来了。但我们还能保护我们的家，不让它彻底毁灭。直到现在，我们才开始了解那些大大小小的生存空间。即使今时今日，我们仍在发现新的物种，遇见未知的栖息之所。

地球表面有 70% 被海洋覆盖。这里生活着我们星球上四分之三的物种，从显微镜下才能看见的小型浮游生物，到地球上体积最大的动物。这是一个迄今为止仍有待进一步研究的生存空间。

2011 年，在挪威的海岸边，我有幸搭乘科研潜水艇“亚戈”号（Jago）潜入水下，用自己的眼睛去欣赏神秘的深海世界。潜水艇很窄，装满了各种设备。我和我的陪同者约根 · 绍尔都穿着两厘米厚的防护服，由有机玻璃和钢制成的防护服能保护我们不被深海中的巨大水压伤害。我觉得“亚戈”号就像一艘宇宙飞行器，而自己像一名宇航员，正前往一个未知的星球。

在下到 100 米的深度时，我们上方的海面就看不清了，只能从浅绿的颜色上隐约辨认。每下潜一米，黑暗就更深一分，直到我们彻底被黑暗包围。在海洋的深处，是永远的黑夜。我还记得下潜时那种不可思议的寂静。我们在下潜过程中看到的一些生物会自己发光。漂浮的栉水母画出彩色的图样，就像是另一个世界的生物。防护服里越来越冷，因为在这样的深度，温度只有 7 摄氏度。

“还有 20 米到海底。”约根开启了激光定位。交叉的光线在海底得到反射，由此他就能更好地在 240 米的深海估计出物体的大小比例以及与海底的距离。接着，在探照灯的光线下，一个激动人心的世界展现在我眼前：由多彩的冷水珊瑚组成的奇异景观遍布海底。其间游动着无数的鱼类、虾类和贝壳类生物。十多条鳕鱼被潜水艇的光线吸引过来，好奇地在我们的有机玻璃罩前游着。我从来没有想象过，恰恰在冰冷的海洋暗夜之中，我们会遇见这样多彩而丰富的生命景象。我们乘着小舱漂浮在多样性的交响乐中，屏息聆听。

20 世纪 90 年代中期开始，珊瑚才得到了系统性的研究：它们积极地汲取养分，用触须捕捉微小的生物，比如桡脚类。现在我们知道，从挪威北端一直到西非海岸有着一排又一排的冷水珊瑚礁。这些珊瑚礁沿着海岸生长——那里强劲的海流会带来养料，可能是物种最丰富的深海生物系统之一。这些珊瑚礁对许多的经济鱼类来说也是孵化场和栖息所，比如单鳍鳕鱼和绿青鳕鱼。但是，捕鱼业的拖网只会留下一片狼藉。

珊瑚是钙化生物，海洋的不断酸化也会威胁到它们的生存。我们大气层中将近三分之一的二氧化碳都是被海洋吞噬的。所以说，海洋在延缓气候变暖，但二氧化碳与水反应产生碳酸，由此酸化了海洋，对海洋中复杂的生命网络造成进一步的破坏。酸侵蚀微生物的钙化骨骼，还改变了生物的物质代谢。后来，科学考察领队乌尔夫 · 希伯瑟尔在显微镜前向我展示了这种酸化显而易见的后果：一些冷水珊瑚礁已经生存了 8000 年，但乌尔夫担心，到这个世纪末就会有三分之二的珊瑚死去。

这一天，我亲眼看见了一个至今未被充分探知的世界，同时也看到了，我们在改变自己生活的同时，也在摧毁这个重要的生态圈。

在海平面上的我们的世界里，贪婪使我们消耗掉到手的所有东西，而这也影响到了海平面下的珍贵的世界。如果继续这样发展下去，那么我的孙辈也许就再也看不到我们星球上这些缤纷的物种了。

我何其幸运，能够在许多的科学考察和摄制行程中亲身体验那些伟大的自然奇迹。然而，从北极的蓝冰到亚洲的原始森林深处，从纳米比亚的荒原到澳大利亚北部的河流，我始终看到同样的戏码：人类在摧毁自己的星球。

苏门答腊壮丽的原始森林遭到开垦，为了让我们能建立巨型棕榈种植园。便宜的速冻比萨就这样摧毁了野生大猩猩最后的庇护所。

我在哥斯达黎加西海岸得知，我们的塑料垃圾是如何终结了世上仅存的棱皮龟。这种在海里生活的动物以水母为食，但海中漂浮的塑料袋与水母十分相像，等这些动物意识到自己吃下的并不是水母时，已经太迟了。棱皮龟只在下蛋时上岸。有一天，生物学家纳坦 · 罗宾逊甚至在一只动物的鼻孔里发现了一只塑料勺子。纳坦给我看了这只勺子。他手中的数据令人压抑：在 20 年前，他的团队在一个产卵季内见到的棱皮龟还有上千只；到了 2016 年，见到的数量只有寥寥十几只。棱皮龟濒临灭绝，而我有幸，抑或是不幸地看到了可能是最后一批被孵化出来的棱皮龟。这种拥有上亿年历史的物种，在恐龙灭亡时幸存下来，但喝完咖啡后随意丢弃的塑料勺，杀死了海洋中最古老的居民之一。

有许多的动植物，我们至今都对它们一无所知。每一次前往原始丛林的科学考察、每一次下潜从深海采集的样本，都会揭示我们的无知。而时间在悄悄地溜走。

专业期刊《科学》在一场大型的学术调研中，比较了近千篇气候学论文的具体结论。他们发现这些研究的结论都非常一致，即气候变暖是人类造成的。所以说，这一点从科学角度是毋庸置疑的，但各方利益下的游说集团散布虚假信息，并以此阻止人们采取彻底的对抗措施。哈佛大学的科学历史学家娜奥米·奥瑞斯克斯细致地研究了那些“贩卖疑虑的商人”。[①] 在一次采访中，娜奥米向我解释了，石油业的游说集团是怎样不知廉耻地对公众舆论以及政治施加影响。他们用大量金钱制造出质疑的声音，包装出伪专家，攻击学院机构的专业论断，将他们引发的论战美化成“争取自由与财富的斗争”。娜奥米在其他颇具争议的政治领域发现了类似的做法。通过许多的一手资料，她证明了，同样的策略，甚至是同样的行动，已经在否认臭氧层空洞、酸雨和吸烟危害时被使用过了。

经过多年的努力和无数的切实行动之后，2015 年末，共有 195 个国家在巴黎签署了《联合国气候框架协议》。这份协议旨在通过一系列的具体措施，将地球变暖幅度控制在 2 摄氏度以内。我们可以看到，2017 年 6 月时，美国总统就单方面宣布退出《巴黎协定》。在几个月之前，他就已经在煤矿工人的簇拥下采取了象征性的行动，签署了一份有关气候保护的法令，按照他的说法，这是为了终结“抵抗煤炭的战争”。利益集团则四处游说，为了少数人的利益追求而与其余所有人为敌。

但是美国也无法逃过气候变暖带来的影响。2016 年 8 月，极端的降雨就在美国的路易斯安那州引发了灾难性的洪水。超过 14 万栋房屋被毁，估算损失超过百亿美元。两个月之后，我去了灾区，看到了猛烈的洪水留下的痕迹。学校和幼儿园都关闭了，所有的街道都散发着霉味。在受灾严重的首府巴吞鲁日，我采访了在灾难中失去一切的当地居民。

---

① Naomi Oreskes. Die Machiavellis der Wissenschaft: Das Netzwerk des Leugnens (Originaltitel: The Merchants of Doubt), Weinheim: Wiley-VCH Verlag, 2014.

他们中的一个名叫约翰，是一位汽车修理工。水泡烂了他的房子，他的家当都成了废品：家具、床垫、书、衣物……所有东西不是生锈就是发霉了。那景象十分荒诞：他的房子成了巨大的垃圾堆，他所拥有的一切东西几乎都要被丢弃掉。他的生活就这么被扔到了街上。约翰没有买“洪水保险”，也就没有保险赔付，因为这样猛烈的洪水是谁也没有料想到的。由于强降雨，他还在一夜之间丢了工作，因为他工作的修车厂也被水淹了。他拒绝了国家提供的 500 美元救助金，来视察的政府官员被他关在门外。他觉得“象征性的政治”一无是处，他这样告诉我。

也许，还需要许多位约翰这样的气候变暖的受害者，才能使人们转变思想。今天，我们已经亲眼见证了由气候原因引起的全球性迁移。干旱、极端的热带风暴以及沿海地区越来越严重的土壤侵蚀现象，已经摧毁了许多人安居的家园。在很多地方，自然淡水储量都已无法满足当地居民的日常需求，留给他们的选项只有背井离乡。德国联邦政府的科学顾问委员会认为，如今，全世界的移民行为中已经有 10% 至 25% 是由气候变化引起的，相当于 2500 万至 6000 万人。其他的组织，比如联合国难民署，估计的数值更高。①

冰冻三尺非一日之寒，气候变化也不是突然之间发生的。所以，我们

① Nicholas Stern. The Economics of Climate Change. The Stern Review. HM Treasury, London, 2006.

UNHCR. Climate Change, natural disasters and human displacement: A UNHCR perspective, 2008.

Koko Warner. In search of shelter. Mapping the effects of climate change on human migration and displacement, United Nations High Commissioner for Refugees 2009.

Tina Acketoft. Report: Environmentally induced migration and displacement: a 21st century challenge, Council of Europe. Parliamentary Assembly Doc. 11785, Strasbourg A policy paper prepared for the 2009 Climate Negotiations, Bonn, 2008.

不会在某天早晨起床的时候，突然发现科隆大教堂已经被水淹没了。相反，这些症状是逐渐显现出来的：极地的冰慢慢融化，阿尔卑斯山的冰川渐渐缩小，极端天气情况在不知不觉中增多。保险费涨了，也许我们一开始还能接受。即使当我们越来越频繁地听说大型森林火灾，或是注意到，越来越多的冬季运动地点用上了人工造雪大炮来弥补自然降雪的不足，我们也毫不慌乱。一开始，我们还能用栅栏与气候难民保持距离。我们也许会为每一种极端情况都找出不同的原因或借口，因为没有哪一场飓风暴雨会贴着标签，告诉人们“我是气候变化引起的”。我们会用越来越高的堤坝保护海岸；我们也许还会感到恼火，因为一些食物的价格由于歉收而升高。

但随着时间的推移，我们总有一天会明白，这许许多多独立的事件之间终究还是存在着联系的。一些人仍在有条不紊地否认气候的变化，低估自然遭受的损害；另一些人则寄希望于奇迹，期盼着“天外救星”突然出现在我们身边，治愈由我们的贪婪造成的伤口。然而，那样的希望只是幻想而已。不会有外来力量赶来修补我们的星球，即使是我们最有创造能力的科技，也逐渐无力弥补生态环境的损失。我们没有其他选择，也没有第二个地球。不存在什么魔法咒语，能让我们在人造的生存空间免受气候变化的影响；不存在星系飞船，等着载我们飞往宇宙中新的家园。

我们必须留在家中，留在我们的星球上，留在这个在无尽宇宙中极易被忽视的微小蓝点上。

“你们有表，我们有时间”

聪明人，是那些不会被表面的稳定欺骗，并且提前看出变化方向的人。

——阿图尔·叔本华

物理学者一般都会用“另一双眼睛”来观察事情的过程。与日常思维的一个重要区别就是，物理学者有意识地将一个过程抽象化，分析这个过程并寻找其中特定的规律和作用机制。艾萨克·牛顿的天才功绩就在于，他认识到掉落的苹果遵循的规则和月亮的公转是由同一种力决定的。这两个例子都是质量物体之间相互的引力在起作用，牛顿对万有引力定律的描述既是在叙述苹果与地球构成的系统，也是在说月亮与地球构成的系统。

在许多有关物理学的思考中，稳定的概念都扮演着重要的角色。人们试图用各种各样的测试找出，在外界干扰的影响下，一个系统会如何应对。是恢复原始的状态，还是发生过度反应呢？稳定和平衡是紧密相连的，因为自然总是在追求满足此类要求的状态。一个达到平衡的稳定系统，如果去干扰它，那么它就会努力恢复稳定的初始状态。而一个不稳定的系统只要小小的干扰便会偏离路径，在另一个平衡水平上稳定下来，或者做出杂乱无章的反应。在后者的情况下，小小的改变就会导致无法预知的状况出现。

在理论物理学中，人们用数学工具测试抽象系统的稳定性，“晃动”系统以干扰其平衡状态，然后观察会发生什么。这就是所谓的“摄动理论”。用这样的方法能够准确地计算出，一架飞机在遭遇侧风或气流时能否平稳应对，或者从细节来理解，由于血液中化学缓冲剂的作用，我们喝下酸的柠檬汁毫无问题。这样的方法使我们能够检测出一个系统有多稳定。

请原谅我岔开话题，带你简短地看了一眼物理学的抽象世界，但接下来，我想要深究一个问题：这本书中描写过的那些发展也好，我们经济和生产系统的基本特点也好，是否都是稳定的？经济学家、税务官员和政治家本来就频繁地使用“稳定”这个概念，几乎每一天都会提到“稳定协议”或是“金融财政的维稳措施”。

有趣的是，许多国家的宪法，其作用都是为稳定的平衡状态打下基础。国内不同势力间的协同作用被控制在均衡的状态，人们试图通过制定好的流程和固定的规则，阻止极端的偏移发生。在德国的《基本法》中也能找到维持稳定的基础规则，比如在分权制度方面，也就是将行政、司法和立法三方的权力分开。进一步的措施有《卡特尔法》，它是为了防止可能的经济垄断而存在的；还有《媒体法》，其中包括确保新闻报道的独立；《选举法》中的选举阈值或“5% 门槛”是为了防止议会分裂；德国联邦宪法法院作为宪法机关，其角色是为国家的稳定服务，并阻止民主偏离道路成为专制独裁。因此，《基本法》的修改总是特别棘手，因为改的是国家运营体系。

在经济或金融世界里，也追求类似的稳定。比如说，《反倾销法》

阻止垄断者的出现并防止其他的市场参与者崩溃。货币及利息政策也同样是维护稳定的工具。由国家机构、经济、政治等组成的复杂物体就像是一台有许多调节手柄的大机器，通过细致的调节能够保持机器的运行。

但在过去几年中，这台机器出现了故障。全球化和数字革命改变了基本的规则：数字化的网络经济导致大企业形成垄断，使多样化竞争的传统概念失去了效力。观察一下网络经济：事实上就只有一个搜索引擎——谷歌，一个社交网站——脸书（还吞并了信息服务软件瓦次普），一个视频网站——YouTube，一个住宿平台——爱彼迎，三个商业操作系统供应商——微软、苹果和谷歌，一个短信息服务商——推特，一个网上商城——亚马逊。

这种垄断的形成，其原因在于数字逻辑以及它本就存在于系统之中的特质：在网络上能够简单且直接地做到直接的比较，所以胜者总是更优秀的那一个。比如在互联网的初期，就有许多种搜索引擎，比如AltaVista、Lycos或者雅虎；但谷歌拥有更高效的算法，成了赢家。通过互联网的规模效应，赢家爆炸式地成长，很快就挤掉了其他竞争者。所以，在极短的时间内就再也没有位置留给第二名了——没有共存的空间；而由于赢家的体量巨大，其他竞争者几乎没有超越的可能。

2016年，美国苹果公司的市值是传奇般的6175.9亿美元。这也就是说，这一个公司的价值就相当于10个宝马公司，并且超过了整个瑞典的经济效益！光是Alphabet、苹果和微软加起来，就超过了30家DAX企业的总和。

如今，苹果、谷歌或亚马逊各自的研究支出几乎和德国联邦研究部的总预算一样多。[①] 这些企业拥有这样巨大的资源，所以他们能够扩展自己的商务领域，进入其他行业，比如研发自动驾驶汽车、航空、无人机、现代通信技术、人工智能、智能家具，甚至涉及生物科学及基因研究领域。与组装汽车或生产电动工具的传统行业不同，我们能在一个领域的许多方面看到激进的多样性。在这一过程中，成功的创业公司比如 Nest 或 DeepMind 转眼间就会被大企业吞并。

所以说，游戏规则改变了，“the winner takes it all”（一切都属于赢家）。同时，全球性大企业利用避税技巧和避税天堂，巧妙地分配它们的利润。比如，苹果 2016 年的后备基金有 2568 亿美元，其中超过 93% 都在美国境外，这就省去了许多税款。位于不同地点的不同企业交织成一张网络，通过这张网络，政府每年都会“合法”地失去数十亿美元的税收。2016 年欧盟委员会要求苹果公司向被用作避税地的爱尔兰补交 130 亿欧元，但爱尔兰表示反对。我的家乡卢森堡也有类似的情形，苹果的子公司 iTunes 多年来在那里缴纳着极少的税，但卢森堡很满意。从小国的角度来看，这些知名大企业的入驻，是一件很有吸引力的事，因为即使税款被减少了许多，国家还是能获得不错的收入。

但偷税金额的增加导致了影响稳定的效应。因为这些全球性大企业推卸自己的社会责任，危害了经济结构，国家缺少了建设道路、医院、学校和城市的资金。社会市场经济的基本理念旨在寻求个人的富裕与公众福祉间的平衡，但现在，它被资本主义“自私自利”的原则取代了。旧的规则机制失败了。

① 德国联邦教育与研究部（BMBF）2016 年预算为 145 亿美元（164 亿欧元）；Alphabet2016 年在研究及开发领域的支出为 123 亿美元，亚马逊为 125 亿美元，微软为 120 亿美元。

对增长的信仰已经成为经济繁荣的担保。他们声称，只要经济增长了，所有人就都能从中获益。《共同富裕》（*Wohlstand für alle*）是 1957 年路德维希 · 艾哈德出版的书，他就是“德国经济奇迹之父”。但如今，我们看到的是经济发展不断地与全体民众的富裕背道而驰。自 20 世纪 80 年代开始，经济合作与发展组织（OECD）和国际货币基金会给出的薪资比率持续下滑。通过数字化和自动化取得的科技进步导致了分配上的明显变化：从工人和职员向企业和资产所有人转移。由于资本收益率与增长率之间不协调的比例，这种效果还将增强。

巴黎商学院教授托马斯 · 皮凯蒂细致地研究了 20 个国家的数据材料，观察了从 18 世纪开始的经济参数。[①]

资本收益率（r）是一年的平均资本收益占投入资本的百分比，形式可以是利润、分红、利息、租金及其他资本收入。比如说，你在年初投入了 100 欧元，年末收入为 105 欧元，那就相当于 5% 的资本收益率。这也可以说是“让钱生钱”。而增长率（g）则是指收入和生产的年增长，也就是你工作的成果。

当一个国家的资本收益率大于增长率（$r > g$），那么资产的增长就比收入增长更快。

大多数人不清楚，实体经济与用金融衍生品进行投机赚钱之间有多大的断层。钱本该是实体经济活动的“润滑剂”：人们通过投资，为好想法插上翅膀，支持一个行业的开创与发展。所以说，金融部门的作用是服务性的，至少本该是这样。然而，金钱本身变成了目的：金融产业不再为国民经济服务，而是自顾自地发展起来。通过股票、外汇、债券或是期货和期权

① 托马斯 · 皮凯蒂：《21 世纪资本论》，C.H. 贝克出版社，2014 年版。
译者注：中文版由中信出版社 2014 年出版。

这样的金融衍生品能让人赚得更多。这是一场游戏，而在这场游戏中规则被推到了一边：不再是为了创造实际的价值，不再是为了一个企业的福利和长久，而只是为了通过投机获取利润。其间的差距现在有多大，从两个数字可以看出：世界经济产出，也就是所有产出商品及服务的年度总额，是大约 75 万亿美元，这包括了所有实体经济的盈利；所有金融衍生品的价值，也就是对未来的投机性赌博，其体量为 705 万亿美元。这就是说，尚未兑现的衍生品金额几乎是世界经济产出值的 10 倍!

而这些投机活动最后并没有创造出实际的价值，只是金钱数额的膨胀和重新分配。从数学角度来看，这就像轮盘赌博一样是场零和游戏。必须有许多人遭受损失，才能让少数人富有起来。但与赌场不同的是，在金融资本主义中，玩家之间是非常不平等的。专家盈利，因为他们可以使用更好、更快的工具进行评估，能够用越来越复杂的金融工具扭转游戏的局势。从中期来看，由此导致的由贫到富的重新分配结果会破坏整个世界经济的稳定。

简单来说：谁拥有一笔财产，并用它进行投资，就会比辛苦工作赚取收入的人盈利更多。如果这个游戏继续进行下去，那么资产又会以利滚利的形式不断增长。①

在过去的 20 年中，月收入总值的增长由于零售价格的增长被抵消了。1992 年至 2012 年，德国的实际工资甚至降低了 1.6%。结果就是资产差异的不断增长：最富有的 10% 拥有总资产的一半，而我们民众中最贫穷的 40% 几乎没有存款。长此以往，这将成为一颗正在倒计时的定时炸弹，因

① 我们大多数人都对这种复利效应没有感觉，因此举个简化的例子：如果你以 9% 的利率投资 100 欧元，那么这笔钱会在 8 年内翻倍到 200 欧元。又过 8 年，你的账户上就有 400 欧元了，再过 8 年就是 800 欧元。24 年之后，你的资产就翻了 8 倍!

为这些人无法良好地应对疾病之类的风险，他们在老年生活中将遇到极大的问题，并且无法为他们孩子的良好教育进行适当投资。

相反，那些拥有资产的人，他们的钱借助于无数新型的金融工具不断增多，比如高频交易或所谓的私人股权投资企业，这些企业用巨额的参股资金收购和改造公司，然后再将这些能盈利的公司卖出。这些公司往往本来就有良好的业绩，在改造之后变得更加有利可图。这张账单似乎是结清了，因为盈利就是一切，但附带损害很高，因为这些极端的改造措施往往会牺牲掉许多工作岗位。优化的目标只有一个：利益最大化。

就连我们居住的空间也成了投机的对象。一些城市中的租金和土地价格急剧飙升，这也导致了再分配：较为贫穷的人们无力负担城市中心的住宅，被排挤到城市边缘，投资人和投机者则一再哄抬建筑和住宅的价格。通过法律用所谓的“租金闸”（Mietpreisbremse）来应对这种发展趋势，在一些城市中几乎毫无效用。

相反，在世界范围出现了越来越多的“门禁社区”（gated communities）。富人们在住宅区安装上围栏、监控摄像头，配备“看守”控制进出，与其他人隔离开来。

现今，这样的贫富差距几乎在所有的工业国家中都成了备受关注的话题。2017 年 3 月，美国总统唐纳德 · 特朗普在美国国会发表了讲话，提到了尽人皆知的亏空：“我不会允许用过去几十年的错误来定义我们的未来。很长时间以来，我们眼睁睁地看着中产阶级萎缩，却把我们的工作和我们的财富转移到海外。我们资助并建立了一个又一个的全球项目，但在芝加哥、巴尔的摩、底特律的市中心，我们孩子的命运却被忽视了。”

即使他的判断是正确的，他提出的解决办法却有待商榷。这也许是历史的悲剧性，不稳定的社会状态往往与民粹主义及纳粹主义的倾向同时出现。在这些时候，人们就用简单的方式解释复杂的世界，敌对形象树立起来，自由突然被支配。欧盟内部曾经敞开的边界关闭了，栅栏立了起来。多年来，发展只以经济增长为导向，现在是自食苦果的时候了。《自由贸易协定》解除了，对移民及其他宗教的偏见不断增长，令人担忧。民众的不安从荒唐的退步中表达出来。早先的人民党派缩小了，极端主义却在增长。世界变得不稳定了。

在历史上，这样的情况不止一次地出现，但只有在特别的情况下，民主的大厦才能坚持不倒。在大多数情况中，紧随其后的都是独裁与战争。一个伟大的特例是美国在1929年世界经济危机时的反应。1933年3月4日，美国总统富兰克林·德拉诺·罗斯福在他的就职演讲中说："他们只知道一代利己主义者的法律。他们没有预见未来的能力，而哪里缺少这种能力，哪里的人类就会沉沦。那些以货币兑换为职业的人从文明神殿的高位上逃走了。现在，我们又能够将这座神殿归还给古老的真理。我们能取得怎样的成功，取决于我们能创造出多大规模的社会价值，这比金钱利益更高贵。幸福不存在于单纯的金钱占有中，它存在于对取得成就的自豪中，存在于创造性劳动的喜悦中。我们不能再继续汲汲营营地追逐转瞬即逝的利益，而忘却了工作的喜悦和道德推动力。"

罗斯福尝试用新政来重建资本收益率和增长率之间的平衡："如果我们不能使国家收入分配得更有意义，如果不能减少不平等，那么我们就无法长期达到（目标）……一天工作所得的工资，平均来说，必须比现在的高，而资产收益，尤其是用于投机的资产，必须降低。"①

这意味着，关注的焦点从以增长为中心的经济，转移到了以稳定为导

① Ronald Edsforth. The New Deal: America's Response to the Great Depression (Problems in American History), Hoboken: Wiley-Blackwell Press, 2000, S. 5.

向的经济上。而这也是这位总统立下的历史功绩：他展开改革，但没有破坏小资产者们的自由。

比较一下当时的状况和今天的情形，我们面临的挑战可能更大：除了经济稳定，我们还需要生态的平衡。全球对资源的过度损耗、生物多样性的严重萎缩，还有世界气候的变暖，这一切都迫使我们进行彻底的变革，将焦点放在稳定性和可持续性上。

一直以来，经济增长和能源消耗总是被联系在一起。但现在，绝大多数的责任人都意识到，这条路迟早会导致灾难。我们的星球再也承受不了我们的生活了。多年来，世界自然基金会（WWF）和像全球足迹网络（Global Footprint Network）这样的组织记录了我们个人的“足迹”，准确地计算出每个人对水、森林、原材料和能源的消耗。就森林资源而言，他们的结论是：我们在一年中消耗的木材数量比在这段时间内生长的多得多。我们的资源及能源消耗量如此之大，以致我们星球上的储备会渐渐耗尽。今天，我们就已经需要 1.6 个地球，才能稳定地延续现在的生活方式。一场全球性的变革势在必行。在这一过程中，我们必须改变资源消耗习惯，也要清除社会的不平等。这些誓言听上去胸有成竹，框架条件也十分清晰，但我们具体该怎么做才能打破这种恶性循环呢？

即使有许多人被困在旧体系之中，认为这样剧烈的变革只是白日梦或乌有乡，我们也还是有选择的。多亏了快速的创新，可再生能源的产量提高了。如今，太阳能电池和风力发电机的效能达到了一定的水平，可再生能源很快就会变得比化石燃料便宜。

人们的出行模式在改变：越来越多的人放弃拥有汽车，而是利用汽车共享体系。光是这一点就能减少资源消耗，并能改善城市内的生活质量。“使用取代拥有”是他们的口号，而这也逐渐成为一种生活态度。在媒体领域，像 Spotify 这样的流媒体服务提供商改革了音乐行业。互联网使越来越多的租借和换物网站传播开来：人们不再购买，而是租借服饰、搬家纸箱、自行车、儿童推车或是家具。一个常被提及的例子是钻孔机：它们从产出到报废，平均的运行时间只有 13 分钟。所以，为什么要特意买一台这样的机器呢？[①] 图书馆是一个早已有之的例子，它出借和共享的理念也将扩展到其他的生活领域中。

问问自己，你的家中有多少产品闲置着，从没有被真正使用过。想象一下，所有这些你一年之内没有用过的东西，如果突然不见了会怎么样。你真会觉得若有所失吗，或者说，这些物质负担的消失也许会是一种解脱？我们忘记了，消费并不是自然法则，并非本质性的需求。如果这一点能达成共识的话，我们就不必时时遭到广告和消费刺激的轰炸。因此，对于某些“创新”，我们应当怀着批判的态度追问：我们需要这种产品吗？它们真的能丰富我的生活吗？又或者，它们只能制造些转瞬即逝的刺激？

几年前，我得到了一个少有的机会，在新闻报道过程中见到了萨恩人（San）。[②] 这些丛林人是我们星球的发展史上最古老的民族之一，居住在纳米比亚的部分地区。他们生活在一种狩猎者与采集者的文化中，而他们的社会秩序全都基于平等——不存在首领，也没有等级。萨恩人共享他们的财产，不知交易为何物，零散的物品会在群组内赠送或调剂。这样的共处方式让人深受启发，因为我们见证了一种真正的群体文化。在萨恩人那里，没有紧闭的门，没有栅栏将人与人分隔开来。光是这一点就减少了许多冲突的

① Thomas L. Friedman. Welcome to Sharing Economy, The New York Times, 20.07.2013.

② Quarks & Co. Der Buschmann in uns. Auf Spurensuche beim ältesten Volk der Welt, WDR-Fernsehen, 28.08.2012.

可能。萨恩人每天只花 2 至 4 个小时获取生活必需品。所以，他们有大把的时间共同度过。比如说，在我拜访期间，我就发现，婴儿和幼童几乎不怎么叫喊。这个民族身上有许多值得我们学习的地方。

在我们的消费社会中，我们许多人每周工作 40 个小时或更久；我们开发了机器来减轻或代替我们劳动，我们的时间却越来越少。“你们有表，我们有时间。”一句肯尼亚谚语是这么说的。

工作与生活的平衡，这样的概念遭到滥用，说明有许多因素都在阻止人们重新排列人生的优先顺序。虽然物质上十分富有，许多人还是感到缺了些什么。如果我们改变使用资源的方式，我们能赢得多少宝贵的时间呢？我们的一部分工作时间显然是被白白浪费掉的，比如我们购买某种物品，而我们实际上并不需要它，或是在短时间内就将之丢弃。

1998 年，一台洗衣机的平均使用年限是 12 年；如今，最多只能用 7 年半，一些便宜货甚至在 3 年之后就开始罢工。

如果观察一下到最终消费者为止的整条价值链，就会发现，在德国有 1800 万吨食物是被浪费掉的。这相当于我们现在食物消耗量的三分之一，而其中的一半是可以避免的。单是在最终消费者这里，之前购买的水果、蔬菜或面包就有五分之一进了垃圾箱。如果我们能避免这种错误，我们就能节省 260 万公顷的耕地，更不用说能源及与之有关的其他资源了。大约有 8 亿人在我们的地球上忍饥挨饿，但同时有 19 亿人——饥饿人数的两倍多——体重超标。

我们的幸福需要多少千克二氧化碳？

在我们追求可持续和稳定的路上，真正的解决办法也许就在问题之中。物质过剩以及我们以消费为导向的思维方式，将我们引入了一个死胡同。

如果我们能完成行为上的改变，我们就能找到出路，我坚信这一点。在此之前，我们从未遇到过这样好的机会：我们有各式各样的创新技术可供使用，而且我们已经能看到这场思想转变的萌芽了。所以说，这并不是要放弃进步，而是要抓住一种真正的进步的历史时机。

回顾

寻找与发现

1668 年，荷兰艺术家扬 · 维梅尔绘制了《天文学家》这幅画。如今，这幅油画被悬挂在巴黎的卢浮宫里。画上描绘的是一名正在进行研究的年轻学者，艺术史学者们猜测，画中的人物是与维梅尔同时代的人——年轻的安东尼 · 范 · 列文虎克。与维梅尔一样，范 · 列文虎克也是代尔夫特的市民，并且是当时最著名的科学家之一，是显微镜的发明者。学者们都赞赏他在航海学、天文学及其他自然科学上的造诣。在《天文学家》这幅画作诞生时，列文虎克 36 岁，正与画中描绘的人物年龄相当。

在法兰克福的施泰德博物馆中，编号为 1149 的展品是维梅尔的另一幅作品。1669 年，艺术家绘制了另一幅画《地理学家》。仔细观察这两幅画作，就会立刻明白，这两幅画是一个系列。从画中可以辨认出同样的房间、同样的人物、同样的地球仪，而且场景都是从同一个角度捕捉的。

《天文学家》中的科学家正在观察地球仪，他的面前放着一本书。而在那幅兄弟画作中，“地理学家”正拿着圆规俯身研究一张地图。背景中的地球仪上显示的是印度洋，那是当时的关键目的地，荷兰正处于“黄金时代”。当时，荷兰拥有一支由 1500 艘船只组成的贸易船队，与殖民地的贸易往来为这个国家获取了巨大的财富。联合东印度公司是当时世界上最大的贸易组织，它终结了此前葡萄牙人的优势地位。科学发展欣欣向荣：克里斯蒂安·惠更斯发明了摆钟，人类的日常也随之通过行事日历架构起来；① 英国人艾萨克·牛顿也在这段时间迎来了“奇迹之年”，用他的科学发现在数学和物理学领域掀起了革命。海外贸易蓬勃发展，证券交易得到巩固，新的工具和技术层出不穷，所有这一切都使社会发生了深刻的改变。维梅尔在他的这两幅画作中反映了 17 世纪变革的时代精神：“天文学家”还只是纯粹地观察，到了“地理学家”，已经转变成积极地构建。

这与我们如今的时代有着值得关注的相似之处，因为我们也在经历一个过渡时期。在本书中，我尝试着将众多变革中的一部分更细致地描述出来：由数字网络引起的变化、互联网对媒体及教育的影响、能源转型的效果、在基因科技领域将要出现的改变，以及我们即将面临的自主机器和智能算法的发展。所有这些创新相互影响，最终共同导致我们社会的变革。我看到，在每个领域中都有意义非凡的创造，也有潜在的威胁。但重要的是视角，从过往的角度来看，可能将许多事情看作一种损失，但如果将新的前景视作机遇，就会发现非凡的可能性。

我们迅速地接受了未来并将之视为新的日常，这种速度是令人惊叹的，虽然守旧的势力始终伴随着这样的改革阶段。我特意没有描绘未来的细节，相反，对我来说重要的是分析这种动力及其背后的过程，由此识别出方向，在必要时施加影响。但我也观察到，许多人在极力逃避现实，他们不再追问事物和世界的本质，不再独立地去寻找内涵。一些人沉浸在表象世

---

① Thomas de Padova. Leibniz, Newton und die Erfindung der Zeit, München: Piper Verlag, 2013.

界中，即使它是人工制造的虚拟现实；另一些人消费成瘾，不断受到新商品的诱惑。然而，在一个开化的社会中，个人积极而具有批判性的态度是至关重要的，否则现实就会被轻易扭曲。

比如说，许多人相信，他们身边的大多数人都不幸福。一项调查显示，我们认为自己身边 45% 的人生活得不幸福。然而，要是直接提出关于幸福的问题，比如：“你觉得幸福吗？”84% 的人都会给出肯定的回答。显然，在德国，感到幸福的人比我们私下想象中的多了一倍，是我们把世界抹黑了。这种现象不仅仅发生在德国，这种倾向存在于参加调研的 40 个国家中。

这也许是因为我们的媒体经常将负面报道作为头版头条。正如之前的章节中提到的那样，糟糕的和令人压抑的新闻更多地被我们接收到，影响着我们的意识，造成恐惧心理。我们应当认识到媒体在我们社会中的特殊角色，并将它隔绝在商业的竞技场之外。不能让我们眼中的世界在关注度的竞争之中被有意识地歪曲。点击率和重版数绝对不是衡量真实性和内容质量的标准。民主需要共同讨论的平台以及开放交流的文化氛围。这里的标杆应当是谨慎的理据，而不是像菜贩子那样比拼叫卖的音量。我们应当比之前更加明确地巩固非经济领域，因为市场规则并不是包治百病的灵药。我们的文化财产、个人健康、自然的多样性以及开放式的教育，这些都不是生意，都需要受到特殊的保护。我们要有意识地加强我们社会的核心意义。

在一些领域中人们想法退步和回潮的现象也同样令我关注。要我说，这是未来的悖论：新事物的出现才让我们意识到旧事物的价值。这样的行为让我想起《小王子》中的奇幻世界。一个商人想要把止渴药卖给小王子：如果吞下一片药，就整整一个星期都不会觉得渴了；

单是喝水的时间每周就能节省 54 分钟。当被问到要如何使用这些多余的时间时，小王子回答说，他会悠然自得地上路，去找凉爽的井水来喝。这种“返回之前状态”强调了我们的自由：如果我们认为有意义的话，我们可以拒绝发展，即使有商贩鼓动我们。真正的进步绝不会是强制性的。

在一些领域中，我们必须共同去寻找新的规则和惯例。脱轨和矫枉过正的情况，在每一个创新过程中都会出现，这是正常的，而新的规则也会随着时间的推移建立起来。比如说，在足球的历史上，第一场公开的国家队比赛中，英格兰对苏格兰，赛场上还没有裁判。在经历了许多犯规和争执之后，立场中立的裁判才在两年之后的 1874 年出现在赛场上。最初的汽车也是毫无章法地在街道上行驶，直到 20 世纪 20 年代，交通事故越来越频繁之后，才有了驾驶规则和交通标志。直到 1924 年，汽车被发明出来近 40 年之后，柏林的波茨坦广场上才出现了德国的第一盏交通信号灯。显然，当时对新发明的调整和规范都还有相当充裕的时间，但面对如今的飞速进步，这样的悠闲往往是不可能的了。

谁要是想未经实践就先给一切都加上条条框框，那就会把所有的创造力都扼杀在萌芽状态。比如，在研发自动驾驶汽车的过程中，没有人确切地知道之后的发展方向。因此，提前考虑到所有的方面可能存在的问题，是不可能的。在这个充满活力的变革世界中，我们必须随机应变，给发展的过程留出机会。我们需要被革新的、能与快速的变革齐头并进的法律流程。目前疯狂收集个人信息数据的行为、算法评估，还有基因干预……本书中谈到的这些发展都必须受到审视和考量。现代科技蕴含着潜力，要么使我们的世界得到戏剧性的改善，要么让它经历同样戏剧性的恶化。最糟糕的情况可能就是网络世界成为滋养政治与经济独裁的土壤。而在最好的情况下，它能够使我们星球上所有人的生活都得到本质上的改善。因此，我们尤其要努力，为未来的发展给出一个稳定且充满意义的方向。未来的发展将是我们整个社会的进步，还是只有少数人从中获利？我们每个人都应当在寻找答案的过程中认清自己的责任，并积极地参与到这场重要的论辩中。在触及警戒线的地方、在基本价值可能受到伤害的地方，我们必须果断地介入。这将会是一个激动人心的时代，因为我们将迎来激情澎湃的讨论和争辩，一些商业玩家也会现出尖牙利爪来捍卫他们的利益。

20 世纪 90 年代初，蒂姆·伯纳斯－李在欧洲核子研究组织发明了万维网。1993 年 4 月 30 日，研究组织的院长们声明，万维网技术对所有人开放，没有任何的专利要求！（见附录二）如果没有这样令人瞩目的开放心态，没有这种分享知识、放弃短期利益的坚决态度，互联网就永远不可能有这样迅猛的发展。分享的态度胜利了，“自由使用授权文件”（见附录三）对我来说就是新时代的“大宪章”①。虽然互联网因商业而繁荣，但它真正的潜力一如既往地存在于许多人自由而开放的联结中。这项技术使创造性的共处方式成为可能，像维基百科或开放学习平台这样的项目还只是开端。面对一切经济思维，我们必须保护这种开放的共同关系。我们的文化不是经济的文化，从文字中也可以读出，维护我们的文化财富是我极为关切的事。

我的外祖父 S.R. 朗伽纳坦是位充满热情的图书馆学家，他一生都致力于推动知识的推广和普及。即使在现代的数字世界，我们所有人也都肩负着历史义务，要将我们众多的世界文化遗产传承给下一代人。博物馆、音乐厅

① 译者注：又称《自由大宪章》，是英格兰国王最初于 13 世纪订立的政治性授权文件。

和图书馆从来都不是利润中心，它们始终都依靠社会的支持而存活。这是我们应该坚持下去的，无论是今天还是明天。

战争、恐怖袭击或自然灾难的画面令人感到迷惘，但我们都忽视了，我们的世界实际上变得更好了。我们应当告别宿命论，因为所有的数据都与之相悖。

汉斯·罗斯林，这位著名的国际卫生学教授任职于斯德哥尔摩的卡洛琳学院，而他的儿子马克斯也借助于经过验证的统计数据，发现我们对事态的想象与现实的世界存在着许多矛盾之处。你可以看看“数据中的世界”（Our World in Data）这个网站：

在过去的几十年中，预期寿命大幅延长。在我出生时，印度的预期寿命只有 40 岁不到，现在已经延长了 25 年。而在同样的时间段内，德国的数据又延长了 10 年。权力结构也同样发生了积极的转变。在我出生之后的几十年中，我们地球上的民主政体数量翻了 3 倍，而专制独裁政体则相对应地减少了。

1970 年，德国每 10 万人中有 1.4 人遭殴打或谋杀致死，现在这种致死的暴力伤害降低了三分之二，而在世界范围内也存在着暴力减少的趋势。

1950 年时，地球居民中只有三分之一的人能够读书和写字，现在每 10 人中有 8 人能够做到。

经济增长的程度虽各有不同，财富的分配也依然不平均，但各地人们的生活几乎都比之前更好了。极度贫困人群，也就是每日生活费不足 1.9 美元的人群，他们的数量在过去的 30 年中增加了吗？大多数人都会回答：“增加了。”但在实际上，极度贫困人群的人数比历史上任何时候都下降得更快。在印度和孟加拉国，这一人群的数量在 30 年间减少了一半。

所以说，今天的世界在许多方面都比之前更好了，而我们也有充分的理由将这一趋势保持下去。正如上文表明的那样，我们面临着一系列的挑战：我们的经济体系中的一部分必须得到调整，我们的资源消耗也必须长期符合可持续性的标准。这样的意识已经增强了，如果我们能够重新排列共同生活的优先序列，那我们在中期就能达到这些目标。将要接管我们世界的智能机器人所引起的恐怖联想，与人类不久之后就能永生不死的预言一样，我都不敢苟同。科技并不是万能的。我们应当意识到，与人们的广泛想法不同，科学所能解释的东西依然很少。生命进程中的许多秘密仍对我们紧闭大门，自然神奇的交互作用在未来的很长一段时间内也依然成谜。

我相信，新的“我们社会”是有力量的。从长期来看，分享和沟通的愿望比任何自私的利益思维都更强大。人类并不像我们认为的那样自私自利。真正推动我们的，是我们对爱与群体感的追求。这一点在未来也不会改变。

即使这样，有些人可能仍会带着恐惧的情绪望向未来，感到不安甚至是绝望。在本书的开头我提到过，只有 4% 的人相信世界会变得更好。放弃已经养成的习惯，离开熟悉的领域，这样的痛是深刻的。改变意味着失去熟悉的东西，并对即将到来的感到忧虑。我们往往不知道自己将被分配到怎样的角色，我们害怕自己被排除在外，甚至变成多余的存在。我们看到自己迷失在未来，找不到依靠。在这样的时刻，我们就会想要停下历史的时钟，就像爱抚着孩子的父母，希望幸福的时刻永远停住。但变化和运动是我们世界的本质。

我们的现在也是过往行动和变革的结果。对我们来说，昨日往往被蒙上了一层面纱，遮盖了真正的模样，但我们还是可以看到，我们的先辈经历了怎样的绝望和恐惧，才鼓起勇气走出熟悉的舒适区。这硕果累累的链条是由勇敢的冒险和被战胜的恐惧组成的，而我们就是这链条的最后一环。现在，轮到我们接过历史的接力棒了。在这一过程中，我们会感受到，我们与之前所有扬帆驶向明天的人紧紧相连。“在外部和内部对所有新认识持开放态度是现代人的本质，他们虽然极其害怕舍弃，但在新的可能性逐渐显露的过程中，仍体会到了维系的仁慈。”

我们不该恐惧明天，因为我们生活在前所未有的、最激动人心的时代。我们还在等什么呢？我们的未来已经开始了！

鸣谢

与科学家、记者及友人们的讨论，调查旅行和拜访研究中心及大学，都给了我的出版项目许多激励与启发。一些想法已经酝酿了较长的时间，我已无法将所有参与其中的人都一一罗列出来。我特别要感谢西德广播电视台 *Quarks & Co* 节目多年的朋友和记者同僚们，还有巴伐利亚娱乐（Bavaria Entertainment）的团队。在许多次的摄制旅程中，我们有幸近距离体验了非同寻常的世界，从神奇的原始丛林到放射性的核电站废墟，这些直接的体验使我丰富起来。

我从我的孩子们身上学会了用坦诚而好奇的眼睛来观察我们的世界，并注意那些不起眼却十分重要的细节。

即使这样，写书仍是件孤独的事。在反观我的那些想法的时候，我尤其思念过早离世的朋友弗朗克·施尔马赫。在我们多年的交流中，我们分享许多想法，并且都因此而得到了成长。我把这本书献给他。

我出色的编辑卢茨·杜斯特霍夫还有其他的出版社工作人员，尤其是我的出版人海尔格·马尔乔夫，我要感谢他们的鼓励，感谢他们专业而充满热情的合作。

最后，我最感谢我的妻子，她积极地陪伴着我踏上这场试探性的未来之旅。在迷茫的时刻，她总是作为我的良师益友，用她敏锐的洞察力带我穿越质疑与迷思的深谷。能与她共同体验未来，使我深感幸福。

附录

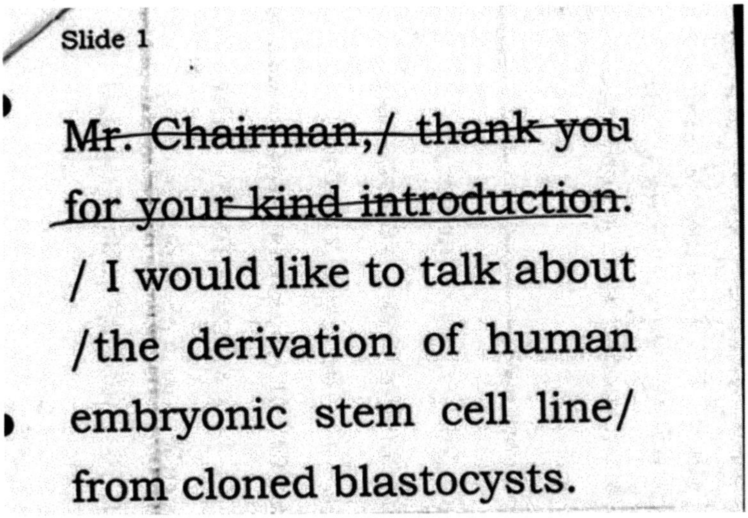

Slide 1

~~Mr. Chairman,/ thank you~~
for ~~your kind introduction~~.
/ I would like to talk about
/the derivation of human
embryonic stem cell line/
from cloned blastocysts.

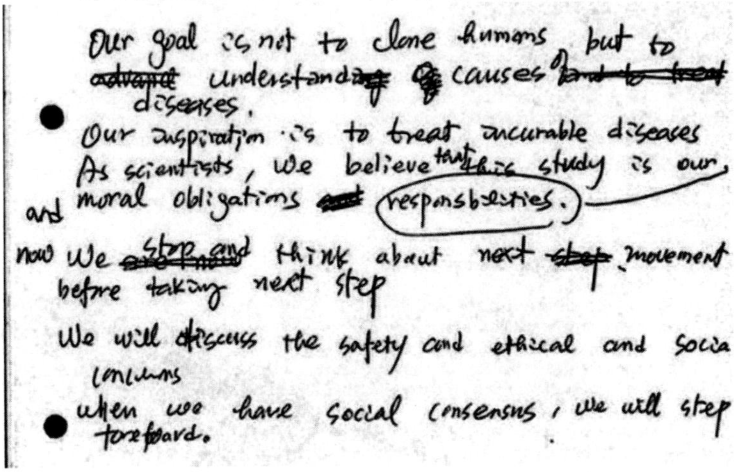

Our goal is not to clone humans but to
~~advance~~ understanding ~~of~~ causes of ~~and to treat~~
diseases.
Our inspiration is to treat incurable diseases
As scientists, we believe that ~~this~~ study is our
and moral obligations ~~and~~ (responsibilities.)
now We ~~stop and~~ think about next ~~step~~ movement
before taking next step
We will discuss the safety and ethical and socia
concerns
when we have social consensus, we will step
foreward.

附录一：黄禹锡在 2004 年美国科学促进会年会上讲话的部分讲稿（来自朗伽·尤格施瓦的私人档案）

930430

ORGANISATION EUROPEENNE POUR LA RECHERCHE NUCLEAIRE
CERN EUROPEAN ORGANIZATION FOR NUCLEAR RESEARCH

STATEMENT CONCERNING CERN W3 SOFTWARE RELEASE INTO PUBLIC DOMAIN

TO WHOM IT MAY CONCERN

Introduction

The World Wide Web, hereafter referred to as W3, is a global computer networked information system.

The W3 project provides a collaborative information system independent of hardware and software platform, and physical location. The project spans technical design notes, documentation, news, discussion, educational material, personal notes, publicity, bulletin boards, live status information and numerical data as a uniform continuum, seamlessly intergated with similar information in other disciplines.

The information is presented to the user as a web of interlinked documents .

Acces to information through W3 is:

- via a hypertext model;
- network based, world wide;
- information format independent;
- highly platform/operating system independent;
- scalable from local notes to distributed data bases.

Webs can be independent, subsets or supersets of each other. They can be local, regional or worldwide. The documents available on a web may reside on any computer supported by that web.

附录二：1993 年 4 月 30 日欧洲核子研究组织院长们的声明（来自欧洲核子研究组织）

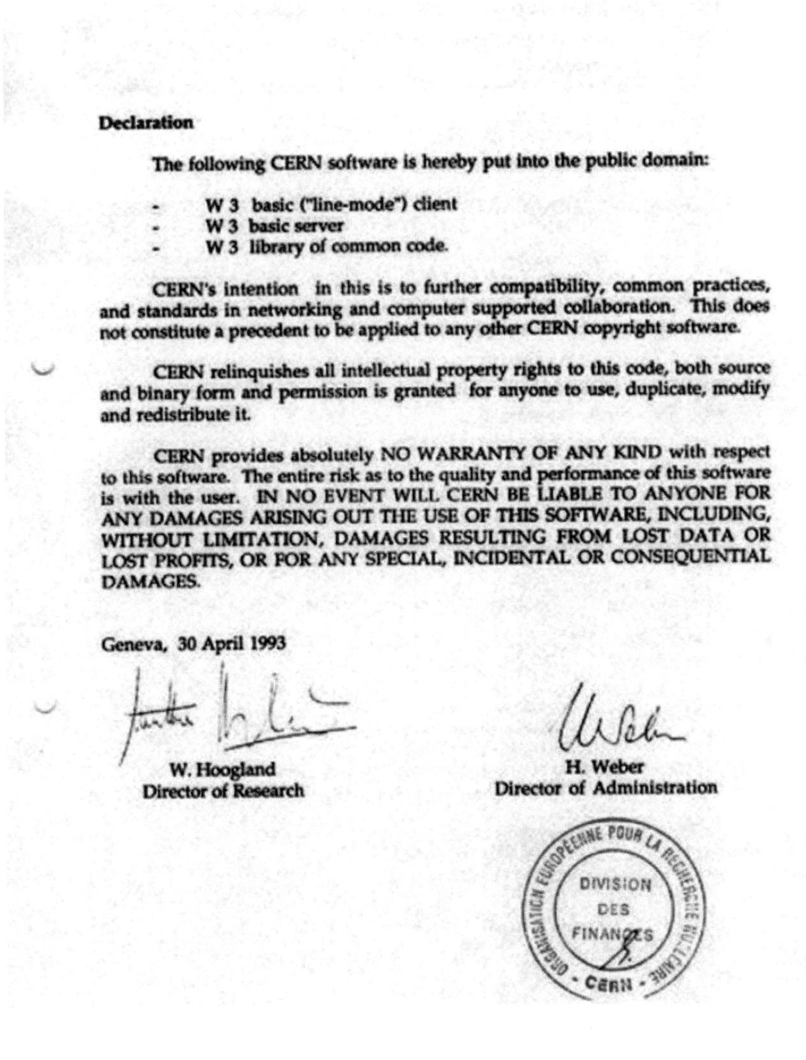

Declaration

The following CERN software is hereby put into the public domain:

- W 3 basic ("line-mode") client
- W 3 basic server
- W 3 library of common code.

CERN's intention in this is to further compatibility, common practices, and standards in networking and computer supported collaboration. This does not constitute a precedent to be applied to any other CERN copyright software.

CERN relinquishes all intellectual property rights to this code, both source and binary form and permission is granted for anyone to use, duplicate, modify and redistribute it.

CERN provides absolutely NO WARRANTY OF ANY KIND with respect to this software. The entire risk as to the quality and performance of this software is with the user. IN NO EVENT WILL CERN BE LIABLE TO ANYONE FOR ANY DAMAGES ARISING OUT THE USE OF THIS SOFTWARE, INCLUDING, WITHOUT LIMITATION, DAMAGES RESULTING FROM LOST DATA OR LOST PROFITS, OR FOR ANY SPECIAL, INCIDENTAL OR CONSEQUENTIAL DAMAGES.

Geneva, 30 April 1993

W. Hoogland
Director of Research

H. Weber
Director of Administration

ORGANISATION EUROPÉENNE POUR LA RECHERCHE NUCLÉAIRE
DIVISION DES FINANCES
- CERN -

附录三：根据这份声明，20 世纪 90 年代初在欧洲核子研究组织，由蒂姆·伯纳斯－李发明的万维网技术供所有人自由使用，他没有提出任何专利要求（来自欧洲核子研究组织）

译名表

朗伽 · 尤格施瓦 Ranga Yogeshwar

弗朗克 · 施尔马赫 Frank Schirrmacher

汉斯 · 乌利希 · 古姆布莱希特 Hans Ulrich Gumbrecht

汉诺威（德国） Hannover

沃尔特 · 艾萨克森 Walter Isaacson

约翰 · 吉彭斯 John Gibbons

埃里克 · 施密特 Eric Schmidt

克里斯蒂安 · 惠更斯 Christiaan Huygens

托马斯 · 德 · 帕多瓦 Thomas de Padova

罗伯特 · 胡克 Robert Hooke

托马斯 · 汤姆皮恩 Thomas Tompion

弗雷德里克 · 泰勒 Frederick Taylor

《德国铁路随行》 *DB Mobil*

赫尔穆特 · 施密特 Helmut Schmidt

肯 · 奥尔森 Ken Olsen

梅尔加德斯 Melchíades

何塞 · 阿尔卡蒂奥 · 布恩迪亚 José Arcadio Buendía

马孔多 Macondo

弗雷德里克 · 图多尔 Frederic Tudor

威廉 · B. 肖克利 William B. Shockley

山景城（美国） Mountain View

戈登 · 摩尔 Gordon Moore

罗伯特 · 诺伊斯 Robert Noyce

斯蒂夫 · 沃兹尼亚克 Steve Wozniak

桑达尔 · 皮查伊 Sundar Pichai

克里斯朵夫 · 齐斯 Christoph Keese

克里斯蒂娅 · 弗利兰 Chrystia Freeland

贝尔托 · 布莱希特 Bertolt Brecht

约瑟夫 · 熊彼特 Joseph Schumpeter

卡洛斯 · 米盖尔 · 桑塔拉 Carlos Miguel Santara

桑托 · 梅丁格拉 Santo Medingera

亨利 · 莫顿 · 史丹利 Henry Morton Stanley

斯文 · 赫定 Sven Hedin

约翰 · 马多克斯 John Maddox

R.S. 莱贝克 R.S.Ryback

托马斯 · 亨特 · 摩尔根 Thomas Hunt Morgan

凯利 · 穆利斯 Kary Mullis

詹妮弗 · 巴奈特 Jennifer Barnett

尤金 · 塞尔南 Eugene Cernan

契伦科夫 Tscherenkow

詹姆斯 · 库克 James Cook

巴兹 · 奥尔德林 Buzz Aldrin

蒂姆 · 伯纳斯 – 李 Tim Berners-Lee

雷 · 库兹韦尔 Ray Kurzweil

恩利克 · 费米 Enrico Fermi

奥托 · 哈恩 Otto Hahn

弗里茨 · 斯特拉斯曼 Fritz Straßmann

莉泽 · 迈特纳 Lise Meitner

奥托 · 罗伯特 · 弗里施 Otto Robert Frisch

利奥 · 西拉德 Leó Szilárd

让 · 弗雷德里克 · 约里奥 – 居里 Jean Frédéric Joliot-Curie

尤金 · 维格纳 Eugene Wigner

罗伯特 · 奥本海默 Robert Oppenheimer

海格尔洛（德国） Haigerloch

图宾根（德国） Tübingen

莱哈德 · 布吕宁 Reinhart Brüning

瓦西里 · 达维邓科 Wassili Dawidenko

普里皮亚季河 Prypjat

普里皮亚季（乌克兰） Prypjat

斯拉夫蒂奇（乌克兰） Slawutytsch

瓦勒里 · 赫德楚克 Waleri Chodemtschuk

提莫 · 布伦斯 Timo Bruhns

斯文 · 杜芬尔 Sven Döffinger

蒂姆 · 穆苏 Tim Mousseau

胡迪格 · 施波特 Rüdiger Spott

马里奥 · 施密特 Mario Schmidt
饭馆村（日本） Iitate Mura
奥塔 · 本加 Ota Benga
西尔卡利（印度）Sirkazhi
乌哈亚瓦达塔普朗（印度）Ubhayavedantapuram
保尔 · 布罗卡 Paul Broca
古斯塔夫 · 勒庞 Gustave Le Bon
老卢卡斯 · 克拉纳赫 Lucas Cranach der Ältere
因斯布鲁克（奥地利） Innsbruck
霍尔布林（奥地利） Hölbling
马克斯 · 恩斯特 Max Ernst
安德烈 · 布勒东 André Breton
保尔 · 艾吕雅 Paul Éluard
希尔德斯海姆（德国） Hildesheim
菲力帕 · 芙特 Philippa Foot
艾亚德 · 拉万 Iyad Rahwan
阿勒颇（叙利亚） Aleppo
温德尔 · 瓦拉赫 Wendell Wallach
马丁 · 海德格尔 Martin Heidegger
赖斯特罗（葡萄牙） Restelo
瓦斯科 · 达 · 伽马 Vasco da Gama
詹姆斯 · 林德 James Lind
约翰 · 斯诺 John Snow
亨勒 · 柯霍 Henle Koch

阿图 · 葛文德 Atul Gawande

格尔德 · 吉格伦泽 Gerd Gigerenzer

约翰 · 特泽尔 Johann Tetzel

普林西比岛（圣多美和普林西比） Príncipe

亚瑟 · 爱丁顿 Arthur Eddington

大卫 · 克里泽 David Kriesel

杰基 · 艾希纳 Jacky Alciné

乔瑟 · 王 Joz Wang

亚历山大 · 格劳布纳－穆勒 Alexander Graubner-Müller

德尔斐（希腊） Delphi

罗伯特 · 哈尔 Rob Hall

强 · 克拉库尔 Jon Krakauer

圣加仑（瑞士） St. Gallen

波恩（德国） Bonn

丹德吕德（瑞典） Danderyd

列夫 · 曼诺维奇 Lew Manowitsch

奥斯瓦尔德 · 布姆克 Oswald Bumke

弗莱堡（德国） Freiburg

马克斯 · 利特尔 Max Little

施瓦宾区 Schwabing

沃夫冈 · 黑克尔 Wolfgang Heckl

艾伦 · 凯 Alan Kay

卡斯帕尔 · 鲍登 Caspar Bowden

迈克尔 · 海登 Michael Hayden

尤丽·策 Juli Zeh

伊利亚·特罗亚诺夫 Ilija Trojanow

德尔克·赫尔宾 Dirk Helbing

外阿尔斯特湖（德国汉堡） Außenalster

史黛拉·里贝克 Stella Liebeck

丹尼尔·卡尼曼 Daniel Kahneman

阿摩司·特沃斯基 Amos Tversky

布赖特沙伊德广场（德国柏林） Breitscheidplatz

托比亚斯·约希海姆 Tobias Jochheim

克吕尼修道院学校 Cluny Convent School

亚琛（德国） Aachen

迈赫兰·萨哈米 Mehran Sahami

陈士骏 Steve Chen

马拉盖（伊朗） Maragha

穆亚德·乌尔迪 Mu'ayyad al-Din al-'Urdi

班贝格（德国） Bamberg

约翰·舍恩纳 Johann Schöner

若阿内斯·普雷托里亚斯 Johannes Praetorius

纽伦堡（德国） Nürnberg

马德拉（葡萄牙） Madeira

奥托·冯·居里克 Otto von Guericke

马德堡（德国）Magdeburg

雷根斯堡（德国） Regensburg

罗伯特·波义耳 Robert Boyle

萨克森（德国） Sachsen

柯尔贝尔 Colbert

马克 · 艾尔斯贝格 Marc Elsberg

埃森（德国） Essen

尼尔 · 麦格雷戈 Neil MacGregor

米夏埃尔 · 克诺赫 Michael Knoche

爱德华 · 史泰钦 Edward Steichen

乌朗吉斯（法国） Voulangis

格劳乔 · 马克思 Groucho Marx

罗兰 · 巴特 Roland Barthes

加比埃尔 · 弗丁格 Gabriele Würdinger

梅斯（法国） Metz

毛里西奥 · 卡赫尔 Mauricio Kagel

卡西 · 贝伯里安 Cathy Berberian

卢西亚诺 · 贝里奥 Luciano Berio

约翰 · 凯奇 John Cage

卡尔海因茨 · 施托克豪森 Karlheinz Stockhausen

特伦斯 ·J. 塞杰瑙斯基 Terrence J. Sejnowski

古登堡 Gutenberg

斯特拉斯堡（法国） Straßburg

皮埃特罗 · 阿雷蒂诺 Pietro Aretino

翁贝托 · 艾柯 Umberto Eco

沃尔夫冈 · 蒂尔泽 Wolfgang Thierse

克里斯蒂安 · 武尔夫 Christian Wulff

齐格蒙·鲍曼 Zygmunt Bauman

约阿希姆·尼安德 Joachim Neander

尼安德河谷（德国） Neandertal

雷姆沙伊德（德国） Remscheid

约翰·卡尔·福尔罗特 Johann Carl Fuhlrott

鲁道夫·菲尔绍 Rudolf Virchow

斯万特·帕博 Svante Pääbo

巴港（美国） Bar Harbor

黄禹锡 Hwang Woo-suk

宋尚勇（音译）Sang-yong Song

菲利普·坎贝尔 Philip Campbell

马丁·苏特 Martin Suter

埃马纽埃尔·卡彭蒂耶 Emmanuelle Charpentier

詹妮弗·杜德纳 Jennifer Doudna

纪尧姆·杜兴 Guillaume Duchenne

亚力克斯·嘉兰 Alex Garland

汉斯·克莱弗斯 Hans Clevers

雅娜·卡尔芒 Jeanne Calment

扬·维格 Jan Vijg

斯科茨代尔（美国） Scottsdale

雷蒙·福斯卡 Raimondo Fosca

卡尔莫纳（意大利） Carmona

卡尔·萨根 Carl Sagan

约根·绍尔 Jürgen Schauer

乌尔夫 · 希伯瑟尔 Ulf Riebesell

纳坦 · 罗宾逊 Nathan Robinson

娜奥米 · 奥瑞斯克斯 Naomi Oreskes

巴吞鲁日（美国） Baton Rouge

路德维希 · 艾哈德 Ludwig Erhard

托马斯 · 皮凯蒂 Thomas Piketty

扬 · 维梅尔 Jan Vermeer

安东尼 · 范 · 列文虎克 Antoni van Leeuwenhoek

施泰德博物馆 Städel Museum

S.R. 朗伽纳坦 S.R. Ranganathan

汉斯 · 罗斯林 Hans Rosling

卢茨 · 杜斯特霍夫 Lutz Dursthoff

海尔格 · 马尔乔夫 Helge Malchow